應考祕笈版

拆解考試的技術

輕鬆高分錄取的
黃金學習頻率＋必勝讀書計畫

U0020558

趙胤丞◎著

謹獻給我的家人、老師及朋友，
謝謝你們在學習路上給我的陪伴、引導及提攜

目錄

第一章

拆解學習心態
與考試策略

1-1
學習為什麼無效？
破解學習無效的三個盲點

你不是沒有天賦，而是學習方法無效

過往有不少機會到各大企業、大專院校或是中小學演講心智圖法與學習策略，下課總有同學會來問問題，每次上完課幾乎都會聽到類似的話：「人家成績好，真的都是靠天賦！我再努力也沒用！」、「老師，我覺得自己很笨，這樣有救嗎？」

聽到大家問這些問題，其實我也很有共鳴。小時候，母親帶我去算命，算命師告訴母親：「這個孩子將來書讀得不好。」母親聞言，臉一沉，心想糟了！這孩子未來如何是好？但後來轉念一想，書讀不好就不讀，那不是更慘？於是花了更多心力督促我學習，造就今日的我。

當我自己也是學生階段時，有時遇到更為頂尖的人，也會請教他們如何成功的訣竅，但是每個人都有屬於自己的一套成功方式，我一直也沒有找到相對好的答案可以一體適用。直到我後來進入職場歷練後，有了一些人生經驗與挑戰，特別是跨越了一些成就門檻之後再回頭看，才發現自己那時沒有注意到的一個共通的關鍵，那就是這些頂尖的人都很會「學習」。

而學習要有成效，重點在於找對方法。當我們找到有效的學習方法後，就會發現人生加速成長。

這時候，彷彿進到七龍珠天神住所的「精神時光屋」之中修煉，你會更專注，而且成效加倍。

我周遭朋友之中，有一堆都是學習高手，一段時間不見，你就會發現他/她又精通解鎖某項新技能，或是在某一個領域成為專家。

我記得一個學習遇到障礙的朋友問過我一個問題：「我明明跟○○○工作都非常拚命，工時也差不多，為什麼產出跟成就落差這麼大呢？」我是這樣回答：「我可以感受到你的挫折跟疑惑！其實，成就或產出這件事，除了要花費足夠時間外，單位時間內的質量也是關鍵之一。這個世界上最可怕的事情就是比你強的人，比你還努力，而且是用對的方法學習跟產出！你時間花下去沒錯，只是你並沒有改善你的學習方法，相較之下，你又怎麼能夠追得上不斷優化迭代的○○○呢？」

這讓我想到台語歌手阿吉仔傳唱大街小巷的《命運的吉他》歌詞：「我比別人卡認真，我比別人卡打拚，　為什麼～為什麼～～比別人卡歹命！」當周遭夥伴遇到這樣的狀況時，我總是心裡覺得「好可惜」！那到底怎樣的學習有效？怎樣的學習無效呢？我們可以從學習無效開始看起，以下是我根據個人經驗整理出學習無效的三個盲點。

盲點一：沒有定義問題就想直接解決問題

要了解「學習為什麼無效」這個問題，首先需要先界定問題在哪裡？

學習為什麼無效？其實這個問題的問法是很籠統的，甚至我會

覺得講得很模糊、很抽象，因為造成學習無效有太多種可能的原因，像是：沒有複習、沒有搞懂基本觀念、沒有做練習題、粗心大意等眾多原因。

當然，我們總喜歡去學很多學習方法，但是當我們問別人：「你的方法是什麼？」通常只是想要複製別人的做法，但這樣針對「頭痛醫頭、腳痛醫腳」，治標不治本的解決方案，其實對於整體學習效益提升幫助不大，反而有種陷入「細節」泥淖，似乎到處都需要調整，卻不知從何處開始的窘迫情況，最後會讓自己陷入焦慮與低潮當中。所以，請務必好好提醒自己別犯這樣的錯喔！

我對拆解問題有相對充分理解，是在我唸研究所的時期，我在美國麻州波士頓就讀，於美國霍特國際商學院（Hult International Business School）主修策略與顧問技術，而學習顧問技術與問題分析解決的歷程中，要能夠做問題分析解決的第一步，那就是要先定義問題！

因為通常沒有界定清楚的問題，是無法被解決的！
沒有界定學習的問題，又如何有效成長？

以「學習為什麼無效」為例，我聽到學員說這句話時，其實得到的資訊並不多，但是通常可以感受到學員複雜又帶著挫折悲苦的情緒，這點倒是可以確定的。因此，為了要得到更多的資訊，我首先會先安慰學員那些都已經過去，並鼓勵學員多發言，建議學員可以多提供給我一些資訊，這樣我也比較好針對學員問題做深入了解並對症下藥。

如同福特汽車前 CEO 唐諾·彼得森（Donald Peterson）曾說：「問多一點問題，可以降低擁有所有答案的需求。」（Asking more questions reduces the need to have all the answers.）我深表認同！同時我也深刻覺得這樣是很有效率的方式！

著名物理學家愛因斯坦（Einstein, Albert）也曾說過：「把問題界定清楚，遠比提出解決方案更為至關重要。」（The mere formulation of a problem is far more essential than its solution.）因為從問題中可以發現自己一直重複犯類似的錯誤，有了這樣的自覺，也就才有了改善的契機！

　　而針對學習方法，最重要的三個問題如下

- 「無效的意思是什麼？」（定義問題）

- 「為什麼覺得無效？」（找尋原因）

- 「依照你的標準，怎麼樣才算是有效呢？」（設定目標）

　　我要先知道學員提出這問題背後的想法到底是什麼，如果我直接聽到這句話就給他建議答案，或許並不一定符合他的需求，當沒有符合對方需求時，基本上也很難解決對方的問題。（所以本書一開頭就提供大家一個自評分析表，先讓你定義最迫切的問題，或許你就可以更快找到對你有效的方法章節。）

　　因此，我要先透過問題蒐集更多資訊，更重要的是理解跟揣摩學員的思維歷程。我才能夠在與他對話的過程中，找出我可以施力

的角度與位置。大部分學員回答我無效的意思是「考試成績不佳」，所以大多數人用分數當作一個評估指標，評估自己對於內容了解程度及判斷有沒有學好。這時還不要急著分析，反而是要先蒐集「完整資訊」為先。

那哪些屬於完整資訊呢？我會建議你可以利用「5W2H」的方法來蒐集想要獲得的相關資訊。「5W2H」內容包含有：

- Why（為什麼）：
  為什麼要這麼做？理由何在？又是因為什麼緣起／原因？

- What（是什麼）：
  要做哪些事？目的是什麼？過程中需要做哪些工作？

- Where（在何處）：
  在哪裡發生？或是從哪裡開始入手？或在哪裡發生？

- When（在何時）：
  發生時間是？在什麼時候做？或是什麼期限內需要完成？

- Who（由誰做）：
  誰造成的？由誰來做？或是由多少人來做？誰是負責人？

- How（怎麼做）：
  要怎麼做更好？如何實施推行？具體做法/工具是什麼？

- How Much（要多少）：
  要花多少資源？要花多少預算？效益又是什麼？

當蒐集完這些資訊，就會對問題的現況與目標有更完整的輪廓。所以只要繼續拆解深入挖掘，然後針對特定範圍內容找解決辦法，通常都會有所進展。

不要擔心你的學習不好、不會考試，跟著本書，一起一步一步拆解你的問題，對症下藥，你也能成為學習、考試高手。簡單說，只要能夠拆解問題、問對問題，就解決一半的問題，同時解決方案通常也會油然而生。

盲點二：撕不下「我學不會」的定型標籤

我記得念中學時仍有能力分班，當時功課還不錯，所以讀的是資優班。當然也會遇到朋友因為功課不好而被編到普通班，因為相關編班機制的設計，資優班同學們都非常注重分數與排名順序，甚至有時候在相處上會因競爭有火藥味出現。那時老師會提醒資優班的同學專注在自己的課業上，並強調著資優班的優越感，不准我們跟普通班同學混太熟，因為可能會影響到自己的成績排名。當時我傻傻地居然照辦，現在看起來真的覺得自己當初很可笑，也陷入「貼標籤」制約而不自知。

大學時就讀台大心理系，也有比較深入了解什麼是「貼標籤」的效應。為什麼會有標籤這件事呢？因為我們不一定有這麼多時間充分了解很多人事物，只能快速用個人生活經驗去判斷，並歸納出自己未來因應的原則。簡而言之，貼標籤就是幫助我們快速分類來因應這個世界的方法。

但有件事我特別想要強調的是：**標籤本身是中性的，但我們如何看待標籤的角度才是關鍵**。如果我們採用負向角度去看，就會看到比較多負面事實。相反地，如果我們採取比較積極角度去看，就會看到跟之前負面角度完全不同的畫面。就如同一杯裝半滿的水，半杯的水本身是中性的，但你是覺得自己還擁有半杯的水，還是覺

得自己僅剩半杯的水呢？

你看待世界的不同角度，決定你看到不同的結果，也因此會出現不同的行動。就像功課不好是事實，但你怎麼看待這件事情：

- **你是認為功課不好是宿命，就直接自怨自艾、舉雙手投降不再努力？**

- **還是覺得自己功課不足的地方會感到興奮，代表自己還有很多提升的空間，我可以透過努力讓自己有所改善，這樣也可以遇見更好的自己？**

請問你會想採取哪一種思維呢？而這兩種思維出現的做法完全不同。

根據我的觀察與經驗，有些學員明明很清楚問題所在，但只在那等待，遲遲不行動，這情況往往是因為學員卡在另一個關卡上，那就是「心態」。在心態上這一關過不去，這樣的學員往往自信心不足，覺得自己辦不到，或者是對於失敗或是負面評價過於憂慮，害怕失敗，這往往都是冒牌者症候群作祟導致。

說到態度，我就想要提《心態致勝》的重要概念，那就是「定型心態」與「成長心態」的差異。書中提到擁有「定型心態」的人相信能力是一種與生俱來的天賦，無法後天練習養成，總有一種「天註定」的感覺在，如果血統天賦不如人，就一輩子沒有翻身的機會，遭遇的失敗挫折就象徵跟暗示我們真的沒有天賦、沒才能、不聰明。因此，擁有定型心態的人往往會為了維護自己的過往成功紀錄，選擇了逃避現實挑戰，心中存在「自己沒看到挑戰＝挑戰不存在」的鴕鳥心態，因為害怕一旦失敗，其他人會認為失敗反映出你不怎麼樣的真實能力，並視你為輸家。被他人看出自己不夠好，

往往是擁有定型心態的人最討厭的事情。

　　而擁有「成長心態」的人則不這麼認為，反而是覺得擁有天賦很棒，是一份禮物，但不能「靠勢」（閩南話，khò-sè）。天賦只是代表著我們有比他人有個很好的開始，但是希望長久維持頂尖，還是需要靠有效的刻意練習才能持續成功，就像我們知道很多知名的頂尖運動員都是持續不斷鍛鍊，相信人的天賦才能可以經由後天的鍛鍊來提升，就像我們重訓健身一樣，經過鍛鍊也會越來越強壯健康，這時候我們思考的是如何自我精進，而不是活在他人的嘴巴上，**會將別人的回饋建議視為一種讓自己更好的養分，仔細評估調整適合的內容，逐步調整**，最後抱持成長心態的人，往往就會與更好的自己相遇！

　　當然，為了遇到更好的自己，過程中總是會有一些挫折與挑戰，擁有成長心態的人都會積極面對並努力跨越！如同大哲學家尼采（Nietzsche, Friedrich）所說：「凡殺不死我的，必使我更強大。」（德文原文是："Was mich nicht umbringt, macht mich stärker."，英文翻譯是："What does not kill me, makes me stronger."）

　　有件事要特別跟大家提醒的，那就是不要把「定型心態」帶到職場上。剛出社會，或轉換職場，很多事情不會，是很正常的，但接下來你怎麼行動則決定未來的結果會有所不同。

因此，我建議可以把口頭禪從「我不會做」改成「我可以學」！

不會，是事實，但願意學的積極態度，會讓前輩比較願意帶領與傳授，你也才有機會得以進化。擁有良好態度跟專業技能的人才在職場中絕對會是當紅炸子雞，而學習成長也是如此。而一切改變的起點，先從撕除「定型心態」的標籤開始，並轉換用「成長心態」來實踐調整吧！

盲點三：拖延症染上身，有挫折就想放棄

我很喜歡看日本電視台的節目，特別是谷底翻身的故事，非常激勵人心，所以我很鍾愛欣賞「搶救貧窮大作戰」。這節目厲害的地方是去日本全國募集經營績效差而面臨倒閉危機的店，然後商請該領域的專家達人來進行診斷並給予協助，原來的經營者必然會經歷痛苦的轉型磨練，然後蛻變，進而讓原來的店家業績翻轉，從門可羅雀的慘澹店家，轉變成人潮鼎盛的排隊名店。

然而，節目是美好的，但現實是殘酷的。一時翻轉不代表永久翻轉，「搶救貧窮大作戰」也曾做過不少集突襲檢查，發現有些店家又故態復萌，省略掉原先達人傳授的製作方法，甚至還出現用化學調味料沖泡的湯頭，不僅讓達人震怒，更讓眾多消費者不齒。我就好奇為什麼會如此呢？難道真的是「江山易改，本性難移」嗎？

當找到問題時，有些人會覺得熱血沸騰，相信「我已經找到契機然後就能完成」，但最後都沒有下文，因為完美的契機都沒有出現，之後請教他，得到的都是各種沒辦法做的理由，於是乎，然後....

就沒有然後了。因為人性都是喜歡找安逸的藏身處，好不容易有了努力的動機，卻在遇到一點小挫折時就選擇先逃避再說，進而逃進自己覺得安全的舒適圈，等到再出來時，發現別人已前進了一大步，而因此活在「懊悔、早知道」的心情裡一蹶不振。

有些人則是功虧一簣，好不容易走到了中途，發現別人怎麼比我厲害這麼多，於是開始妄自菲薄，產生放棄的念頭，卻忘記自己從起頭的困難走到這裡已經付出了多少心血，一天天累積的努力，千萬不要在這裡放棄。

如果你有以上所述的類似情況，我會建議你此時可以先暫時放下與別人比較的心態，從看見自己出發，**要繼續追逐目標邁進之前，反而是回頭看看你已走了多遠的路程了。**

> 聖哲蘇格拉底（Socrates）曾說過：「未經反省的人生是不值得活的。」（The unexamined life is not worth living.）當對自己過去的道路有了清晰的理解，並對自己的未來道路有遠大的目標，就會激發自己再努力、再多走一步的動力。

所有成功者的背後除了將夢想付諸行動外，更重要的是不忘初衷，並持之以恆的努力。

這時候，你就擁有滿滿的學習動力了！而有學習動力之後，接下來你就特別需要一套高效能的學習系統來輔助！我將在後面章節詳述介紹。

　　我自己鑽研學習領域與努力實踐這麼長的一段時間，我得到一個心得，那就是天賦大家真的都差不多，但是更大的差異反而是學習習慣的差異。

好的學習習慣與壞的學習習慣養成，

一開始看不出差異，

然而長期累積起來所產出的成果天差地遠。

　　這時候你就會發現時間累積，還要有好的學習習慣，才能組成你的成功絕佳盟友！

　　所以我會建議大家千萬不要靠天賦唸書，因為你總有一天會遇到只靠天賦無法攻克的考試試煉，這時你才臨時抱佛腳學習學習方法，已經有點太慢了！因此誠摯建議您現在就要開始鍛鍊，讓自己依靠的是能夠高效能產出的學習系統，如此才能夠讓你不管遇到任何試煉都遊刃有餘。

　　本書後面幾章節，就是在說明此一高效能的學習系統，並透過表單的實作讓你可以瞬間上手使用。

　　學習的累積，我們要看的是長遠帶來的效果。微軟創辦人比爾・蓋茲（Bill Gates）說：「我們總是高估未來 2 年會發生的改變，低估了未來 10 年將發生的改變。」

　　（We always overestimate the change that will occur in the next two years and underestimate the change that will occur in the next ten.）

實戰問題釋疑

Q： 請教老師，我很難從定型心態轉換到成長心態怎麼辦，有什麼方法可以幫助我嗎？

A： 轉換心態卡關真的會讓人感到沮喪，但也鼓勵您千萬不要灰心喔！多做幾次就會習慣了！如果您正在努力從定型心態轉換到成長心態，那麼您可以嘗試看看以下幾個步驟來幫助您逐步改變心態。

- **閱讀原著作《心態致勝》：**

  ◇如果希望多了解定型心態和成長心態的區別，建議去閱讀原著作《心態致勝》。凡事從最源頭的基本功開始，可以學習更深刻。

- **每天反思並覺察自己狀態：**

  ◇改變心態不是一蹴而就的，有時候也會故態復萌，畢竟舊習慣太順手了，因為要養成一個新習慣、新心態，需要您持之以恆地去實踐。每天邀請您花一些時間思考您的想法和做法，看看哪些是定型心態，哪些是成長心態。然後，請您試著問問自己哪些可以逐漸調整新的想法和做法，並持續努力實踐。

- **尋求外在支持和鼓勵：**

 ◇改變心態有時候可能會遇到阻力，因此您除了需要
  自己給予自己肯定之外，還需要尋求周圍密切友人
  的支持和鼓勵。如果可以的話，不要自己一個人調
  整，而是可以邀約幾位好夥伴，與志同道合的人一
  起調整心態與交流，分享您的經歷和心得，也許會
  給您很大的幫助。因為「德不孤，必有鄰」！

- **專注於改善，而不是評價：**

 ◇讓我們自己著眼關注於自己的持續改進和進步，而
  不是對自己或他人進行評價。評價是一時的，但是
  進步卻是可以一輩子持續改善下去的，等您累積足
  夠的改善，就會量變產生質變，這樣你就能夠有很
  好表現，也會讓他人的評價大大改觀喔！

1-2
面對職涯，我該學習到什麼程度？

職場中如何讓別人知道你有能力？

我們都知道主動學習很重要，也都知道學習要有產出，自己記憶才會深刻，才有學習的意義。但學習該學到什麼程度才夠呢？大家對於該學習到什麼程度的「標準」沒有共識。這問題在學生時期還相對容易解決，因為還有排名可以參考，還可以比較容易知道自己在群體裡面的位置，然後可以知道如何改進。

但是在現在的職場世界當中，要知道自己在團體中的位置比較難用單一指標判斷，情況複雜很多，每個行業需要精通的技能與專業也大不同，你要怎麼證明自己的能力比別人強？怎麼知道自己學到這個程度是有用的呢？這往往需要多方面考量。

而在考試上的判斷方式反而很單純乾脆，一翻兩瞪眼，因為就只有兩種結果：「考試通過」與「考試沒過」。

因為職場人士要面臨的課題實在太多了，加上每個人的職位與專業背景不同，需要精修的領域也不同，所以很難用分數高低來評鑑。或者說，分數高低意義不大，只代表你對於內容熟悉程度與理解程度，但職場工作更多的是看待你產出成果的品質與數量！

舉個例子來說，新人在職訓練通常會有公司簡介，以及產品介紹等等，如果是未來將要負責此產品業務與產品經理，當然必須要更深入了解產品，但對於新加入的人資或是財務部門同事，可能只需要知道基本資訊就足夠了，所以在新人訓練考試時，通常只會用

通過以及不通過來確認大家對於公司簡介及產品的了解，分數高低與排名反而不是這麼重要，畢竟要一個人資新人跟在該領域工作數年的產品經理競爭，是沒有意義的。這就很像拿蘋果與橘子相比，就是在把兩個不能相比較的事物進行比較，意義不大。

所以職場人士的考試判斷簡單很多，只有兩種情況：通過以及沒通過，那讀書該讀到甚麼程度，定義就很清楚了，就是用考試來設定學習成效驗證，更精準地來說，是用「通過考試」作為職場人士階段性學習的終極目標。

職涯轉換中，如何證明自己有能力？

就因為每個人職涯都不同，要考的證照與考試也不一樣，所以說在職場上你可能需要先確認的是，未來你可能想往哪一個方向發展。畢竟，方向選擇錯誤，努力再多也沒有用！

如果該職業你真的非常嚮往，而且是有相關證照或是專業考試，就算目前不是在該領域的工作，都可以透過證照或考試取得入門票，進而在未來找到你嚮往產業的夢幻工作。

我舉一個例子，我在美國就讀霍特國際商學院 MBA 時，就會遇到不同產業的各國同學，剛好我有一個原來在製造業工作的中階主管同學，讀完研究所之後，他發現自己嚮往精算師的工作，但是他卻沒有精算師的證照。MBA 畢業之後，他就在美國當地壽險公司服務，並且積極準備精算師相關證照。去年我聽到消息是已經取

得 80% 認證課程，中間花了八年時間，他預計大概還需要幾年時間，就可以取得正式精算師的資格，在此先預祝他順利通過考試並完成夢想！

所以過去沒有相關經驗證照沒關係，重點是從現在開始，正所謂「精誠所至，金石為開」，**我們是否願意全力以赴去追求，只要願意開始行動，路就開了，目標也就在不遠處了！**

在職場中，規範是確保工作效率和協同合作的重要機制。但當我們走入一個沒有明確規範的工作環境時，我們是否會感到迷茫，甚至不知所措？事實上，當職場沒有規範時，也是我們創建新規範的絕佳機會。

以張三豐創建武當山為例，當時並沒有明確的道家武術體系，但張三豐沒被這樣的困境所限制，反而把它視為一次難得的機會，創建了武當派，並傳承下了世代傳說的太極拳。這是因為他深知，當外界沒有既定規範時，就需要有人站出來創建新標準和新體系。

轉念回職場與學習，我們也應該學習張三豐的精神。當我們發現工作中缺乏有效規範時，不是苦苦等待或者抱怨，畢竟「盼望常會幻滅，行動才會實現」。我們應該主動創建一套合適的工作流程和學習標準。

當然，創建新規範並不是一蹴而就的事情。它需要耐心、細心和堅持。但只要我們有決心和勇氣，就能夠在沒有規範的環境中，創建出自己的道路，為整個職場帶來正向的改變。而這正是我們展現才華和創造新標準的機會。

實戰問題釋疑

Q： 請教老師，我通過工作相關的證照考試，但是業績表現還是平平該怎麼辦呢？

A： 恭喜你通過證照考試，但請記得這也只是入場券而已喔！您還有不少內容需要學習，如何把證照轉化成業績，可以考慮以下幾種方法：

- **找到指標典範：**

  ◇去跟頂尖業務學習請益，如果有機會的話，跟在他身旁學習，因為頂尖人物能有所成就，往往都在相關細節執行非常到位，您如何能夠快速複製成功經驗也是你的競爭力指標。

- **將證照列入服務的項目中：**

  ◇如果您的證照是與您的服務相關，例如做美容、做健康顧問、做設計師等，可以將證照列入服務範疇當中，也可以定期跟客戶報告說明，讓客戶明白我們的進步，並向客戶提供更專業、有保障的服務。

- **在個人網站或商業網站上標示證照：**

　◇在個人網站或商業網站上標示您所持有的證照，讓客戶了解您的專業能力。偶爾也可以分享該證照取得的心路歷程與甘苦談。

- **利用社交媒體推廣：**

　◇利用社交媒體，如 Facebook、Instagram 等，向大眾宣傳您的證照及相關服務。

- **加入專業團體：**

　◇加入專業團體，藉此網絡建立，增加您的專業能力及知名度，並向公司或機構提供服務：向公司或機構提供服務，例如提供培訓、講座等。

1-3
為什麼讀了書，
還是無法順利通過考試？

朋友小張在準備國家考試時，曾經有段時間在公立圖書館唸書，從圖書館一早開門就是第一個報到，中間除了上洗手間、外出快速用餐，他基本上都在位置上讀書，而且持續兩個月沒有間斷，我都非常佩服他的毅力與決心。然而事與願違，花這麼多時間讀書了，考試成績依然不佳，這樣的結果確實讓小張非常沮喪。為了讓他振作跟感受到朋友的支持，我約了小張吃飯聊聊。

小張略帶微笑但又禮貌性地說：「我知道你今天為什麼約我出來吃飯，是想關心我的情況。身為朋友，我有收到這份心意，謝謝！」我說：「沒有啦，就想說有什麼是我可以幫得上忙的地方。」小張焦慮地問：「我知道你很會考試，我想說跟你請教看看我該怎麼調整才能夠通過考試呢！」

我說：「我還不清楚你怎麼讀書的，無法提供參考建議。小張你能否跟我分享一下你通常怎麼讀書的嗎？」

小張深吸一口氣然後說：「好呀，我通常是把內容讀完，之後做完筆記，之後就不斷背誦。我從小到大都這樣念，只是我都覺得我花這麼多力氣念一整天，感覺都沒有讀進去，不知道為什麼？我也經常感到很挫折！....」我說：「你想聽看看我的想法嗎？」小張：「當然！」

我說：「我覺得你這樣的學習方式只有輸入（Input），沒有

輸出（Output）。學習的情況會比較差喔！」小張滿臉疑惑地問：「咦！怎麼說？你可以多說一些嗎？」

考試只靠死讀書的背誦，等於只準備好一半！

我說：「當然！以讀書者的角度來說，我們透過視覺閱讀、聽覺聲音、甚至體感觸覺等學習方式，把資訊『輸入』到我們的大腦當中，但這樣還不夠，因為我們考試需要的是『輸出』，就是把我們已經記在大腦中的內容可以有效且正確地寫出來在考卷上，這樣我們才會通過考試。但你目前只做了『輸入』，只是做了一半而已。」

「背誦的內容你也不知道自己是真明白還是假明白，因為沒有輸出來驗證確認。可能自己以為了解了，但實際下場考試，卻發現自己一知半解，這樣似懂非懂的情況我也經歷過不少次。因此，我會建議你也要在考試前不停『輸出』！這樣學習成效提高了，記憶也更牢固了，考試時自然比較容易回想起來相關內容，作答準確度也會因此而提升！當然考試就更容易通過了！」

我說：「因為你缺乏的是『輸出』，所以你到考試當天才輸出，難免會有些不順暢，才會導致你考不好。就像去跑馬拉松時，千萬不要穿新鞋比賽，這往往是比賽大禁忌。而且可能考試當場才發現，因為自己平常讀書時不講究『輸出』，可能之前在讀書時比較隨性，不了解的內容也沒有第一時間就搞懂，想說之後有時間再說，但往往我們都高估自己的能耐，一直都找不到這樣的時間，等到快考試時，只好趕緊硬背下來應付眼前的考試挑戰，而書一念完只能存放在短期記憶，考完之後就忘記書本中講了什麼內容。你所

做的行為『看似』讀完了這本書，但實際上只是簡單瀏覽過而已，稱不上是熟悉狀態。你覺得這樣的基礎算是穩固的嗎？您可以仔細思考看看。」

所以我們需要的是考試前不斷「輸出」。

若有機會「輸出」，你就可以將所學跟一起準備考試的朋友分享交流，甚至是把你唸的內容教導別人，這樣教學相長都可以讓你的「輸出」增加，也就會讓你更加熟悉內容，接下來面對考試也就相對容易通過了！

小張很感激地說：「原來我差的是『輸出』這一步！真是太感謝你了！與君一席話，勝讀十年書啊！我今天回去馬上改進！」後來，小張大幅度增加輸出的比例，積極準備隔年國家考試，最後高分通過，得到他夢寐以求的公職門票！

學習的目的，是為了輸出

現在網路時代一大堆可以學，社群時代一大堆讀書會，明明資源比過往豐富，但也卻比過往焦慮，因為要學的東西太多，然而時間卻太少，花了時間感覺學了一大堆，但自己卻沒有任何進步，就是因為輸出太少。只是想要學東西，卻沒想到如何用出來，甚為可惜。

我覺得把學習當做目的，對職場人士來說是種奢侈行為，畢竟僅有的時間非常有限，然而要做的事情非常多。況且自己的精力卻不允許，結果想學習的事情很多，但總是沒有做出一些成果，就匆匆忙忙換另一件事情了，這樣的產出通常也不多，因此也很難對於

自己有所提升。

為什麼？我發現原因是因為不少人看待學習的目的錯了，不少學習者覺得「學習＝輸入」，所以在忙碌的工作中有做到學習，就要偷笑了。

> 但就是因為把「學習＝輸入」而已，所以學不好，因為沒有輸出！所以應該轉換成這樣的概念，「學習＝輸出」，所以就可以聚焦在輸出這件事情上即可，因為不斷輸出，就等同於你不斷確認你自己的學習，反而可以更容易檢視自己的成果，並做後續的優化改善。

職場學習，通過考試就是最好輸出

我會建議換個角度思考：「我學習這主題，多考這張證照，其中所代表的技能，能否幫助我未來職涯發展？」如果答案是可以的，那就看看如何用相對高效的方式完成，加速自己的職涯發展。如果答案是否定的，那就要思考有哪件事情有助於職涯發展，之後投入學習並加以產出。

於是乎，可以用「學習＝通過考試（輸出）」的角度切入，因為要能夠輸出，就一定要經過輸入的過程。想要學習一個專業，就可以透過考上證照或是產生作品來證明。

像我最近進修 Procreate 的繪畫課程，不只是因為我喜歡畫畫，更重要的是我即將到來的工作規劃裡，需要用 Procreate 做出作品，

進而讓作品變成產品！你覺得大家會希望花一樣的錢購買品質優異的產品還是品質一般的產品呢？應該大家都會選擇品質優異的，所以我才要去進修 Procreate，是為了要讓自己的作品得到更好的品質提升！這對我來說，就是以「輸出」為導向的學習。當我沒有相關證照可以考取來證明學習成效時，我就以做出高品質成果為目的！

但如果有證照可以考呢？我會建議那乾脆學了一個專業，並透過考上證照來證明。

有目的的學習，才是有效的學習。為了能夠通過考試，需要將學習的內容反覆熟悉，也會讓工作效能大幅度提升。

我自己就有很多次這樣的經驗，舉例來說，我工作效率一直都很好，就有不少同事曾好奇我怎麼做到的，我也說不出所以然來，就有同事因為好奇，索性在我旁邊觀察我是如何工作的，結果他們發現我使用 Office 軟體極為熟稔，可以快速把他們要做很久的事情，迅速在幾分鐘之內，使用快捷鍵來輔助完成任務，像是 Excel 的巨集、樞紐分析表等等。

他們就會好奇問我怎麼辦到的？我就說我也不知道，因為對我而言這已經是熟悉到很內化的動作。後來我發現這不是一個好回答，所以仔細回想，希望可以帶給同事更大的收穫，於是乎我發現到關鍵事實，那就是我以前考過微軟 MCAS（Microsoft Certified Application Specialist）大師級證照，已經把職場需要具備高效工作技能準備好了，像是提高工作效率的快速鍵功能，已經做了系統化的學習跟演練，所以我會做得比一般人快又精準。

在職場上，你的工作效能決定你的競爭力！這都是透過「學習＝輸出」為目的產生的效益！所以誠摯邀請您盡力輸出吧！

實戰問題釋疑

Q： 請教老師，我已經知道「學習＝輸出」，那我該怎麼制定有效的學習「輸出」計畫比較妥當呢？

A： 這問題很關鍵，我覺得要制定「輸出」計畫有幾個重要步驟：

- **務必要確認好你的學習目標：**

　◇首先，你需要明確指出你想要學習什麼內容？通過什麼考試？如果可以的話，最好寫下來，而且如果可以的話，千萬要讓自己避免一件事，那就是「不要讓自己被一堆『可是』的理由給淹沒而沒有推進進度」。生命很短，請妥善珍惜使用！這樣才能讓你知道你的輸出是什麼，並且能夠專注在你想要學習的內容上。

- **設定適當的學習計畫：**

　◇設定一個具體的學習計畫不難，但設定一個讓人願意每天行動且不會過勞的學習計畫不容易，因為這牽扯到對自己的了解、對突發狀況的因應、對體力的調節等，包括你每天／每週／每月要花多少時間來學習、你要學習的內容、你要使用的學習方法等等，我們可以就時刻紀錄，讓我們先對自己的作息有相關了解，才能夠針對學習計畫的弱項對症下藥。

- **找到適合的輸出方式：**

  ◇輸出很重要，這大家都明白了。只是接下來面臨到的議題是：你需要找到適合你的輸出方式，這問題往往難倒很多人。不管是筆記、寫作、演講等方式來輸出你所學到的東西，都是很不錯的方式。重點請把握一個關鍵原則，那就是務必要確認「資料正確」！

- **設定輸出時間表與期限：**

  ◇最後，你需要設定一個輸出時間表，包括你何時要進行輸出、在什麼期限之前你要完成多少輸出以及你要專注在哪些輸出上。請務必給自己寫下一個期限，因為「沒有期限的話，人類的大腦往往都覺得不重要」！

  只要你願意的話，可以嘗試以上幾種做法建議與提醒，你就可以制定出一個有效「輸出」計畫，並有目的學習和輸出知識技能喔。

第二章

建立個人生涯的學習考試目標

2-1
考試，報酬率最高的人生成長方式

沒有專業證明，目標往往走不遠！

疫情打亂原先大家對於工作的想像，現在很流行的斜槓思維，是指同時擁有多種職業、跨界工作型態的人，英文稱之為 Slash。為何會有這樣的稱呼呢？因為這類型的職場工作者經常會在名片上以斜線標明自己的多重身分，例如培訓師／作家等，這是很多現代人，尤其年輕世代夢寐以求的目標。但仔細觀察，都會發現這些人能夠做這麼多的工作，都有一個核心強項特別突出，之後才往外擴散或延伸第二專長、第三專長。

> 斜槓的本質也是先建立專業，再延伸擴散！沒有專業，任何目標都走不遠！因此，打造自己成為專業人才，就是自己的市場價值提昇很重要的關鍵！

大家都想要斜槓，但斜槓需要多才多藝，也就是更需要廣泛又深入的學習方法，那麼，如何可以讓自己獲得報酬率最高的技能學習呢？在我看來，考試是讓你迅速提升市場價值的路徑。

當你可以透過考試證照來驗證專業技能時，你其實就更容易展開斜槓，因為相對應的基礎知識已經透過準備考試系統化準備好了。如果需要涉入新領域，具有系統化的知識是絕對必要性的，涉入新領域期待的是成果，而這樣的知識會變成我們跨入新領域非常重要的底蘊，幫助我們可以更有效地掌握重點產生成果。

透過考試累積專業證明，是投報率最高的方式

要如何設定投資報酬率最高的學習方式？身為職場人士，「終生學習」這概念已經聽到耳朵長繭而且無感了，但為什麼還是很多人知道這概念，但是卻沒有讓自己的生活有所改變？我這邊提到投資報酬率高，並不是要做非法的事，而是：「如何在正常的管道底下，能夠讓你自己得到比較好的市場價值。」

什麼是投資報酬率？我以下簡單說明，投資報酬率（return on investment，簡稱 ROI）是經濟學名詞，是指投資後所得的收益與成本間的百分比率。公式如下：

$$投資報酬率＝\frac{得到收益（時間＋金錢）}{投入成本（時間＋金錢）}$$

有很多證照考試只要通過一次，之後薪資成長幅度是非常不同的。

舉個例子，當你如果花 300 小時準備時間，跟五萬元考試費用，去準備考一張證照，再假設你一個小時平均薪資是五百元的話，這樣你需要花費的成本就是二十萬元（500*300+50,000 ＝ 200,000）。

倘若通過考試之後，你薪資漲幅一個月多出兩萬（目前僅算增加的部分），一年就是增加二十四萬。若一張證照保值五年，五年增加的收入就是一百二十萬。所以考取這張專業證照的投資報酬率

是六倍（1,200,000/200,000 = 600%）。

放眼目前市面上的投資工具，有如此高投資報酬率也是極為少見的。在我看來，在個人生涯發展的過程當中，投資自己絕對是超值的方式！

通過考試，更有效率提升自己的專業能力

你可能還會說很多考試通過也不見得升遷或加薪，這樣不是白考試了嗎？你說的或許對，但也不完全對。因為在我看來，如果覺得白考試的話，其實你完全否定了未來的可能性。

這就很像蘋果創辦人史蒂夫・賈伯斯（Steve Jobs）在 2005 年於史丹佛（Standford）大學畢業典禮演講所說，**不要懷疑自己現在所付出的，因為不會白費，未來都會把所有線索都集中在一起**，也就是所謂 Connect the dots ！目前沒有加薪，不代表未來不會。

但我希望請讀者你可以從另一個更高的角度看待並詢問自己：「我通過該領域的這幾張證照，是不是也讓我對於該領域的專業有了更大範圍的了解呢？是否對專業有更深入的鑽研呢？」如果你的答案都是肯定的，那樣絕對沒有白費！

因為當我們的能力不斷提升，就很容易會被看見！就很像「錐處囊中」，這句成語的典故由來是出自《史記・卷七六・平原君虞卿傳》，文言文是這樣說的：「夫賢士之處士也，譬若錐之處囊中，其末立見。」白話文就是當你把錐子放在口袋中，錐尖很快就會顯露出來，用來比喻有才智的人不會被長久埋沒，很快就會顯露頭角。

為什麼容易會被看到？因為你的能力已經比過往更好，到達更高的級別，你也可以更容易做出更好的成果來。根據統計的模型來看，基本上才能分佈大體來說也符合常態分配，相對能力比較好的人相對少數，如果你希望可以對自己人生有所轉變提升，或許可以鍛鍊好自己能力並做出成果來。

所有薪資增加，基本上都離不開一個法則，那就是「供給需求法則」！你能得到多少的薪資，決定於這個市場的需求，以及你的能力。

如果市場需要你的能力，但是又很少人會的話，那這件事就可以讓你得到相對好的報酬。像是為什麼精算師一直這麼高薪，因為市場需求大於供給，而且進入門檻高，所以為了博得好人才青睞，就需要付出相對高昂的代價（薪水）。

經常聽到很多老闆主管都在抱怨沒有人才，但真的是沒有人才嗎？還是缺乏的是「優質人才」？我的認知是缺乏優質人才，所以對於優質人才的需求從來沒有少過，甚至有需求增加的情況，所以需求是非常強勁的。然而這樣的人才稀少，企業需要吸引頂尖人才的注意，當然就會開出比較好的薪資，就如同「重賞之下，必有勇夫」，一樣的道理。

而「專注本業」就是讓你自己加值最快的方式。
專注本業的路徑，就可以透過考試完成專業深化。

用考試證明與練習專業，形成正向循環

我的做法是先準備好自己，讓自己透過考試熟悉專業，專業提高後主動讓我的主管／客戶知道我已經通過相關考試證照，被主管或客戶看見，讓他們印象深刻，之後我才有機會參與不同專案，做不同成果被看見，也因為有更多的成果戰功，讓我自己升遷更容易。

又因為升遷與專案獎金讓收入提高，之後有更多資源得以進修更高級別的專業，然後專業又提高了，進而被更多人看見，更多機會可以做更大的專案與計畫...，這樣就可以形成正向循環。

當形成正向循環之後，就會開始慢慢變成系統。我自己也是這樣鍛鍊過來，過去在企業服務時，因為專案做失敗而被老闆大罵，我就想說要怎麼做可以改善並雪恥，就看到國際專案管理師（PMP）證照可以考，想說自己希望能夠學習比較專業的內容，來克服目前遇到的專案困境，因此報名考試。

因為考 PMP 國際證照，台灣規定是需要到認證的公司上 35～42 小時實體課程，並得到結訓證書才能夠上網報名考試，這也是為了確保考試前都對專案有一定認知水準，不然考試也很貴，報名考試一次也要新台幣一萬多元，如果沒有考過真的不只浪費時間，更是浪費大量的金錢。

所以那時我邊上課邊準備，當我學會了專案管理相關方法論後，也馬上實踐用到我的工作中，做專案的品質有了大幅提升，也因此讓老闆刮目相看，最後不僅被拔擢成為主管，薪資幅度也做了不少的增長，這就是準備考試提升自我專業水準，並得到薪資提升很好的實證。

另外，我覺得這樣的模式就是放在轉換跑道也是一樣道理，我記得自己十幾年前轉跑道當講師也是，沒有太多講課經驗、沒有名氣、有的僅是一些國內企業跟國外企業的工作經驗與 Know-how 而已。

但我充滿著學習跟分享的熱情，為了能夠增加相關授課主題，每年我都接連去拿了好幾張國際證照，雖然所費不貲，有的國際證照要一、二十萬，**但我也確實透過國際課程的學習與考試通過，快速增加我自己作為講師的底蘊，與建立該領域的專業性。**

有客戶反應我每年都有不一樣的進展跟新內容整理，讓學員上課都有更深刻的收穫，當然老客戶續購的比率也不斷提升，當大家都還在擔心明年度課程時，我自己課程也有了基本盤。

我想這也是我應用考試跟證照學習方式，得到意想不到的成果。

實戰問題釋疑

Q：請教老師，證照這麼多讓人眼花繚亂，我們該怎麼選擇比較好呢？

A：我覺得可以從「以終為始」的角度這樣看，從接下來我們要做的工作與產出反推這樣的證照對我們來說是否會有幫助。在選擇證照的過程可能會感到困難，因為有很多不同的選項可供選擇。但是，有幾個方法可以幫助你更好地選擇證照。

- **首先，你應該思考你的職業目標和職業發展願景：**

  ◇選擇與你的職業目標相關的證照可能會更有意義，因為這可能會為你的職業發展增加更多機會。所以如果可以的話，先找目前工作相關需要的證照為主，興趣的為輔，不然的話考太多張證照花費很多時間與金錢，但是卻沒有帶給我們人生有用的幫助，那我就真的覺得很可惜！

- **其次，你可以考慮獲得證照所需的時間和精力投入：**

  ◇如果你正在工作或者忙於其他事情，選擇獲得證照所需時間較少的選項可能更好。

- **此外，你還可以考慮獲得證照的成本：**

  ◇如果你的財務狀況有限，選擇成本較低的證照，逐步推進到中高階證照可能是更好的選擇。

- **不懂的話，可以請教 mentor 前輩：**

  ◇畢竟前人走過的路比我們吃過的鹽還多，如果可以讓我們少走一點冤枉路，那就是非常值得的一件事。

- **最後，你可以考慮證照的市場需求與稀缺性：**

  ◇如果獲得證照後可以為你帶來很大的收益，那麼這可能是一個很棒的選擇。

整體來說，在這時代擁有證照是個加分項。只是也要小小提醒，我們的時間很有限，因此在選擇證照時，應該考慮自己的職業目標、時間投入、成本和市場需求，並且要認真研究不同證照的要求和考試內容，這樣才能選擇更合適的證照。

2-2
不同階段如何「辨識」自己要學什麼？考什麼？

追求效能，並沒有錯

當我在撰寫這本書時，有些人會說為何不聚焦學習就好？有些人會嗤之以鼻，覺得這樣著重考試的書不夠紮實，或是說現在台灣學生考試還不夠多，還要透過這本書去強調嗎？或者是說為了追求分數太功利了，應該要好好學習並追求知識與真理！

對於這樣的想法，我部分同意這樣的看法，但也部分不同意。

我同意的是追求真理有其必要性，但基本知識要先打底打好，而考試會考的都是基本的內容，所以追求分數也就一定會把基本都讀好，這是必然的！

我不同意的部分在於，知識會隨時間迭代，不能只是把目前我們所學的知識當做不變的真理看待，就像中古時代都認為地球是平的，但後來卻發現地球是圓的一樣。所以，應該把我們所學不斷更新，而考試可以幫助我們用最有效的方式，學習新的知識與專業，並用分數做最好的證明。

或許我們應該換個角度來看待知識，如果我們把知識當作是一種生鮮食品的話，通常越新鮮越有價值，就像近年世界杯大家都在討論梅西奪冠，但已經多少年沒有人談論到阿根廷球王馬拉杜納

了？如果你也曾感受過知識新鮮度這樣的世代更迭，我們又怎麼能覺得我們目前所擁有的專業知識不會過期、跟這世界脫節呢？因此不斷更新資訊與這世界連結最好方式，就是透過學習這條路徑。

但是，如果一直都沒有有效學習，或是學習了但沒有東西可以證明，反而會覺得自己的人生「卡關停滯」，沒有進度，所以才會希望大家以通過考試為前提，把該讀的書讀好。

我認為有必要做一個說明，「把書讀好」跟「考試通過」是不同的概念。我們先從認知來看好了，「把書讀好」跟「考試通過」哪一個自己比較能夠明確判斷有沒有做到呢？我相信大多數人都會選擇「考試通過」。

但「把書讀好」這句話就有很多種的詮釋，因為「把書讀好」其實很個人化，每個人對於「讀好」的定義都不相同，所以當事者跟聽的人難以透過字面上有所共識，端看你的比較基準是什麼。

而在學生時期可能還有這樣的疑慮存在，但在職場當中，不會有人在意你學問做得多好，在意的是你有沒有辦法完成好的產出成果跟績效表現。畢竟，大家都忙，太多事情要判斷跟執行，把書讀好只是一種主觀認定。**如果希望能夠降低手上計畫失敗風險的話，只能用相對客觀的標準，也就是相對有經驗的人，與該領域證照通過的人。**

所以專注把考試或證照準備好，就會因此讓自己成為候選人之一，比其他人更有機會被看見！被看見之後，也就更多的機會可以做出成果，這是一個正向動態循環。

找到你的典範，就會有五年到十年的努力方向了

觀念都知道，那接下來我應該考哪些考試、準備哪些證照呢？

很多人渾渾噩噩準備考試，問他為什麼要準備，就經常會聽到這樣的答案：「我不知道要做什麼，那就考試吧！」、「長輩覺得公務人員比較穩定！」等等，當我聽到這樣的答案時，其實我內心都覺得不太妙，很多人把考試、公職人員等當作一種特效藥，以為只要能夠通過的話，人生就此幸福美滿，但實際上人生不是這樣子的，通過這個考試，後面還有其他重要內容要展開，所以可能需要提醒這樣的幻想不切實際。

那這時候又要怎麼辦呢？接著我就會多請教他的熱情所在，通常看到對方都會透露出一些無奈，因為他不知道他能做些什麼，所以先「將就」，但常常做了發現不是自己的期待，因此也無法全力以赴，可能陷入「自我懷疑」的困境，也會讓自己有種卡住的感覺！

但某程度也是因為沒有仔細去做自我探索，甚至是害怕做自我探索，畢竟那是一個全然未知的新世界，不知道自己是否會像駭客任務的 Neo 一樣，要面臨紅色藥丸與藍色藥丸的抉擇。這也是不少人所擔心的點。不過，職涯與人生這內容會牽扯太廣，我們先回到考試這件事上。

那麼我們應該為何而考試呢？我覺得接下來步驟最重要的一件事情，就是把你的典範找出來吧！

找出跟典範的差距，透過證照、考試快速靠近

　　首先，去回想一下在你領域範疇當中，讓你印象深刻的典範人物是誰，挑選一個很欣賞的人當作自己前進的方向，學習他，然後去找到你內心渴望完成的事情與生活型態。

　　我個人非常欣賞的典範是趨勢大師大前研一先生，怎麼能夠如此有效率分析事情，並得到世界級公司的認同！所以我就拚命學習相關顧問分析的內容，也因此去美國就讀了霍特國際商學院，霍特國際商學院的前身是 Arthur D. Little Business School，Arthur D. Little 是全世界最早的管理顧問公司，西元 1898 年就創立了，知名跨國管理顧問公司 BCG 的創立也與之有所關聯。

　　我也在許多跨國企業任職的老師教導之下有了飛躍性的成長，現在雖然是以培訓師身份活躍，但也經常會針對客戶做顧問服務，某程度也是依然在我設定的道路上努力著。

　　像我有一個朋友在當業務，非常喜歡室內設計，希望自己可以轉職當建築物室內設計師，我就鼓勵他思考看看哪一個設計師是你非常想要成為的對象，他就跟我說明。然後我問說他們有在招募員工嗎？需要招募什麼樣的員工呢？結果發現，都是要合格通過考試，持有至少乙級技術士證照。

　　我就鼓勵他趕緊去準備考試，後來也用幾個月的時間就順利通過了。之後他就自己開始學習軟體模擬完成作品，後來甚至可以接外包案，所以看他白天忙碌企業工作，晚上忙著自己喜歡的室內設計，生活過得極為充實。

　　有一天他說要辭職專心做室內設計工作，因為副業兼職已經超過業務本業了，之後完成的作品越來越多，後來甚至有機會跟他崇

拜的大師專家一起合作，他就慶幸自己還好有走上自己喜歡的道路。

所以如果發現差距時，那就趕緊思考如何透過證照或考試追上仰慕的典範前輩，「缺什麼，馬上補什麼」，即學即用，這才是成為專業進步最快的道路！

「學以致用」以逸待勞，「致用以學」強化動機

現在時代變遷如此迅速，知識更新速度如此之快，很難都學好才在工作上使用，反而應該翻轉這樣的概念，從「學以致用」翻轉為「致用以學」，這是我從知名線上課程專家顧問蘇文華老師身上學到的概念，蘇文華老師曾十三次到美國 ATD 取經，帶回很多最新資訊回台灣讓我們學習。

> 「致用以學」的概念是這樣的，因為即將要用這項技能或知識，所以趕緊學習，這是一種以「輸出為主」的學習理念。

同樣的，因為要往自己的目標前進，而阻擋我們往目標前進的，就是考試或證照關卡，那就是我們要馬上克服的，也因此會非常有動力希望能夠解決，學習效果自然好！其實很多時候我們需要的，正是這樣的壓力讓我們擁有絕對的行動力。

現在很多企業也都逐步調整過往培訓模式，進而翻轉成這類型的培訓課程，結合虛擬與實體課程的混合式學習方式，符合員工的期望跟工作需求的練習，也讓學習成效比過往更好。

實戰問題釋疑

Q：請教老師，我任職的組織比較一板一眼，老闆只期待我們穩穩不出錯，根本不太在意我們的個人成長，我該怎麼去思考我該學些什麼呢？

A：感謝您的提問。我猜該組織可能也有一段不短的歷史，有些作法相對比較保守些，但並不代表組織是錯的，您願意追求成長也是很棒的一件事，不用因為這樣不合就覺得這組織無望沒救，而是看看如何從中找方法。在這種情況之下，你可以考慮以下幾個方向去思考你該學些什麼：

- **先從你個人職務入手：**

  ◇目前您所負責的工作內容，你是否都已經精熟了呢？俗話說的好：「一回生，二回熟，三回成高手！」你可以先研究你的職務需求，看看你目前的工作是否還有優化改善的環節、看看自己目前工作是否有哪些領域需要加強。像是我就會問問自己：「目前的工作還有哪些地方可以做得更快的嗎？」、「如果花費時間是原來的一半，我能夠順利完成嗎？」這樣的問題，這樣都可以帶給我持續優化改善目前工作方法的動力，每次進步都讓我的工作效能更加提升，這也是可以切入的重點角度。或者是你可能需要學習新的軟體工具，增加自己的工作效能。

- 著重跨部門、跨領域的學習：

  ◇你也可以考慮跨部門、跨領域的學習，例如學習一些與你目前工作無關的領域，以增加你的競爭力，像是擔任員工時就可以多涉略主管思維的著作與課程，逐漸培養自己，提供自己的溝通能力、管理能力等都是很棒的開端。這樣你可以從不同的角度思考問題，並且能夠更好地應對新的挑戰。

- 認真研究你的個人夢想和目標：

  ◇你也可以嘗試聚焦個人夢想和目標，想想你希望自己未來在工作上能做到什麼。你可以嘗試找到一些能幫助你實現夢想的學習機會，並且把這些機會融入到你的學習計畫中。當自己盼望的事物有所進度推進，我們也可以減少自己「感覺被卡住」的次數，也會更有動力去實踐人生的諸多計畫。

  總結上述三點，你可以從多個角度思考你該學些什麼，並且專注於自己的需求和目標，即使你的組織不太在意你的個人成長。畢竟，自己的成長與職涯發展永遠最在意的人一定是自己！加油與祝福大家！

2-3
如何評估要不要參加某個證照、專業考試？

問題不在要不要考試，而是哪一個能推進願景

　　很多人都會糾結著「我要不要參加這個考試呢？」，然後思索很久依然沒有答案，這個問題依然懸在心中，然而 .... 就沒有然後了。時間卻在飛快流逝著，一晃眼可能就好幾年了。在我的觀點中，我覺得只是針對要不要考試這件事思考是沒有太大意義的，因為只著重在一個決定而已，但是對於決定後，會發生什麼問題與衝擊，大多數人都是沒有辦法思考到的。

　　所以，我認為接下來應該思考的問題是「考試通過／不通過之後，我的人生會因此有了什麼樣的改變？」

　　為什麼我會這樣說，這是因為你所花下去的都是你的寶貴時間，就像我曾讀過一本書《人生4千個禮拜》一樣，不要虛度你的寶貴時間。如果你不知道他的後果會是什麼？或是無法讓你的生活得到更好改變？那你為什麼要把寶貴的生命時間花在這場考試上呢！倒不如花時間把你自己的能力升級，進而把手邊的工作做得更好。

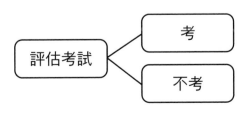

很多人無法做決定是因為都只在大腦中思考。我覺得你可以把決定視覺化，像我上面就簡單把目前糾結卡關的決定畫出來，我們現在要評估要不要考試，我就把評估考試寫在其中，之後分成兩個區塊，分別是「考」與「不考」，因為基本上考試的決定只有這兩種選擇。

考試通過後，我人生會有什麼改變？

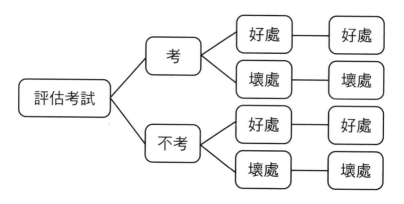

就評估考試這件事，接下來可以想出「考」與「不考」的好處與壞處，然後就可以做綜合分析來評估兩個選擇所產生的效益與代價是什麼。最後選擇對我來說比較好的選擇。

舉個例子，如果我們不知道我們要不要考，於是我們就先假設看看：

- 如果我考上的話，那我會有什麼樣的生活型態呢？

- 如果我考上的話，之後會有什麼樣的生活轉變嗎？

- 這樣的生活轉變是我所期待的嗎？

諸多的問題都會冒出來。

不要因為覺得冒出這麼多問題而感到恐慌，而是要告訴自己如實回答才能夠有效幫助自己評估，當我們對自己越坦白，做決定也會覺得越自在。就好像很多人就會一直很苦惱地說：「老師，你覺得我應該去考公務人員嗎？」這是我最常遇到的情況，當時我就會很好奇地請教學員：「為什麼你想要考公務人員呢？」通常得到的答案是：「錢多事少離家近」、「工作穩定」、「可以照顧家庭」。通常大家都會只看到光明的一面，或者是說他自己想看的那一面，卻通常沒有思考到更多，因為俗話說的好：「有一好沒兩好」，事情方方面面總有正面的區塊，也會有負面的內容。

這時候，我都會請他再多多地去釐清。當公務人員有光明面沒錯，但是我所認識的大部分公務人員也都是花費很多努力，而且現在公務人員也不輕鬆，因為很多單位人事精簡，遇缺不補，工作量也增加許多。雖然說薪資福利相對穩定，但我並不認為擔任公務人員是一個輕鬆的工作。一開始一定要把幻象破除，避免花了時間得到之後才發現是誤會一場，那就真的是太可惜了！

接下來，就是要思考不參加考試的情況，如果因為沒有參加考試，我會得到什麼樣的結果呢？你可能會發現你的生活沒有改變，基本上就都照原來的方式過生活。那麼沒有改變的過程，會給你的人生帶來什麼好處？又可能帶來什麼壞處呢？

通過這樣的分析，你就可以相對清晰地看到自己應該要走哪一條路。

實戰問題釋疑

Q： 請教老師，如果我作出選擇分析時，發現「不要做的分數」比「要做的分數」高，但是我心裡面有一種惋惜並想要行動的聲音，請問我該怎麼處理比較好呢？

A： 感謝您的提問，您可以考慮以下幾個方法處理這個問題狀態：

● **確認你方法有用對並且沒有遺漏：**

◇ 很多時候我們腦力激盪沒思考全面，怎麼說呢？這樣的分析方式有其操作步驟：

a. 先寫下一件難以決定的事情，像是「我要不要接受這份新工作？」，「我要不要搬家？」，「我留學該去美國還是歐洲？」，等等。在主題寫的時候，要能夠明確指出 Yes/No，這樣在分類上做決定比較清楚，盡量避免三個選項以上，因為往往分析完，還是無法做決定。

b. 一邊寫「要」，一邊寫「不要」。接續展開枝幹分成兩區塊，分別是「優點」與「缺點」，之後展開優點、缺點的分析。

c. 之後腦力激盪列出所有影響該決定的因素要項，雖然我知道無法窮盡，但至少都要列出 10 項以上會相

對全面客觀，之後判斷好處與壞處，根據每個項目給予分數 1-10 分。

d. 最後將好處與壞處的項目分數相加，例如將「要」的分數相加得到的總分為 46 分，「不要」總分為 23 分。因此做決定選擇「要」是整體看來比較有利。

- **你也可以重新評估你的分析：**

　◇看看是否有什麼地方沒有被考慮到，或是你內心覺得這個失落感是來自於哪裡，把那個項目補充進去。或是，你可以試著書寫更多好處與壞處，更加細緻地分析每個選項的利弊得失，或是嘗試用不同的方法來評估，以減少自己的盲點，也是很棒的方式。

- **請教資深專家或者信得過的人：**

　◇你也可以請教專業人士或者信任的人，請他們給你一些建議。因為他們經歷相關大風大浪，可能有更多的經驗和視角，可以幫助你看到一些盲點也說不定。

- **拉高眼界拉長時間來看：**

　◇如果你目前決定的內容是一年內有所影響，可以放大時間軸來看，如果以十年的眼光來看這樣決定，

你會怎麼思考呢？我覺得這是讓自己不糾結於現在困境很好的方式。

- **反思你的起心動念：**

◇你也可以反思一下你的決定初衷，是否有什麼特別因素左右了你的想法與決定。通常起心動念是好的，成果也不會差到哪裡去，但必須再次確認這件事情是出自自己內心想做的，而不是被外界環境所逼迫，或者被自我懷疑與恐懼影響我們的決定。誠實面對自己，了解你的決定動機，接納自己的感受，順從自己的渴望都可以更有效地幫助我們自己做出相對無悔的決定。

- **做個行動計畫：**

◇若你確定要執行這個選項，先嘗試制定一個計畫，包括你的目標、步驟、時間表等。這樣可以幫助你全盤沙盤推演過並更有效地執行你的選擇，並且避免在路上遇到太多可預防的阻礙。

如果您也都嘗試過幾次調整之後，那就應該會減少內心感受與實際分析背道而馳的情況，讓自己理性與感性都一致，這樣做出來的決定自己也會相對滿意，這某程度也代表自己正在過著自己所期待的人生呢！

2-4
考試不只看成績，
更需專注你會獲得的成果

　　我記得過往在企業任職時，曾參與設計一個接班人計畫專案，計畫當中除了培訓課程之外，也包含個案演練與行動計畫產出、甚至還綁定了晉升測驗，參與者沒有通過測驗的話，將會喪失今年度職場晉升資格。

　　當參與者聽到考試沒有通過就刷下來，隨即哀鴻遍野，然後出現「不是出社會了嗎？幹嘛還要考試」、「會考試有什麼用？還不是做不出成績來！」之類的抱怨。

　　小曹就問大家：「**既然大家都不喜歡考試，那麼有什麼方式可可以相對公平評估所有人的嗎？如果有，也歡迎你提議！**」結果所有參與者面面相覷，一陣沈默，只看得到大家屏息的面容，卻提不出辦法來，最後所有參與者只好不情願地接受透過考試的方式。

　　考試，基本上不只存在學生時代，職場時代也一直都有。我細數自己的過往，出職場之後也陸續考過幾十張證照，就有朋友來問我說：「你也太喜歡考試了吧！」

　　我跟我朋友說：「我知道考試很惱人，我以前也很討厭考試。曾覺得考試不就是一場無止盡的競賽，大家比成績排名真的這麼重要嗎？但是，當你問我現在我還討厭考試嗎？我會說現在比以前來說，對於考試相對喜歡很多。你一定會好奇為什麼有這樣的轉變，我覺得是看的角度不一樣。」

以前會聚焦在考試成績之後的排名好壞，
但現在則會聚焦在通過考試我可以得到什麼成果！

因為我知道考試即使辛苦，也是一時的，但我希望自己能夠擁有通過考試帶來的美好畫面與成果，那才是我所期待的未來。就像我曾在某次講座分享拆解問題的技術，有讀者就舉手發問，以下是情境對話：

讀者提問：「存不到錢怎麼辦？」

我說：「你可以嘗試『開源』跟『節流』並行。『開源』就是看看自己能否有獲得更多收入的方式。『節流』則是確保自己花費，都是需要的品類優先滿足，想要的品類可以量力而為。」

讀者接著說：「一想到這個不需要就不能買，那個不需要就不能花，感覺被限制很痛苦ㄟ。」

那我就好奇問他說：「人生或許沒那麼完美，那請教你為什麼要想存錢呢？」

該讀者說：「因為我想要出國留學！」

我回答：「很棒歐！所以聽起來出國留學對你來說非常重要是嗎？」

該讀者回：「這是我一輩子的夢想，也是我去世父親的期望！」

我說：「明白。如果真的是你一輩子的夢想，就要勇敢追夢。畢竟人即使現實生活有諸多限制，**當你為了能夠達成夢想所忍受的痛苦是能讓你更靠近夢想目標的話**，那就要一步步往那個地方前進，這樣才會有更多的機會可以達成你的目標啊！」

實戰問題釋疑

Q： 請教老師是否有讓我學習時間少，但是效果很好，足以通過證照考試的學習方法嗎？

A： 首先我覺得您希望魚與熊掌都想兼得的思維鼓勵鼓勵，代表您希望可以在限制當中找到更好的方式。如果只是希望通過考試的話，我會推薦一些方法讓您在學習時間較短情況下取得不錯成果。

- **熟悉考試遊戲規則：**

  ◇每個考試都有遊戲規則，務必要完全搞懂，可以先瞭解考試簡章看起，讓自己先了解相關大綱內容之後，考試重點和考試範圍心裡面也有個底，這樣做會非常有助於您深刻了解目前的學習狀態和準備考試方向。方向對了，就能夠事半功倍！

- **精簡淬煉學習資料：**

  ◇資料這麼多，當然是挑重點起來讀，並且系統性地讀，可以請教考試通過前輩的經驗，選擇有效的學習資料，並嘗試消除冗長的資訊，以便更有效地學習。

- **制定並確實執行學習計畫：**

  ◇規劃明確的學習計畫，並照表操課，讓自己沒有藉口準時學習，當內心有這樣的覺悟時，就可以更加心無旁騖地學習，可以大大提高學習效率。

- **培養良好學習習慣：**

  ◇可以參考後面的黃金學習頻率，並透過原子習慣來建立新習慣，讓自己有時間複習內容，並克服愛艾賓浩斯遺忘曲線帶來的記憶衰退衝擊，這樣可以有助於你提取記憶，進而提高學習效率。

- **多做模擬考鍛練手感：**

  ◇手感對於考試很關鍵，讓自己平常多練習多做模擬考試，可以讓我們深刻了解考試題型，並掌握做題節奏、熟悉考試流程，就可以更好地準備考試，減少考試突然失常的機率。

  希望這些建議能幫助您有效地學習並通過考試。

2-5
制定人生學習成長計劃的三個步驟

　　我們都知道職場要成長不能靠跑百米的速度與傻勁衝刺，而是需要像馬拉松一樣規劃，才能走得又長又遠。只是那要怎麼制定職場上的自我成長學習計畫呢？我用自己的案例拆分成幾個執行步驟跟大家分享。

步驟一：準備好學習基金跟取得家人的支持

　　我曾聽過資深顧問吳政宏顧問分享他的進修模式，吳顧問每一年會花費年收入的 10% 當作隔年度的學習基金，因為學習基金不規劃，就很容易被柴米油鹽醬醋茶等生活開支所佔據，等到真的需要學習的時候，可能就沒有資金可以參加課程，那時可能會後悔沒有多存一點錢。

　　我聽到吳顧問這樣的作法，甚為欣賞與佩服，就默默筆記下來，並確實執行。通常比較好的國際證照或考試，都是需要相對高昂費用的，而且基本上越高等級的考試收費也越高，往往也是用美金或歐元計價！於是我進一步思考說，如果我都只跟吳顧問一樣每年提列 10% 的年收入來當學習基金，這樣做我可以拉開跟同年齡的差距，但我發現卻無法縮短跟前輩的差距，所以我每年編列 20% 的年收入當作我的學習基金，就是希望相對快速縮短跟資深前輩的差距。

　　當考試的費用都已經準備就緒，接下來重要的事情就是要準備

好適合考試的「環境」。**像我覺得準備考試或證照期間，取得家人的支持與諒解是很重要的關鍵**，因為既然是為了未來發展做準備，就會跟過往的生活型態不太一樣，像是可能週末要外出進修，小孩就需要託家人照顧，平常日也可能需要花時間讀書準備考試，因而犧牲掉與家人相處的時間等，這些情況都建議要事先溝通好並取得共識。

不過，雖然理智上知道，但當我們真實遇到時，家人可能也還是會有不同感受或出現微詞，那時可以再次溝通當初的共識。最重要的是你也要問問自己，如果不進修，未來三五年會不會後悔呢？如果答案是肯定的，那就請您義無反顧往前進吧！畢竟，人生只有一次，現在不做，以後可能就沒機會了。盡量讓自己不要活成「早知道」的懊悔人生！

步驟二：盤點自己目前產業狀況與考試證照資源

坊間這麼多張認證課程跟考試，我該選擇哪一些來考呢？這見仁見智，但有一個原則可以依循，那就是要先評估自己的情況，並透過確認自己未來幾年發展的方向，來思考哪些證照或考試跟這目標相關，有相關才放進進修清單，如果不相關，那就先暫時擱置，這件事務必要做好詳盡評估再做決定。

畢竟，我有兩個最大的限制，那就是「時間」跟「資金」，我相信大多數人都有這樣的限制。

問題分析解決有個非常重要的觀念：解決錯誤的問題也要花時間！同樣的，拿證照都是好事，但要思考的是我花這麼多力氣去拿證照或通過考試，能不能真的帶給我在職場工作時的表現有所進

展。不然我去考一張街頭藝人證照也可以，對我在職場裡面的工作毫無幫助。

請記得，先以對自己職涯發展有益的考試或證照為優先，完成之後才是興趣！

就像我現階段都會以確實對自己工作發展有助益的證照或考試為主，之後才會是為了興趣去考試或拿證照，像是未來規劃去拿中西餐丙級證照一樣，那是為了興趣，而不是工作！

如果你準備的證照或考試在職場上有前輩或朋友也考過，請善用你的人脈資源，這些夥伴都是你很好的請益對象，千萬不要錯過！俗話說的好：「聽君一席話，勝讀十年書」，透過聆聽已經走過考試或證照前輩的心路歷程，也可以讓自己準備考試時更好抓重點跟盲點誤區，減少失誤，增加考試通過率。

步驟三：排出優先次序跟時間，然後落實執行

關鍵在於當了解自己要進修的狀態，哪些課務必要完成，哪些課可以暫時不用，透過了解自我狀態，來做相對適合準備考試或證照的優先次序，就要排時間進去並加以落實執行。

我覺得最難的不是規劃，而是在過程中對於自己承諾的目標堅持到底，過程中一定有很多困難會出現，希望你記得一句話，那就是「不放手，直到夢想到手」！

實戰問題釋疑

Q： 請教老師，我正在準備公職考試，但是家裡面經濟狀況不佳，我需要做三份工作因應，請問我該堅持努力考下去嗎？

A： 感謝您的來信！聽到您的情況描述，真的想對您說聲辛苦了。我相信您當初想要考公職一定有您的初心與相關考量，不妨回過頭來看自己當初的起心動念，如果依然還有需求並擁有明確目標，我會建議您堅持努力考下去。雖然在這種情況下可能還是會有許多困難，行百里者半九十，您應該相信自己的能力，並且視公職考試為一個長期投資。

公職考試是一個經過嚴格選拔的過程，因此當你成功通過考試並獲得一份公職時，你有機會獲得更好薪酬福利與待遇，這將有助於您改善家庭的經濟狀況。此外，公職考試也是一個很好學習機會，讓你有機會接觸到不同的人事物與新的知識技能，做好基本功的鍛鍊，這樣也有助於您將來的職業發展。

第三章

評估實力擬定
有效的考試計畫

3-1
我們設定考試計畫時，
常常做錯什麼事？

在經歷了問題分析解決訓練後，我發現每一次考試都是問題分析解決的實際案例。比如說，如果我們成績退步了，或者沒有達到我們的預期目標，可能會心情失落或懊悔，但只有心情失落跟懊悔無濟於事，因為只有感受，卻沒有後續行動，也沒有去解決問題。

那什麼是問題呢？問題就是去解析「目標」與「現況」之間為什麼會有「差距」產生。

之後我們就要開始思考差距產生的可能原因是哪些，然後根據我們腦力激盪找出來的關鍵原因，來構思有哪些解決方案可以有效改善目前的現況。

當方案出爐之後，接下來就是我們如何有效的去執行。

對於要準備考試的職場人士或學生而言，我覺得最重要的是「理解現況」，如果沒有搞清楚目標與現況的落差，所做的解決方案通常都是徒勞無功無效的，都不會到位，也就會在你不自覺的情況下降低考試通過的機率了。

其實，光做這個動作就需要很大的勇氣。但問題不處理，依然會存在。所以我們要先面對問題這件事，才能展開相對應的行動方案。有些學員會說自己的讀書時間不夠，那就要評估要不要增加讀書時間，有時候可能是讀書方法錯誤，或是做很多事無法專心，這

時候就要先找到有效率的讀書方法。

所以，釐清並充分了解我們自己的「現況」非常重要！

如何有效評估自己的實力現況？

而我覺得理解現況最重要的一個方式，就是你如何了解自己目前的實力。

怎麼說呢？以準備托福為例。我們假設自己的托福成績不好，但成績不好是一個非常籠統的描述。我看到學生這樣描述時，我都會問上一句：「你覺得自己的托福成績不好，是有多不好？能不能數字化讓我知道呢？」這時候學員才會慢慢地說出他真正的分數。接下來我想請教讀者一個問題：「如果學員講出他考八十分，那請問這樣考試的分數是好還是不好？」我相信有些人會說好，有些人會說不好，見仁見智，甚至有些人會因此較真，去跟立場不同的人吵起來。其實，我的答案是：「我還不知道！」

為什麼要說「我還不知道」呢？我們傳統教育方式都會覺得分數考越高越好，但我也曾在大學時期期中考成績三十幾分，那真的能說我考很差嗎？不一定的！因為全班五十個人三十分以上的也才五個，所以我其實算考得不錯的了，所以我學習到最重要的一件事就是：

所有分數好壞都是「相對的」，不是「絕對的」。

一百分的分數絕對不是絕對的判斷標準，這是我在眾多考試得到的結論！千萬不要被滿分一百分的標準給綁架，而是把自己的分

數跟所有人比較，知道我到底落在哪一個範圍當中，知道自己所在的現況位置，是非常重要的事情！

假如丟進去所有學員的成績當中排名，八十分已經排到 PR95 以上，排名非常前面，這樣可以說明自己考得很好。如果大家都考九十分、一百分，那麼八十分就是相對落後的區塊。

PR 值是一種計算考生在群體當中的領先位置，將所有考生的分數排序後，依照人數均分成一百等分，該生大約會落在第幾個等分，大概就知道是多少 PR 值。

PR 值是先將該次測驗所有考生分數排序後，依照人數均分成一百等分，然後判斷該名學生大約會落在第幾個等分中。PR 值代表該生的成績在 100 人裡可以贏過的人數。例如若 PR=92，代表在 100 人中，其分數可以贏過 92 個人，輸了 7 個人（自己本身也算 1 人，所以總共正是 92+7+1=100 人）。所以 PR 值最高為 99，最低為 0，PR 值愈高，表示該生的測驗表現在越多人之前。

若某位考生的 PR 值為 96，表示這位學生的分數，高過參與該次測驗約 96% 的考生，而落在前 4% 的區間內。

如何擬訂有效提升實力的計畫？

接下來要思考的是，我要怎麼樣可以讓托福成績變好呢？這就會牽扯到目標的設定。現在我給大家兩個目標設定的選項：

（　　）我下一次考試要考全班前十名

（　　）我下一次考試總分要比現在多十分

聰明如你，覺得哪一個目標比較務實呢？我會這樣選擇：

（　　）我下一次考試要考全班前十名

（✓）我下一次考試總分要考比現在多十分

就我的觀點，我會覺得「我下一次考試總分要考比現在多十分」這個目標比較好，為什麼呢？因為你看到考試這件事，每次的排名高低跟課程難易度都不一樣，我們很難真正去確實估算我下一次要考第幾名，而名次的排序本質上也是根據你考幾分來做決定，所以只是說：「我下一次考試要考全班前十名」，這不是一個好的量化目標，因為接下來很難去調整改善。

我比較不建議使用名次當目標，因為名次是相對值，也就很難有個量化標準，改善也會淪於形式，會比較像是喊口號的方式，如果只是喊喊口號，這當然很簡單，但激情上來得快，消褪也快，所以很難持久。所以設定一個好目標是非常重要的關鍵！

有了量化目標，我們就可以設定一些「不一樣的行動」，去真正改善我們目標的成績。

實戰問題釋疑

Q ：請教老師，我的考試分數經常高高低低不穩定，有時達標、有時沒有，請問我該怎麼調整設定的目標比較好呢？

A ：有以下幾種改善方法：

1. 確認您的目標是否實際可行：

◇如果您的目標過高或過低，那麼您的成績就有可能會不穩定。確認您的目標是合理的，並且考慮設定多個目標，例如短期三個月的目標和長期一年的目標，這樣就可給自己擁有更寬裕的時間來進行基礎功的累積並達成目標。

◇如果真的不知道怎麼設定目標，可以先以過去三次成績的平均值當作一個基準，之後成績加上 10-20% 的分數當作目標標準，會在自己既有基礎上有些累積，這樣也可以讓自己有些挑戰，也可以讓自己更有動力。

2. 你可以檢視看看自己的學習方法：

◇可以先閱讀後面第四章節的黃金學習頻率，可以對照看看自己學習方法哪裡有些盲點與可以改進的地方，或許會有新的看見。

3. 建議您向老師或輔導老師尋求協助懇談：

　◇他們經驗豐富，可給您有關如何提高成績的建議，
　　幫助您制定有效學習計劃。

希望這些建議對您有些助益！

但對於看排名的心態，如何調整才能使之更健康呢？首
先，我們必須認識到排名僅是眾多評估標準中的一個，
且它主要反映的是相對於他人的表現。而真正的學習和
成長，應該著重於自我評估和反思。當看到排名時，嘗
試問自己以下的問題：

我比上次進步了嗎？

我在哪些部分可以做得更好？

而不是僅僅問我排第幾名？

其次，避免將自己的價值和自尊建立在排名之上。每個
人都有自己的優點和專長，不應該因為一個排名就否定
自己。最後，與同學共同合作和分享，而不是將他們視
為競爭對手，這樣可以建立一個更健康和支持性的學習
環境。

3-2
我怎麼評估自己的真正實力？

看排名、看分數還是很有用

讓我先從學生角度來看看評估實力這件事。假設讀者你仍是在學生，現在很多學校基本上都希望去除排名，但如果全班都同意看到的話，還是可以排名。

我會傾向於看到排名，為什麼呢？因為沒有看到排名的話，只會看到自己的成績與全班平均值以及 PR 值，不一定知道自己如何改進，有分數為基準，就知道自己如何調整，特別是在目標的設定上，就可以設定更加準確。

未來初入職場，很多分數都要攤在陽光底下，總不能說業績只看 PR 值，不看正確數值吧！

我舉一個例子就好，下面一張表格中，可以看到是台中市衛星中學三年三班第一次段考成績，我想就該圖請教幾個問題：

- 排名第30名的是哪一位學員呢？

- 他的PR值是多少？

- 他哪些科目成績高於平均？與平均相同？低於平均？

| | | | | | | | | 台中市衛星中學三年三班第一次段考成績 |
編號	姓名	國文	英文	數學	社會	自然	總分	平均	名次
740101	王O明	85	77	85	67	85	399	79.8	9
740102	趙O柱	49	68	49	78	49	293	58.6	40
740103	李O仁	64	98	64	85	64	375	75.0	21
740104	呂O治	80	53	80	70	80	363	72.6	28
740105	沈O慧	73	81	81	82	68	385	77.0	17
740106	林O豪	69	59	77	64	98	367	73.4	27
740107	徐O安	52	67	68	90	53	330	66.0	36
740108	文O翔	60	78	98	74	81	391	78.2	12
740109	范O方	54	85	53	82	59	333	66.6	35
740110	莫O彼	81	70	81	95	67	394	78.8	11
740111	陳O達	77	82	59	64	78	360	72.0	30
740112	陳O宏	68	64	67	59	85	343	68.6	34
740113	吳O憲	98	90	98	59	70	415	83.0	5
740114	林O玲	53	74	53	91	53	324	64.8	38
740115	周O倫	81	82	81	53	82	379	75.8	19
740116	蔡O琳	59	95	59	81	64	358	71.6	31
740117	鄧O琪	67	64	67	59	90	347	69.4	33
740118	方O同	78	92	78	67	74	389	77.8	14
740119	趙O安	85	66	67	78	67	363	72.6	28
740120	陳O均	70	67	78	85	78	378	75.6	20
740121	楊O哲	82	78	85	70	85	400	80.0	8
740122	劉O邦	64	85	70	82	70	371	74.2	24
740123	楊O林	90	70	82	64	82	388	77.6	15
740124	葉O正	74	82	64	90	64	374	74.8	22
740125	王O芬	82	64	90	64	90	390	78.0	13
740126	高O涵	95	90	74	92	74	425	85.0	3
740127	吳O德	64	74	82	66	82	368	73.6	26
740128	江O凡	92	82	95	59	95	423	84.6	4
740129	錢O豪	66	95	64	91	64	380	76.0	18
740130	孫O文	59	64	86	82	67	358	71.6	31
740131	蔣O勳	91	92	99	76	82	440	88.0	2
740132	馮O銓	82	66	67	75	82	372	74.4	23
740133	陳O中	76	59	78	82	76	371	74.2	24
740134	唐O鳳	70	91	85	95	70	411	82.2	7
740135	許O瑋	86	82	70	64	86	388	77.6	15
740136	陳O彤	99	94	82	92	99	466	93.2	1
740137	游O正	74	70	64	66	53	327	65.4	37
740138	梁O超	65	70	64	66	53	318	63.6	39
740139	胡O桑	91	86	90	67	81	415	83.0	5
740140	陳O儀	88	99	74	78	59	398	79.6	10
各科平均		74.83	77.63	75.2	75.1	73.98	376.7	75.3	

我們來對一下答案，不知道你是否都答對了嗎？

- 排名第30名的是哪一位學員呢？

  Ａ：陳Ｏ達學員

- 他的PR值是多少？

  Ａ：PR值＝100%-(30/40*100%)=25%

- 他哪些科目成績高於平均？與平均相同？低於平均？

  Ａ：高於平均：國文/英文/自然

  與平均相同：無

  低於平均：數學/社會

了解自己的真實分數與排名，才有改進基礎

我們來仔細研究一下陳Ｏ達，他是全班 40 位學員的第 30 名，平均成績是 72.0 分，我們看到他國文考 77 分、英文考 82 分、數學考 59 分、社會 64 分、自然 78 分，總分是 360 分，有五個科目，因此平均分數為 72.0 分。

當陳Ｏ達學員知道這樣的成績時，他其實很不開心。為什麼呢？因為他覺得自己考得不盡理想，覺得自己考試「失常」。

我就請問陳Ｏ達學員：「你原先的預計分數是多少？」他說：「平均 76.0 分！」

我們來看一下如果平均 76.0 分的話，大概是在這張成績單的第幾名？基本上會在全班的成績的第 18 名左右，平均差 4.0 分，

名次卻差了 12 名，表示很多學員考出來的分數都很接近，競爭激烈，與自己心目中的狀態有所落差，當然會覺得自己考不好。

其實我想回來談一個概念：我們常聽到「失常」，那到底那個「常」又是什麼？

我覺得那個「常」就是「我們預期自己的真正實力」。只是很多人往往錯估自己真正實力！我要說句重話：不要把對自我實力掌握不足當成發揮失常！

很多人都是基本練習題目做完就當作自己學會了，其他的靠臨場發揮，覺得自己應該考得「不錯」，但成績出來時往往事與願違，一塌糊塗。因為這樣的練習是沒有評估效果的。那要怎麼做才可以有效評估自身的「真正實力」呢？這時候做「模擬試題」就是非常重要的！

從模擬試題評估自己的實力

到真正考試之前，最起碼你會做 3 ～ 4 次模擬練習題，請務必模擬真正考試的真實狀態，該多久時間就多久，並確實記錄下來考試成績，然後把這些考試成績當作自己的紀錄好好留存，這都是自己當下的「真正實力」。

你問，考得比較差也要記錄進去嗎？是的！不要因為剛開始考得比較差就不列入計分。

而且當自己知道要紀錄成績時，自己也會比較當一回事，不會心裡面想說「這只是練習，我就悠閒自在地做！」這樣反而沒有達

到練習效果。

　　陳○達學員做出來的四次國文模擬練習分數分別是 80 分、84 分、90 分、86 分，所以我們把這四次成績取平均值，因此得到平均分數為 85.0 分。基本上分數還算挺穩定的，大概都是落在 80 ～ 90 分的區間，我們就可以「假設」該科目要考試的話，陳○達學員考出來的成績大概就會是 85 分上下，雖不中亦不遠矣。

範例	國文	英文	數學	社會	自然	總分	平均	名次
考前預估分數	85	80	65	65	85	380	76.0	
考試實際分數	77	82	59	64	78	360	72.0	30
兩者差距 （實際分數— 預估分數）	-8	+2	-6	-1	-7	-20	-4.0	

　　所以這樣看起來，後來考試他實際獲得 77 分，比原來的模擬考成績低了不少，這時候就需要從試題內容去檢討，哪些題目是粗心大意的，哪些題目是真的不會做，哪些題目是來不及寫完，檢討就會發現其實這樣的估計通常不會有太大的落差，除非考試有非常高難度的提升，但應該全班平均分數也會往下掉，因為覺得考試困難的絕對不會只有我們一個。

　　基本上這樣的實力預估，都可以讓我們用比較客觀的方式知道「自己的真正實力」在哪。因此，請多多善用模擬試題評估自己的真正實力！

實戰問題釋疑

Q：請教老師，一定要做模擬試題嗎？不做不可以嗎？

A：因為模擬試題可以幫助考生準備考試，讓考生了解考試的題型、難易程度、題目多寡、時間限制等等，並可以幫助考試檢視自己的學習成果和準備情況。通過模擬考題，考生可以找到自己相對不熟悉的地方，並且快速檢討補強，進而建立自信心，並在正式考試中發揮更好。

此外，模擬試題也可以幫助考生熟悉考試流程與掌握考試答題節奏，包括如何填寫答案、如何應對各種題型、如何在有限時間內完成考試等。

基本上，我對於模擬試題抱持很正面的看法，模擬試題是一個很有用的工具，可以幫助考生更好地準備正式考試，提高考試成績，進而提高考試通過率。你也可以換個角度想，你的目的是為了通過考試，模擬試題則可以幫助你提高通過考試的勝算，請問你要做嗎？我相信你的答案一定是肯定的！

所以不要再質疑做模擬試題的必要性了，趕緊行動做完模擬試題並確實做好檢討，才是善用寶貴時間的最佳做法。

3-3
什麼是具體可行的考試計畫？

我們都知道要做考試準備計畫，但「大腦知道沒行動」跟「實際知道並執行」往往是兩回事。通常接下來我們腦袋會出現這兩個問題：

- 我們應該怎麼做目標的設定？

- 目標設定的重點又是什麼呢？

我覺得目標設定是一個非常重要的關鍵環節，**因為目標設定的高低決定你要花多少力氣在這個地方**。如果你設定一個不切實際的目標，通常你就得到一個不盡理想的結果，或許就會因為不盡理想的結果而感到挫折，進而否定自己所有的努力，然後說我做的努力都是白費的，進而進入一個惡性循環。如果你也曾經有過類似的負面經驗，我建議你這篇文章要好好讀，可以讓自己避免重蹈覆徹。

進步都是需要我們付出心血努力之後才有機會看見，只是我們也要確認我們努力的方向是對的，如果努力是在錯的地方，就看不到自己的成長，往往就只會是白努力準備考試但依然沒有通過考試，如此不就是白忙一場嗎？如何降低白忙一場的機率，減少浪費寶貴時間的可能性，訂出具體可行的考試計畫就是關鍵一步。

量化你的考試目標

量化目標就要有根據，可以根據 SMART 原則做釐清！

SMART 原則是由管理學大師彼得·杜拉克（Peter Drucker）提出，首先出現於他的著作《管理實踐》（The Practice of Management）一書中，該書於 1954 年出版。而所謂 SMART 原則是以下五個字的縮寫：

1. Specific：目標必須是具體的

2. Measurable：目標必須是可以衡量的

3. Attainable：目標必須是可行／可達成的

4. Relevant：目標必須和其他目標具有相關性

5. Time-based：目標必須具有明確的截止期限

　　如果我設定一個目標：「下一次月考 / 段考 / 模擬考平均要考比現在多兩分」請問有符合 SMART 原則哪些條件呢？

（✔）1. Specific：目標必須是具體的

（✔）2. Measurable：目標必須是可以衡量的

（✔）3. Attainable：目標必須是可行／可達成的

（✔）4. Relevant：目標必須和其他目標具有相關性

（✔）5. Time-based：目標必須具有明確的截止期限

　　目標很明確也有量化，符合目標必須是具體的與可以衡量的。要進步總分兩分的目標是非常可行 / 可達成的目標。而會希望「我

下一次考試總分要考比現在多兩分」就是希望自己功課與排名進步，所以也有符合相關性。而「我下一次考試總分要考比現在多兩分」也有提到『下一次考試』，也有符合目標必須具有明確的截止期限。

所以，千萬不要設定好高騖遠的目標，我以前考試都追求每一次段考或模擬考成績排名，常常囫圇吞棗唸了一堆東西，唸完之後又忘記，最重要的大學聯考反而沒有考好而嚐到苦果。我希望在讀這本書的你不要像我以前一樣，而是可以從我身上學到教訓。**要先想清楚哪一個考試才是真正影響你未來的道路，好好把握住那次考試**，其他的都只是點綴跟確認自己程度的狀態，不要過於看重跟糾結。

「以終為始」才是有效的目標設定

「以終為始」這概念影響我很多，是我從《與成功有約》這本書學習到的概念，作者是已逝成功學大師史蒂芬‧柯維（Stephen Covey），他認為唯有確認要達成的目的，要做的事才能夠透過計畫執行來逐步完成。簡單來說，就是先構思好最終目標，之後才根據目標設計行動，這樣就可以避免自己半途掉隊，或虎頭蛇尾草草了事。

所以目標設定就可以設定「幾月幾號考試通過」，最好是能夠了解清楚考試通過的程度、需要答對多少比例的題目，像大部分證照考試試通常是六成要答對，有的比較進階的國際證照考試則要到八成答對率，這要看你考哪一個考試而定，所以我的目標可能會調整為：「幾月幾號的考試要答對率超過八成」，然後我就會思考八

成大概是多少題目，甚至可以把目標寫得更仔細，像是：

「幾月幾號的考試要答對超過150題」。

當我們在制定目標時，跟現況的比較單位必須要一致，一致才能夠比較，不然的話就很像拿蘋果比橘子一樣，比不出個高低，通常會是「高估自己的表現」的狀態，反而會阻礙自己學習進展。

而當我們做了相關測驗題目知道自己的現況之後，就知道目前現況跟考試通過的目標有多大的差距，之後分析差距，就可以知道目前自己的弱點在哪，因此才能夠針對弱點做強化的讀書計畫。

而有了讀書計畫之後，才能夠把大範圍要念的章節內容切割變小，切割成每天適合負擔的功課量與每天進度。唯有透過這樣以終為始的思考方式，推演出來的目標才相對有意義，而為了消弭落差所搭配的讀書方法也才可以穩健推行。

關鍵是「降低啟動門檻」開始行動

很多人設定目標很厲害，但是目標設定完之後，就「供奉」在案頭上，那份目標到最後僅當作在書桌前看到會「提醒」自己，但也只有提醒的功能而已。雖然可能感受到提醒與壓力，只是人會有惰性，碰到壓力很容易閃躲，所以就只有被提醒，但卻很難付諸實踐完成。

我舉一個例子，像很多時候我聽到朋友會說：「你好厲害！工作這麼忙還可以寫書！可不可以跟我們分享你寫書的秘訣是什麼呢？」我也都謙虛跟大家說：「都是編輯大人很厲害，我只是負責

一直把我想說的話講出來而已，其他都是編輯大人在潤稿。」

因為出版過，所以知道要出版一本書是需要眾人努力以及無數通宵達旦的寫稿，最終集結而成的心血結晶。**能夠寫成一本書，最重要的不是找到一個好主題，而是要有一個「開始」。**當你開始寫作的時候，很多主題跟內容都會隨著你越深入研究也將有了更加清晰的輪廓，當累積到足夠的洞見觀點跟文章字數，並且內容能夠梳理清楚讀者痛點，並提供方法加以解決讀者痛點的話，一本還不錯的著作就此誕生了。

但說起來好像很容易，只是我也不是經常都有靈感，也會枯等在電腦前一個字都打不出來。那又該怎麼處理呢？我就會開始閱讀，跟請教已經出版數本著作的朋友前輩，而不論是朋友或是我自己拜讀了很多寫作書籍，都會提到一件事：自由書寫！

剛開始覺得這只是朋友或作者的謙虛之詞，但後來我發現每個作者都是很認真面對自己的作品，前輩請我思考一件事：要集合成一本書的話，也要先集合成一章內容。希望集合成一章內容的話，也要先集合成一篇內容。希望集合成一篇內容，也要先集合成一段文字。希望集合成一段文字，也要先集合成一句話。希望集合成一句話，也要先從第一個字打起。

我就發現這麼多作者能夠著作等身，是因為他持續堅持地往他的目標邁進。自由書寫的本質就是輸出，就是把我目前腦袋中有的想法先寫下來，反正之後再修改就好。而書寫下來之後的關鍵字，我們大腦也會因此觸發更多想法，也因此幫助我們開始聯想，所以越寫會越發現越多東西可以往後延伸，也就會因此產生出更多文字內容。

　　同樣的，準備考試也一樣，如果只是在手機或是桌面上擺放考試通過的目標，剛開始有提醒作用，久而久之也就喪失了提醒效果，那麼要怎麼辦呢？

設計三分鐘就能完成的讀書學習行動

　　我把我自己的操作步驟跟大家報告：

1. 三分鐘在紙上寫出 30 個關鍵字：

　　拿起一張紙，先把我目前對要讀的範圍所知都先寫下來，看看我自己能夠掌握多少內容。這時候有一點要特別注意，只要把目前腦中想到的內容都寫下來就好。通常我都會給自己三分鐘，因為時間非常短，所以只會寫關鍵字，而且字跡潦草，然後我都會要求自己寫出「三十個」以上的關鍵字。這樣我就可以明白我自己對於該內容的理解程度。

2. 三分鐘翻開教科書標記關鍵字（知道＋未知）

　　開啟書本來核對我有哪些內容有寫下，哪些內容沒有留意到，都註記起來。這樣讀書的暖身儀式就做好了。接下來就是好好地把該篇章內容重新閱讀。

　　我發現當我用這樣方法當作準備考試的暖身，自己的注意力會隨著遊戲時間，瞬間專注在考試準備上，也可以透過這幾分鐘的時間打包其他讓我分心的思緒。這樣真的有助於我專注於學習內容，並且有效地讓進度按部就班向前走。

　　或許當你下次卡關時，你也可以嘗試看看上述這個方法，應該也會有很不錯的效果。期待你的實踐心得分享。

實戰問題釋疑

Q： 請教老師，我嘗試了以上方法，但我經常要提醒不斷提醒自己要專注，我發現自己很難專心怎麼辦？

A： 很難專心其實是結果，可能有一些原因造成這樣的情況，我依照我過去協助學員的經驗，大致可以找出以下的做法：

- **設定當天要做的待辦任務清單：**

  ◇每天早上起床後，把當天的待辦任務列出來，決定任務的優先順序，哪些任務是最重要的，然後把它們放在最前面。每當你完成一項任務時，就把它從列表中刪除。

- **建立整齊少雜物的工作環境：**

  ◇你的工作桌需要保持整潔，把不必要的東西放在一旁。確保你的工作區域有充足光線，並保持適當的室內溫度。如果你的工作環境很吵，你可以考慮使用耳機放上輕音樂、專注力音樂來幫助你專心在眼前工作項目。

- **運用番茄鐘工作法來提高專注力：**

  ◇你可以試著使用番茄鐘工作法，每 25 分鐘工作一次，然後休息 5 分鐘。或者你可以使用計時器，每

一小段時間完成一個小目標。你也可在工作時聽輕音樂或深呼吸來幫助你放鬆。

● **了解你自己的作息，知道自己專注力發揮的最佳時間：**

◇如果你發現你在早上更有效率，那麼你就應該在早上做最重要的工作。找出自己精神狀況最好的時刻，然後處理最重要的工作，這樣工作效能一極棒！

● **適度休息也很重要：**

◇為了保持專注力，你需要給自己適當的休息時間。當你感到疲勞或者無法集中精力時，請暫時停下來休息。你可以走走、做個瑜伽、或者喝杯茶來放鬆。俗話說的好：「磨刀不誤砍柴工！」意思是磨刀花費時間，但不耽誤砍柴。比喻事先充分做好準備，就能使工作加快。磨刀如此，人的效能也是如此！

● **尋求幫助：**

◇如果你一直無法專心，可能是因為你面臨著某些壓力或者困難。在這種情況下，有時候尋求專業幫助也是很棒的選擇。千萬不要覺得跟他人求救很丟臉、很可恥，而是要感到興奮：太好了！遇到可以協助

我的人了！你可以找個心理諮商師或者社會工作者談談你的問題，他們可以幫助你找到適當的解決方法。

- **設定鬧鐘提醒：**

　◇如果你經常忘記做事情，你可以設定提醒來幫助你記住重要的任務。你可以使用手機或電腦上的提醒app，或者設定紙質提醒卡來幫助自己完成重要任務。

- **移除干擾因素：**

　◇如果你的工作環境中有很多干擾因素，你可能會很難專心。你可以試著關掉電腦上的提醒、關掉手機的聲音，或者找個安靜的地方工作。

- **減少分心的活動：**

　◇如果你經常被雜事分心，你可以試著減少這些活動。起碼眼不見心不煩。

3-4
我需要補習來準備考試嗎？

　　我必須說我從小補習到大，小學時候參加很多才藝班，像是作文、書法、美術、珠算、心算、美語等等，國中高中則是都在台中一中的水利大樓補習，我就讀第三類組，需要念的科目是國文、英文、數學、物理、化學、生物等六科目，我除了英文之外，每一個科目都有去上專門補習班（包含國文），我現在回想起來也覺得嘖嘖稱奇。

　　我當時的想法很天真，為了贏過成績比我更好的同學，我就開始打聽各科目最強補習班，然後就去好好學習，每天一早六點出門搭一個小時的校車到學校（我當時住沙鹿，學校在台中市北屯區），之後下課就走三公里去搭公車，之後前往台中一中水利大樓補習，下課已經是晚上十點鐘，之後問老師問題到十點半，然後走到公車站等往海線沙鹿的巨業公車，運氣好就有位置坐，運氣不好就是站一個小時回家，大概十一點四十到五十到家，快速盥洗並吃點母親準備的暖心宵夜，我就會繼續奮戰到凌晨兩點，之後去睡覺。

　　這樣一早六點到凌晨一兩點的讀書時光，我記得充斥著我的高中生活，雖然說當時成績也都還不錯，但現在回想起來，真的覺得太瘋狂了！

　　如果當時能夠知道怎麼讀書，就可以不用補習節省大量金錢，而且還可以多加利用時間學習新事物。

我覺得補習班可以當成一個輔助系統，但是要建立在自學的前提之上，因為自學歷程中也會遇到問題，補習班就可以當作自己疑惑解答的管道，避免自己閉門造車，無法突破。如果讀者你是用這樣心態跟做法，我是非常贊成的。

補習班的三大優點

我覺得補習班有幾個優點：

- **老師通常講課幽默風趣：**

我曾在大學兼任講師過，學生來上我的課精神十足，然後跟我說一句話：「老師你上課好有趣，不像我的國文老師。」我就問說國文老師怎麼上課，問完之後讓我瞠目結舌。該國文老師三個小時都只看著他自己的投影片，連一眼都沒有抬頭看底下學員過，也不在意學員的學習狀態，結果一個班五十個學生的課程，僅有五個學生到場。我就在想如果我遇到這樣的老師，我應該也會成為那缺席的四十五位學員之一吧！。

因為在我的觀點當中，教學是「以學員為中心」的學習歷程，如果遇到無法學習的情況，去補習或許是一個選擇項目，這也是各個時代都有補習班天王名師存在的道理。

- **大量練習題與快速解法：**

很多學校都著重教授基本觀念，這是對的方向，畢竟要兼顧所有班上學員的學習進度，學校老師教得太困難，很多學生落後跟不上，乾脆不學。學校老師教得太簡單，領先同學超前很無聊，乾脆發呆。因此能把基本觀念教導完畢已經萬幸。

通常練習題跟快速解法都是交給學生自己處理，而且怎麼練習與檢討也通常是學生自己要處理。然而，補習班會用有效的模式，提供案例跟快速解法幫助你快速得分，所以把這樣的技巧鍛鍊好，也是有助於快速解題跟考試成績進步。

- **其他學校的競爭與交流：**

  我們的競爭不只來自於同儕或身邊的同事，而是整個時代。像我就曾經看過有同學考到該校第一名就覺得自己非常厲害，然後也不去看自己學校的排名情況，後來大考時，該同學認為自己考得還不錯，但能夠選擇的學校其實不多，當時他才發現自己只是在學校中稱王，而能夠稱王不是因為自己很厲害，而是同學都不讀書或不在意。

補習班的優點正在逐漸消失

　　但補習班的三個優點也不斷隨著科技而消逝，因為現在網路上有很多影音資源都可以幫助你了解基本概念，也可以簡單搜尋就找到大量的練習資源跟考古題庫，甚至可以練習自己出題目考別人，你不知道出題的人是同校的還是不同校，已經打破了學校／區域／國家的範疇（像是 PaGamO 平台就是很棒的案例）。

　　所以我就覺得補習班存在的價值已經做了轉換。這些其實你都能自己在家自行完成！而且補習班往往都是三個小時為規劃的課程居多，「看似」你花了三個小時時間在學習，但真正的學習進度卻未必有三小時的成效。這是為什麼呢？因為誠如上面所說，補習班老師教學相對生動有趣，因為中間穿插了很多生活小故事、野史趣談，只希望能多吸引到你的注意力，雖然說很容易讓人了解，但如

果就含金量來說，其實是被稀釋掉了。反而可能出現三小時的時間只上不到兩小時的進度，這樣的情況到現在依然會出現。

往往很多人覺得自己「聽課」就會了，就可以相對減少自己學習的時間，但這樣的認知往往是錯誤的。

因為知識的吸收重點還是來自於自己的學習思考消化咀嚼，才會內化變成自己的養分。不然，這麼多的資訊不過就是一堆資訊堆在一起罷了而已，無法產生任何效益。反而會犧牲自己快速學習、快速進步的時間！

如果不補習，我可以先做什麼？

所以當我被學生或要考試的朋友問到：「我需要去補習嗎？」這個問題時，我就會說「先緩緩，再給自己一次機會嘗試看看」，並建議從幾個面向著手：

● **你的讀書方法正確嗎？**

如果讀書方法不知道正不正確，請確實使用本書後面所談「黃金複習頻率」來閱讀，做好「讀書筆記、重點筆記、檢討筆記」，就會發現自己的成績是可以逐步進步的，就算是沒有補習的情況之下！

● **你有確實做練習題嗎？**

請記得一件事，那就是「考試是速度測驗，不是智力測驗」，第一次聽到這個概念很多人會震驚，跟過往所學是不一樣的。在我

觀點當中，考試在測試在「有限時間」之中我能夠確實拿到多少分數。所以做題目時，千萬不要沒有限制時間，要先設定有限時間，大量練習才能強化你的神經連結迴路。強化這個神經迴路的訊息傳遞，考試也就相對容易回想起相對應的內容，進而提升答題速度跟準確度。

● **你練習後有做檢討嗎？**

課後、模擬考也務必要做檢討，一時考不好並不可恥，而是知道自己考不好，並願意努力調整自己的做法，然後檢討修正避免下次再出錯！只有檢討並記取教訓，才能夠讓自己的弱點越來越少，進而達到通過考試的門檻，別忘了，我們的目標一直都是通過考試！請不要糾結在考不好的情緒裡頭，只有確實檢討，才是改進的開始！

省下補習時間，你會多出什麼？

如果你確實做到上述這幾招，我可以告訴你一個事實：「那就是你已經具備自學能力了，或許可考慮不用去補習，就可以考得不錯！」把補習費省下來！自學如果可以做好，是有非常多的好處：

● **節省掉高額補習費，可用做其他更有效的安排：**

我後來計算過，發現自己以前的補習費高得驚人，只能說非常感謝爸媽的支持！補習費算下來，基本上可以省下60～80萬是跑不掉的！所以，應該是要學習自學，這些錢就可以節省下來，看是要來做相關投資理財，或是可以把部分費用拿出來出國進修圓夢，增加自己的競爭優勢，我覺得都是非常棒的安排！

- **補習會養成依賴心態：**

  出社會之後，很多的書跟考試是不會有人幫你準備好的，我記得我考過好幾張國際證照，有的要飛去香港考試，這都是只有一本教科書提供給你，然後告訴你大概的內容都在其中，也沒有考古題，因為是全新的證照，剩下的你只能自己看！如果你都仰賴補習，那麼你就會忘記如何自學，忘記如何自學又怎麼能夠把這樣的考試考好呢？

  能夠做到頂尖，都要有自學探索知識的能力。

  就算沒有人做過的區塊，他也會往前進，因為很多事情都可以透過自學完成。而且有件事情請務必記得，讀書考試不會在離開了校園就結束了，很多職場上的升遷也都需要考試，沒有通過是無法往上升遷的！所以說，考試的技術也是職場人士的必備技術。

- **學習「願意再堅持一下」的強大意志力：**

  學習中的掙扎，都是自己在學習歷程逐漸熟悉的養分。我以前準備考試就是有個環節克服不了，考試準備了幾次都搞不懂，後來不斷做練習題，不知為何就瞬間心領神會，也就通透了，之後再考該範圍的題目我全數都答對得分。所以當你感受到痛苦掙扎時，千萬不要放棄！那可能是你快抵達的狀態。

  未來的人生也很像打怪，會遇到越來越困難的事情，但「願意再堅持一下」的心理韌性總是讓我不斷往前，進而突破難關。我也希望你能透過自學來鍛鍊強大且堅定的意志力！

實戰問題釋疑

Q： 請教老師，我該怎麼評估自己需不需要去上補習班搶救
成績？

A： 我覺得你可以用下面方式思考看看：

- **你的目前成績是多少？**

  ◇如果你的成績已經很高，那麼你可能不需要去上補
  習班。但如果你的成績不太理想，那麼補習班可能
  是一個不錯的選擇。

- **你是否已經嘗試過其他的方法來提高成績？**

  ◇如果你已經嘗試過其他的方法，例如預習、多套參
  考書、自學、請家人或老師幫忙、參加課外活動等，
  但仍然沒有看到成效，那麼補習班可能是個值得一
  試的選擇。

- **你是否有足夠的時間去上補習班？**

  ◇補習班通常會安排在晚上或周末，所以你需要確保
  你有足夠的時間去上課。

- **你是否夠主動積極？**

  ◇不是去上補習班就不需要唸書，千萬不要抱持幻想。

- **是否有足夠的經濟能力去支付補習班的費用？**

  ◇補習班的費用可能會相當高，所以你需要確保你有
  足夠的經濟能力去承擔補習班的費用。

- **你是否有足夠的決心和毅力去完成補習班的課程？**

  ◇補習班的課程通常都比較密集，畢竟時間很有限，
  所以你需要有足夠的決心和毅力去完成補習班的課
  程。

- **你是否有信心能夠在補習班的幫助下提高成績？**

  ◇如果你認為補習班可以幫助你更好地理解課堂上的
  知識，那就好好紮實地把重點內容熟悉。請記得補
  習班只是輔助，但最終還是要靠你自己的努力和決
  心來提高成績。

  以上相關方法提供給您參考，祝福您考試順心！

3-5
我要不要利用「考試讀書會」來強化準備？

參加考試讀書會我覺得見仁見智，參加考試讀書會有參加的好處與壞處，不參加考試讀書會自己讀書有自己的好處與壞處。就端看讀者你自己的選擇。如果你選擇參加考試讀書會，我有幾個角度想跟大家分享：

一定要建立共事規則

我覺得要加入考試讀書會之前都要三思，如果希望考試讀書會能夠成功，請務必大家都要願意承諾並遵守，因為加入都是一份責任跟承諾，不能因為考過了，就把一起努力的夥伴置之不顧。

為什麼我這樣說呢？這都是過往我自己的辛酸血淚史的體悟，我想講我準備托福與 GMAT 兩次讀書會不同的心路歷程。

在我要出國前的那段時間，因為決定要去美國留學，所以就要準備托福跟 GMAT 考試，考試越高分越好，通常也可以申請相對良好的學校。只是托福跟 GMAT 考試考的範圍極大，自認很難有效率做好準備。因此，為了能夠讓自己更加熟悉這類型沒有範圍的考試，我邀請了同在托福補習班的同班學員組成讀書會，每週一次把目前進度的內容作熟悉，並且大家做同一份測驗卷來檢討。後來我們那群補習班學員有的因為這樣的準備，考到很不錯成績喜極而

泣，我們都替他開心，也知道我們這樣的準備是有效的。

於是，我們也想跟他學習，知道這區塊怎麼準備的，希望他能夠帶領我們一起，但高分通過的他第一次熱情分享後，之後就「藉故」不出席後續的讀書會。剩下來的三個讀書會成員只能自立自強，然而信任被破壞了，很多事情不復過往，有一位朋友就提出：「那讀書會成效不佳，不如我們各自自己讀吧！」

後來結束那個讀書會之後，我還是覺得希望往前進，於是隔了一段時間，我召集了第二個托福與 GMAT 準備考試讀書會，並在邀約大家時，**請大家一起承諾：「一起完成出國夢想」，並在讀書會開始之前，就先制定遊戲規則！**

大家一起準備最重要的是大家都要遵守讀書會的共識決定。畢竟，先有共識，才能共事。若是大家不在意，這讀書會就會形同虛設，後來這個讀書會多虧大家都齊心協力完成承諾，結果我們陸續都考過了，考過的夥伴也都會幫忙找尋考試的題庫跟參與討論，或是幫助還沒考過的夥伴解答題目，這樣一個禮拜三小時的聚會，大家都收穫滿滿。

最後大家都如願出國，雖然身在美國不同州讀書，除了一起通過考試之外，讀書會也幫我們串起很棒的交流緣分，結識一群好朋友。

讀書會成員程度最好「門當戶對」

我這樣寫不是在寫感情，而是專門指讀書會成員彼此程度不要落差太大，最好是程度「門當戶對」，這樣的話彼此之間的進步都

可以看見，可以一起進步，知道「進步是有可能的」、「努力可以有所改進」的領悟，而不是去找一個超級學霸跟一個超級新手在一組。

超級學霸會認為自己被拖累進度，因為你分配到的內容可能是你熟悉的，還要跟大家報告覺得浪費時間。相反地，超級新手覺得超級學霸程度太高，無法溝通，甚至覺得自己詢問問題，都會被認為「怎麼這麼簡單都不知道」，這樣也會不敢問出口。

參加考試讀書會的好處

通常參加讀書會有幾個好處：

- **避免自己怠惰：**

  如果你不擅長規畫進度，我建議可以參加讀書會跟著進度走，因為如同前面所說，參加讀書會是一種承諾，所以為了怕自己沒有完成進度，所以會「勉強」自己去讀，就是為了不要在別人面前漏氣，這樣就是良好的同儕壓力。

- **三個臭皮匠勝過一個諸葛亮：**

  為了能夠讓自己更有效地學習，我建議每天或至少每週安排一段固定的時間來共同讀書，只有先把時間安排下來，才會有時間讀書，不然時間永遠會被其他事情搶走，找不到時間開讀書會。遇到問題時，我們可以馬上討論並彼此互補對方的不足。正如諺語所說：「三個臭皮匠勝過一個諸葛亮」。我們每個人擅長領域都不同，所以共同學習可以大大地提升我們的學習效率。例如，在我準備GMAT考試時，我的數學成績是滿分，但是我的英文閱讀

成績就比較辛苦。而跟我一起參加讀書會的朋友剛好相反，他的英文閱讀成績是滿分，但是數學成績一塌糊塗。因此，我們可以透過彼此檢討和教學來互相幫助，彼此成就。

- **説清楚，講明白，分數自然來：**

參加讀書會我覺得有一個很重要的優點，就是可以把「自以為知道」、「似懂非懂」的內容重新梳理彙整，然後用自己的話講出來，因為往往覺得自己聽懂了，但實際測驗出來，常常還是答錯，那可能只是「假裝自己都會了」的假象。人對自己有自信無可厚非，但不要「假裝自信」的狀態超越自己真正實力，因為可能因為基礎沒打好，反而會被「覺得自己這麼優秀，怎麼可能不會」這樣的心魔擊敗。

> 要好好釐清自己哪些內容已經充分了解，哪些觀念還無法用自己的話順暢講出來，也就是還卡卡的狀態！

我一直記得我講師訓恩師楊田林老師講過的一個金句：「似懂非懂，就是不懂！」透過讀書會能夠快速釐清並掌握自己不熟的區塊，然後就重點強化不熟的區塊學習，如此就可以盡量把可能失分的領域填補起來，並且進入熟稔狀態，要通過考試機率就非常高了！

實戰問題釋疑

Q： 請教老師，我該怎麼運作讀書會可以達到學習效果又節省時間呢？

A： 讀書會可以讓你和其他人一起學習，在互相討論和分享知識的過程中，可以加深你對所學內容的理解，同時也可以從其他人身上學到新知識。同時，讀書會也可以幫助你節省時間，因為你可以透過和其他人的互動，快速地找出自己不熟悉的知識點，並得到他們的解釋，而不用花大量的時間自己研究。

要達到讀書會的學習效果，建議你可以：

● **搜集素材很關鍵：**

◇準備共同資料與確切進度，在參加讀書會前，請確保你與夥伴都已經準備好了充足資料，包括需要學習的知識點、可能遇到的問題等。這樣你才能有效地利用讀書會的時間。

● **讀書會形式也是關鍵：**

◇建議你可以安排一個主持人負責統籌讀書會的流程，並讓每個人都有機會參與討論。此外，你也可以設定一些學習目標，以便在讀書會結束時能夠有所收穫，凡事「以終為始」，會相對容易看到成果。

- **設定合理的時間：**

  ◇為了達到最佳的學習效果，建議你可以設定合理時間，至多三小時就好，時間到就要停止，沒有討論完的內容再私底下討論。

  ◇為了讓讀書會達到最佳的學習效果，建議你可以設定一個合理的讀書會進度計畫，並堅持每週安排讀書會，如此可以讓大家盡可能涵蓋大部分的內容面向，讓大家有足夠的精力和耐心參與討論，並且也不會因為讀書會太長而感到疲憊，也可以確保讀書會成員都能有基礎且系統的先備知識。

- **使用適當的讀書會工具：**

  ◇依據讀書會的需求和參與者的地理位置，選擇最合適的討論平台。對於需要白板功能或即時筆記的讀書會，可以使用 Zoom 或 Google Meet。若參與者遍佈全球，使用有多語言字幕功能的平台會更佳。利用這些工具，讀書會可以不受地域限制，而且更有彈性與高效能。

第四章

不浪費時間的
有效讀書計畫

4-1
不要用「中學生的方式」準備考試

　　我發覺職場人士準備考試的時候，都會想像一個人綁著必勝白布條，好像一副壯士遠赴戰場的樣子，很像學生時代拚命花時間在苦讀上的畫面，但是可能念一下書之後，就會發現自己體力下滑，然後檢查自己讀的進度遠不如預期，就會在內心想像這麼多內容要讀完，還需要花費比原先預計多好幾倍的時間，當下就會變得非常焦慮。這當然是焦慮的一種可能，但我實際經歷後發現，讓我產生更大焦慮的其實是另外一件事。

　　為什麼會產生更大焦慮呢？因為發現在職場中要同時兼顧家庭與工作，哪有這麼多的時間能夠讀書呢？所以，當你用「學生時代」原有讀書方式來讀書，注定一定要花費很多時間，又因為工作之後沒有太多時間可以讀，就造成自己非常大的焦慮感與困擾，進而只能在壓力中跟時間賽跑。

　　有時候會覺得既然都要花這麼多時間才能夠念完去考試，就會給自己找藉口跟理由，覺得目前時間緊迫，無法好好準備，所以想要把準備考試時間直接延長，但時間一延長，更會像鴕鳥一樣把自己頭埋起來假裝沒有這回事。

　　這某程度也是一種逃避，因為覺得自己在時間之內念不完，就覺得心裡「不踏實」，覺得書都沒有讀熟就要去考試，然後就失去了自信。

　　當你用這樣沒自信的狀態去考試，在考試時就覺得「自己沒有準備好，又怎麼可能考好？」，這樣當然考不到好成績，然後當考

試成績出來真的不好的時候，你就會給予自己這樣的心理暗示：「對！我就是沒有天賦念書！我就是沒有時間念書！那麼，乾脆就把考試這件事給放棄吧！」，於是就陷入情緒低潮的無限循環中。

而且，這樣的現象，其實不只發生在時間雙倍忙碌的職場人士身上，也一樣會發生在求學階段的學生身上。

試問有多少人準備考試，都是敗給自己的失落與自我批評呢！但這樣的自我批評跟焦慮只是將自己推往低潮的深淵罷了，沒有助益！

千萬不要把學生時代習慣的準備考試意識帶到職場中，這在職場考試中是無效的！

因為，學生準備考試的方法，和職場人士準備考試的方法，其實是不一樣的。我針對學生準備考試跟職場人士準備考試，做了以下幾個面向的比較。

考試準備時間不同：90 小時 vs. 9 小時

以上這樣的情境你是否覺得也很熟悉呢？其實時間對大家來說都是很有限的，我覺得首先需要調整的是如何看待考試的意識。為什麼這樣說呢？

我們大多數人對於考試的理解，停留在學校階段，在這我指的是中學階段（國中＋高中），那時，身為學生每天最主要的一項任務，就是讀書考試，也因此通常會花費不少時間讀書。我之前整理家中，還發現我以前高中的讀書計畫，裡面記載了我的學習時間。

我就自己高中時期一週的讀書時間算給大家看。我高中時期所擁有的時間：每天 24 小時，所以一週有 7 天，那就表示我擁有 24*7=168 小時。但並不是這 168 小時通通可以拿來念書，因為還是有生理需求，像是吃喝拉撒睡等等。要把這些時間給扣除，像是：

	一天	一週
睡眠時間	6.0 小時	42.0 小時
吃飯時間（三餐）	2.0 小時	14.0 小時
通勤時間（校車）	2.0 小時	10.0 小時
盥洗時間	0.5 小時	4.0 小時
休閒時間（一週兩次）		4.0 小時

所以這樣簡單扣除下來，我大概還有 94 小時可以讀書（168-42-14-10-4-4=94），我就簡單取一個總數 90 小時就好。這是什麼樣的概念呢？簡單來說，就是學生是有非常「寬裕」的時間可以準備考試的！因為平常上學也是在學習新知跟準備考試！

但是，我不是說可以花上超多時間，就是好的考試準備方法喔！

我自己現在當職場人士多年，深深發現過往自己極度浪費時間在準備考試！

為什麼呢？接下來我分析職場人士的時間給你了解。

我職場時期所擁有的時間：每天 24 小時，所以一週有 7 天，那就表示我擁有 24*7=168 小時。但還是有生理需求需要滿足，像

是吃喝拉撒睡等等，更重要的是還有工作，所以都必須要把這些時間給扣除：

	一天	一週
工作時間	10.0 小時	50.0 小時
睡眠時間	6.0 小時	42.0 小時
吃飯時間（三餐）	4.0 小時	28.0 小時
通勤時間	2.0 小時	10.0 小時
盥洗時間	1.0 小時	7.0 小時
休閒時間（一週兩次）		4.0 小時
家庭時間	2.0 小時	14.0 小時
出遊時間（兩週一次）		4.0 小時

所以這樣簡單扣除下來，身為職場人士可以準備考試的時間所剩無幾，僅剩下 9 小時可以讀書（168-50-42-28-10-7-4-14-4=9），甚至有時候要處理這麼多事情體力不支，可能連這 9 小時都找不出來。沒有進度內心就更加焦慮！

簡單來說，就是只有非常「稀缺」的時間可以準備考試！跟學生時代能夠隨意揮霍九十幾個小時相差十倍！你用學生時代那樣的讀書方法來準備職場考試，難怪會感到無比焦慮！因為那是 90 小時的準備方式，不是 9 小時的準備方式！

而且學生時代除了相對多出很多時間準備考試外，有另外一個不同，就是真正的大考三年才一次，而且讀的範圍是有限制性的，所以只要願意花時間準備，都能夠考到不錯的成績。

但是職場人士準備考試，或者像是大學生要準備更高階的研究所考試、出國考試、證照考試、公職考試等等，往往不是如此，除了一些相對難度高的考試（像是精算師證照），或是國家考試一年一次之外，剩下的往往都限縮在三個月，最多到六個月的準備時間長度，甚至更短，所以準備時間真的是很有限的。

因此，在職場工作的你，或者面對職涯相關考試的大學生，需要的是一套更有效的考試準備方法論，而不是把中學生時代的考試準備方法延續到職場時代！

表現評估標準不同：成績高低 vs. 成果多寡

我在職場中也發現過一件有趣現象，那就是在學生時代很會讀書的學生，出了社會之後的職涯發展，不一定就如同學生時代優秀。為什麼呢？我當然知道這中間也有很多變數參雜在其中，但有個關鍵是學生時代跟職場時代評估表現的尺度非常不同！

學生時代很多時候評估表現好壞，是用學生的成績高低，雖然現在沒有過往能力分班，甚至不能呈現小孩成績班上排名跟全校排名，取而代之的是 PR 值。PR 值分數越高，通常也能夠考上相對好的學校，而學校也會需要有「績效」，學生考上好學校的人數某程度就是學校老師們的教學績效。所以可能潛意識認為「考得好」的學生就是「好學生」。

但是學生時代的其他額外表現，像是語文競賽得獎、運動競賽金牌等等，都成了點綴。考試成績，成為了學生時代佔最大比例的表現評估項目。

然而，職場時代的評估標準跟學生時代完全是兩回事！

職場時代最重要的是真正做出成果，你的工作職場表現通常決定你的升遷，而考試往往變成是一個點綴，或是一個加分項。

但這並不代表考試就不重要，因為很多升遷都會綁定考試，這是因為要能夠往更進一步的職位發展，通常需要一些必備專業知識。通常主管、公司都會希望找到有能力的夥伴參與，不只是業績要好，也希望被推薦者腦袋也能具備職務相對應的知識底蘊。

所以說，如果你績效表現很好，但卻屢屢通不過考試，那「不會考試」就成為了你的軟肋，成為你職場發展的弱點，這將導致你的職涯發展相較他人來說有了極大瓶頸。

4-2
衝刺型、搜索型讀書法

如何挑選要讀哪幾本書？

當我們了解職場考試、證照考試、出國與公職考試等，不能用中學生時代的讀書法去準備時，那又該如何準備呢？你可能覺得自己沒招了。其實，沒招也沒關係，可以上網 google 看看。我會建議，當我們在準備一個考試時，都去 google 搜尋，查查通過這類型考試的讀書資料跟相關的讀書技巧。

當我看完位於 google 搜尋前兩頁一二十篇通過心得跟準備心法時，就大概能夠羅列出哪些準備考試的書籍需要讀了，之後要做的動作就是趕緊用最快的速度把相關書籍拿到手。

那要怎麼挑選哪些書要買或不買呢？

如果這個考試有標準統一的教科書版本，那麼你務必一定要入手，這是最基本的。

其他相關參考書跟延伸讀物，我的評估標準是這樣的：

我看完十篇心得後，如果有至少兩人推薦同一本書，那本書就會是我要購入的參考書讀物。

因為這些書籍都是被通過考試的人反覆驗證推敲的，這就很像別人幫我們做了開箱文，我們就可以妥善利用對方的建議來添購參

考書與考古題，這樣買書相對經濟實惠，也不會白白花了許多冤枉錢。

不要埋頭就開始讀，要用最有效率的方式讀

　　當看到這麼多本書的時候，通常大腦會出現一個問句：「這麼多本書，我該從哪一本開始閱讀起？」這是我們在準備考試要讀書時，首先會遇到的第一個難題。因為能夠準備考試的時間不多，所以必須學習判斷重要資訊在哪一本，這樣就可以大幅度縮減自己準備考試的時間，並且在短時間之內掌握重點。

　　我要先說明教科書 / 參考書 / 考古題有什麼不同：

- **教科書**：大家都一起念的標準化教材，考試需要拿到的基本分數都會在上頭，但上面除了基本觀念之外，受限於頁數，很多延伸重點都無法條列其中，或匆匆帶過，甚至可能出現年份已久，有些資訊過時的情況。

- **參考書**：詮釋教科書內容，透過重新編排讓內容相對好吸收，或者是教科書的延伸補充，有時會附上些許考古題提供讀者練習，然而考古題偏向是依照章節排序，而非依照年份排序。

- **考古題**：參考書、考古題不一定是完整的，因為主要是練習為主，所以坊間有時會有各年度的考古題提供購買或下載，如果準備的考試有歷年考古題，會建議要蒐集近十年考古題為佳。若時間極度不足時，也應至少蒐集三至五年內的考古題。

根據你擁有的時間，建立讀書計畫

但是書籍準備好了，問題是要從哪裡開始讀，對我來說準備考試最有效率呢？我的建議是先把握一個評估關鍵：

> 考試不是比誰書讀得多，而是比誰關鍵內容掌握度高。所以我會建議一個評估標準：從現在到考試你還有多少準備考試的時間！

因為時間是固定的，而你能在有限時間內讀的書也是有極限的，所以「有多少時間做多少事」，結果都是希望能夠通過考試。如果你同意這樣的作法，那我就會跟在讀這本書的你用「一個月」當作分隔線。

- 若你考試即將到來（在一個月以內就要考試），我會建議採取「衝刺型讀書法」。

- 若你考試還有一段時間才到來（在一個月或更久之後才要考試），我會建議採取「搜索型讀書法」。

什麼是「衝刺型讀書法」？

那就是現在時間不多了，依照傳統「抓重點」逐步建構知識體系的讀書準備考試方式，肯定來不及做好準備，所以能做的就是在短時間內「掌握」知識體系最重要的重點，畢竟重點是考試通過就好。此時，我會建議先請你依照以下方式來讀：

考古題 → 教科書 → 參考書

就我過往準備考試的方式把步驟拆解如下：

1. 用考古題搭配正式考試時間來模擬考：

當時間不足時，就先拿最近一個年度的考古題出來測試。不管你之前念過多少，不管你還有多少記憶，就先測試過一次，讓自己感受一下模擬考試的壓力跟掙扎。

你一定會覺得這樣考有意義嗎？不是很多內容都不會寫嗎？因為考前時間不多，所以要針對自己的弱點做積極地補強，做考古題就是要先深刻了解自己的實力水準有多少，這樣才能夠擬定後續的補強計畫。

知道自己僅剩的這不到一個月的時間有多麼寶貴，更是需要專心把做錯的題目搞懂。

2. 核對答案：

當題目答對時我不會在題目上做記號，我做記號的都是我做錯的題目。這是因為要塑造緊張感，因為如果聚焦在答對的題目，有可能覺得自己答對不少題目，而因此覺得沒有讀書也可以考出不錯的成績，反而會鬆懈，進而使正式考試沒通過。所以我會建議多保持一點緊張感。做錯題目千萬不要氣餒，因為你本來就沒有概念，做對的會不會也都是題目太簡單或猜對的呢？當你抱持這樣的心情時，就反而會讓自己的精神相對集中。

3. 從做錯的考古題開始找關鍵字線索：

當你把做錯題目找出來一一檢討為何做錯時，其實會發現這時候做錯大部分的原因是因為看不懂題目，甚至連題目中的專有名詞、概念、案例都沒有聽過，關於題目核心的意涵都無法掌握，答錯也是意料之事，說不定做對的題目也有不少猜測的成分在。

正因為很多沒有聽過，所以當你遇到不會的專有名詞、概念、案例時，都請不厭其煩地做上記號，評估看看自己還需要哪些重點資訊才能夠回答這個問題。

為了方便找尋關鍵字，我通常會用螢光筆把關鍵字給畫起來，而不是抄在便利貼之上，因為重抄一次相對浪費時間。

在這個階段，也有可能想像不出來自己需要哪些重要資訊，這表示腦中還沒有建構相關的知識體系。

4. 翻閱教科書找答案：

當我們關鍵字找到之後，這時就輪到教科書登場了，先翻開目錄大綱，然後把剛剛考古題上面畫的關鍵字對應看看，去找這些關鍵字在教科書的哪些地方，並把關鍵字先圈選起來，並在考古題上面先註記教科書涵蓋這關鍵字重點的頁碼。

這邊有一點要特別注意的是，千萬不要找到教科書關鍵字涵蓋的內容之後，就開始大量閱讀畫重點，因為這樣做可能畫完幾個關鍵字就已經沒有時間了。這就跟以前我們讀英文一樣，遇到一個單字就查一次字典，會發現僅僅念完第一段而已，就已經過了半小時，而準備考試的時間都不充足了，所以更不能在這種低效率的事情上消耗寶貴的時間。

我會建議先一次把剛剛考古題關鍵字從教科書的相關重點頁數都找出來，這樣一次做一種動作，才會相對有效率。

5. 開始閱讀教科書關鍵字重點內容：

當你已經完成了在教科書封面註記關鍵字重點頁數後，接下來就是快速閱讀關鍵字重點篇章，並且一邊閱讀一邊畫重點，在這邊讀書的重要關鍵就是要把專有名詞的定義跟相關重點都給一次搞

清楚，因為你之後已經沒有時間再重新釐清，要做到現在搞懂、一次到位。

6. 用自己的話把重點說出來並寫在便利貼上：

因為時間不多，所以抓的重點比較偏向碎片化，並無法用一個體系串接起來，這時候用的是傳統筆記本的方式就會顯得雜亂，因為可能有些重點沒有涵蓋，等之後念到可能會補進去又要重新製作，反而曠日費時。

而用便利貼寫重點，就可以撕下來快速移位，組成我們需要的知識體系結構，重點在於把相關資訊有效應用，而不要花時間寫好幾次筆記，在沒有充足時間時，請務必要時時克制浪費時間的行為。

7. 如果考古題＆教科書都念完了，有空時再看參考書：

在衝刺型讀書法當中，參考書並非最優先必要的存在，反倒是當考古題／教科書都念熟後，有餘裕才會碰觸參考書的內容。

參考書主要還是補充原先教科書的一些延伸教材，讓整體概念有比較完整的掌握。如果考古題／教科書關鍵重點都還沒有熟悉掌握，那就請不要再增添自己的讀書壓力，請專注把考古題跟教科書讀熟就好。

畢竟，考試不是比誰書讀得多本，而是比誰關鍵內容掌握的熟悉程度高。

功夫巨星李小龍曾說:「我不害怕曾經練過一萬種踢法的人,但我害怕一種踢法練過一萬次的人。」讀書也是一樣。

什麼是「搜索型讀書法」?

如果現在相對時間充裕,依照傳統「抓重點」逐步建構知識體系的讀書準備考試方式肯定可以做好準備,這時候能做的就是,重新一步一腳印了解內容、建立知識體系、完成練習題、做好複習。此時,我會建議你依照以下方式來讀:

教科書 → 參考書 → 考古題

我也就我過往準備考試的方式把步驟拆解如下:

1. 先翻開教科書目錄:

我通常會先翻開教科書目錄,因為能夠掌握目錄,其實能夠掌握教科書作者的思維脈絡,在經典書籍《如何閱讀一本書》當中有提到,閱讀目錄頁是很有價值的,因為作者花了很多時間來創作目錄頁,進而將目錄頁寫得完整又清楚,這也可以幫助我們掌握重點。

你可以記得一句口訣:頁數多的重點多!你可以光看每個章節頁數的占比,就可以知道應該要把重心放在哪裡,這是我在讀內容之前就會先有的意識與心理準備。

2. 翻閱教科書開始抓重點做筆記:

當我們大概知道重點分配後，就要開始閱讀教科書，我會建議從頭開始閱讀，因為時間相對寬裕，所以先牢牢把基礎打好。

在這邊讀書的重要關鍵就是要把專有名詞的定義跟相關重點都給一次搞清楚，之後瀏覽一次，確認重點內容都已經畫了，之後就把相關重點做進筆記之中。

3. 筆記完成之後，開始閱讀參考書：

因為時間相對充裕，所以需要做的就是把考試範圍中的內容全數一網打盡，教科書的基本知識能掌握了之後，就要透過參考書來拓展自己準備考試的範疇，並透過練習題來深化自己知識的掌握。

4. 用模擬試題／考古題搭配正式考試時間來練習：

等觀念與重點內容大概都掌握差不多時，就可以拿出模擬試題/考古題出來了解自己目前吸收多少內容，了解自己的實力水準有多少，這樣才能夠擬定後續的補強計畫。

5. 核對答案與檢討試題：

做錯題目千萬不要氣餒，這邊就跟衝刺型讀書法一樣，目的是要針對自己的弱點去搞懂與補強。

還有多少準備時間，是你的關鍵

因此，我的結論是當你有充裕時間的話，你就可以循序漸進建立知識體系來吸收和學習，然後輔以考古題評鑑自己吸收程度。

若你的時間不夠，則直接先從考古題下手，回頭找教科書重點，重新吸收整理。

實戰問題釋疑

Q： 請教老師，我現在一邊工作一邊準備證照考試，只是我補習班授課老師都只講他準備的投影片，但是教科書都沒有讓我們翻開過，我自己覺得有些困擾，請問這樣也適用老師提到的方式嗎？

A： 當你一邊工作一邊準備考試時，有效地利用時間顯得尤其重要。如果您的補習班老師主要講授投影片並沒有讓您翻開教科書，那麼您可以考慮以下幾種方式來提高學習效率：

- **以授課講師的投影片當作教科書，把教科書當成參考書即可：**

  ◇因為補習班老師擁有多年教學經驗，整理很多重點，投影片講義往往是精華所在。要告訴自己補習班老師教的內容要讀熟，行有餘力再把教科書重點閱讀過，你會發現其實大同小異，或許就可以大幅度降低您的焦慮。

- **獨立學習：**

  ◇在補習班之外，自己翻閱教科書並嘗試完成書本中的習題或模擬考試題。這樣可以幫助您加深對材料的理解和檢驗自己的學習進度。

- **請求補習班老師解釋：**

  ◇我覺得您可以鼓起勇氣問問看老師您的困擾，我相信您不是第一個遇到這樣情況的學生，也不會是最後一個。如果您在學習過程中遇到困難，可以向補習班老師要求解釋或請教。補習班老師可能會為您提供一些寶貴的指導和建議。請記得，您錢都繳了，就不要再「不好意思」詢問了，好好善用補習班老師，讓自己花的補習費更有價值與產值。

- **製作個人學習筆記：**

  ◇重新整理個人筆記不是浪費時間，而是透過自己重寫和組織資料可以加強記憶，並使你更容易理解和掌握內容。

- **尋找或建立學習小組：**

  ◇考慮與其他補習班的學生或工作中的同事組成學習小組，定期聚在一起討論課程內容、分享筆記或一起解答模擬考題。這種合作學習方式可以為你提供多元觀點，讓您學習面向更立體。

4-3
如何選擇準備考試的參考書？

選參考書從適合自己程度先入手，再進階

如果進入到需要參考書來準備考試的階段，我該怎麼挑選適合自己的參考書？

像我有朋友提出疑問，她曾為了準備多益寫過程度頗難的參考書，寫完覺得很有挫折感，每次的模擬考分數都很低，甚至連它的解題內容都看不太懂，寫一寫就很想放棄，事實上後來考試，根本沒出這麼難，這樣算是好事還是壞事呢？

也曾幫學生選擇坊間的模擬參考書，結果學生在參考書上都考的不錯，檢定出來卻沒有過關，這樣該怎麼判定參考書的優劣呢？

我會這樣建議：「50%原則」！把網友推薦的那幾本參考書都先找出來，然後根據目前自己的程度來看，有沒有哪一本書是50%看得懂，50%似懂非懂。

如果有的話，那麼那本書就是相對於適合你入手的參考書。畢竟，如果有教科書的話，大部分的基本內容都在其中，所以參考書挑選可以當作延伸自己的學習範圍，可以運用下面三個條件幫助你篩選參考書：

- 條件一：先挑難度適中的參考書。

- 條件二：接下來就挑選自己覺得排版舒服的書。

- 條件三：寫起來覺得有完整得到一個知識體系的參考書，才是好的參考書！

結合上述條件，你會找到一本適合自己的參考書，而不是寫了一堆自己很挫折，或者是高於自己程度太多的參考書。

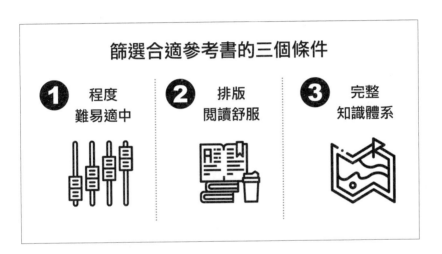

考古題搭配參考書，可以事半功倍

考古題給我最大的啟示是，重要的東西會反覆出現，只是換個方式考。

可能這次出現在單字選項，下次可能出現在題目裡。寫考古題，也是幫自己快速抓出考試重點。考古題除了可以提供很好的程度評鑑外，還可以幫助學生迅速了解題型和訓練作答的速度，一邊做考古題，一邊回去參考書找出自己相對弱的部分，可以省去許多

重新從參考書開始閱讀的時間，避免面臨準備時間不夠的焦慮心態、不會抓重點的挫折感、和必須克服想中途放棄的心理層面等問題。

選擇能夠深入淺出解釋的參考書

選擇自己有興趣的參考書來讀，就像前面說的可以選適合自己程度的，然後要選擇盡量涵蓋所有考試範圍的參考書，如果有前人的準備歷程再好不過。

我自己偏好是找到盡量能夠「深入淺出解釋」的參考書，因為我覺得能夠把很複雜的事用相對簡單的方式說清楚，是一種很棒的技術，而且這樣的詮釋往往是通過考試的作者心領神會，我覺得比傳統學者所撰寫的參考書更有可讀性，因為讀得下去，也就比較不會中途放棄。

如果能夠用簡單的方式讓大家瞬間秒懂，這樣就能夠幫助自己理解並記憶重點內容，其實更能有效提升自己準備考試的通過率。

一本參考書讀五次，勝過五本參考書讀一次

我也曾看過有人出手大方，看到參考書就是「全掃」，但實際考試出來的成績卻是一般，後來去詢問原因是因為要念的內容太多了，導致自己很多內容大概都看過，但經過檢視卻發現似懂非懂。

我也曾經覺得把這麼多本參考書都念完，這樣就能夠完整涵蓋各個層面的問題跟角度，但我後來發現這樣做是沒有效能的作法，

因為吸收很多資訊，還是要梳理，越多資訊需要梳理的時間就越長，某程度也造成自己關鍵資訊的吸收干擾，反而會造成自己核心知識基礎不穩固的情況，因為能夠複習的時間都被梳理資訊的時間給佔據！

那不如反過來做，就是好好把一本參考書反覆熟悉，反而可以讓你有更好的準備考試效果。

「一本參考書讀五次」的效果勝過「五本參考書讀一次」的效果。所以如果選擇的參考書已經涵蓋大多內容，那就請你「精選」一兩本參考書就好，然後提升自己讀這本參考書的複習次數吧！

我也曾經有過寫五套參考書的經驗，那是我國中的時候，想說如果能夠把所有參考書都一網打盡，那一定可以把考試考好！我當時抱持著如此天真的想法進行，就商請爸媽協助，讓我買了相同科目不同出版社的五本參考書。我也真的很認真寫完，但考試出來成績總是有些落差，不盡理想。後來我仔細比對，發現不同參考書80% 的內容幾乎大同小異，只是內容描述方式有所不同，當看五本參考書，就會出現一種概念五種講法，其實我在讀的時候需要花更多的力氣比較跟消化，花費更多的時間。

而我認識那位考上台大醫科的高中同學，則只有把課本讀熟，與做一本參考書而已，**所以重點不是買很多參考書，而是用好一本參考書，但是做大量練習題來鍛鍊**，這才是相對有效率的操作方法！而且，又可以因此節省大量添購參考書的費用，一舉數得！

實戰問題釋疑

Q：請問老師，我寫很多參考書已經寫到看到題目前兩行就知道答案要選哪一個，但我考試還是考不好，請問我該怎麼做比較好？

A：如果您在看到參考書中的題目時就能很快找出答案，這並不代表您已經對考試所需的知識有了較充分的了解，而是您記得這題目您曾經做過！這樣的反射動作會讓我們誤以為我們真的學會了，但其實這只是假象。因為從您考試還是考不好來看，就代表您沒有真正學會這件事。在真正的考試中，您仍需要通過自己的理解和思考來回答題目，而不是單純地記住答案。

因此，如果您希望在考試中取得好成績，建議您注重對考試所需知識的理解，並多做模擬考試題目，如果可以的話，可以嘗試自己出題，把題目改變一下數字與描述，讓自己對於中間的過程計算步驟、推理步驟都能流暢地順利寫出，得到正確答案只是再正常不過的事情了。

如果做錯了，就重新把所有步驟仔細檢視一次，這樣才會找到自己的盲點，並作出有效的改善，如此才會更加進步，也讓參考書對您的價值有所提升。請記得，**寫參考書不是為了證明自己速度有多快，而是要找到自己不懂的並搞懂喔！**

4-4
克服遺忘，黃金學習頻率讀書計畫

大腦本來就會遺忘

　　學了就忘記真的不是你沒有記憶天賦，而是大腦本來就是這樣運作。遺忘，是人的記憶不可或缺的一個部分。換個角度想，如果讀者你所有的事情都記得一清二楚，會不會覺得大腦被塞爆的感覺呢？所以大腦為了確保大腦可以持續運作，在記憶產生過程中，有辨識、記憶固著、回憶／讀取、遺忘這幾個過程。

　　記憶資訊的遺忘，可能是由於資訊逐漸遺失，或因為資訊間的競爭導致讀取失敗造成的。

　　但關鍵是，在準備考試過程，讀過的又忘記了怎麼辦？我相信這是許多人都會面臨到的問題。千萬不要覺得只有你這樣而已。因此，別緊張，就重新再強化印象跟幫助自己恢復記憶就好。

強化記憶關鍵在「頻率」與「程度」

　　要克服遺忘，就不得不談到經典的「艾賓浩斯曲線」。艾賓浩斯做的研究提到，只靠一次學習的情況之下，經過二十分鐘之後，記憶保留比例僅剩 58.2%，也就是超過四成都已經還給老師或教科書。到了隔天經過二十四小時的時間，你只會記得昨天所學的 33.7%，下降幅度超級驚人！

　　這就是下圖的艾賓浩斯曲線。

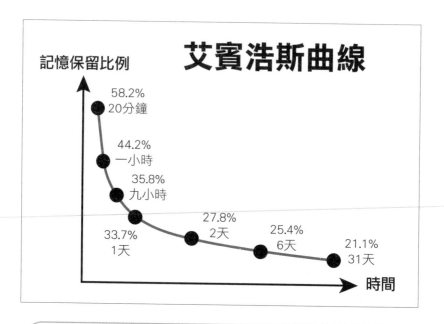

德國心理學家赫爾曼·艾賓浩斯（Hermann Ebbinghaus）進行研究發現，遺忘在學習之後立即開始，也就是説如果沒有將所學習到的內容轉換成長期記憶，記憶就會隨時間遺忘。

遺忘的程度不是呈現等比例衰退的。艾賓浩斯觀察到一個現象，那就是最初遺忘的速度會很快，但隨著時間的推移，遺忘的速度會逐漸減慢。根據實驗結果，艾賓浩斯把他的實驗過程記錄下來，制定了一個描述遺忘過程的曲線，也就是這一條著名的「艾賓浩斯記憶遺忘曲線」。

他曾經發明兩千多個沒有意義的音節，然後希望受測者做一系列的記憶測驗，統計看看受測者成功記憶的程度有多少，得到了這著名的記憶曲線！

但其實還是有可以防止記憶保留比例快速下滑的方法！

學習要有成效，重點在兩個區塊：
「頻率」&「程度」！

從台大學霸看讀書的黃金學習頻率

我們先就「頻率」來看，這頻率就是「黃金學習頻率」！什麼是「黃金學習頻率呢」？

我在台大有一些好朋友都是學霸，不只大學拿書卷獎，國高中也都是課業名列前茅，到底他們是怎麼做到的呢？這是我從台大學霸身上學習到，跟自我實踐整理出來的讀書方法。

如果把黃金學習頻率套用「課前預習、課中專心、課後複習」三階段，則可以歸納出以下表格：

課前預習	課中專心	課後複習					
第一次	第二次	第三次	第四次	第五次	第六次	第七次	第八次
課前預習	上課專心	下課五分鐘	當天晚上	當週週末	一個月	三個月	六個月

我也把職場人士跟學生（小學生／中學生／大學生／在職學生）的學習頻率做一些區隔，主要是考量職場人士平常還要上班，準備考試往往是自修或是到短期補習班透過上課來快速吸收，基本上是難以做出課前預習的，因為手上根本沒有材料。

　　而且職場人士工作忙碌，光安排上課就有難度，更何況做預習，所以針對職場人士有作出下列務實的調整跟區隔。而且，考取相關證照多是短期準備，畢竟要職場人士長時間處於備戰狀態，也會影響到工作表現與產出，所以通常考試會落在三個月以內的居多。

　　如果是像精算師國際證照的好幾年長期抗戰，就會強烈建議把步驟一到步驟八都確實走過，畢竟考試通過門檻高，需要更紮實的準備，因此我特別做出以下表格便於讀者對照。

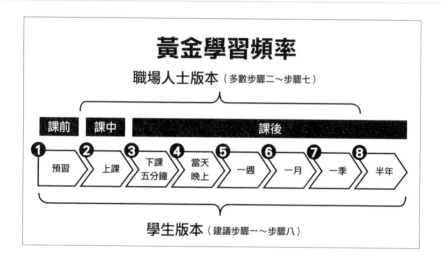

黃金學習頻率是花時間？還是省時間？

　　當你讀到這邊，可能產生幾個焦慮疑問：

1. 黃金學習頻率這樣的操作方式，難道不會花更多時間學習嗎？我真的有這麼多時間嗎？

2. 這樣難道不是硬背、硬背，重複硬背嗎？

我一一跟各位說明。

針對第一個問題，其實所花費的時間是更加節省的，為什麼呢？**其實只有第一次熟悉內容比較花時間，其他都是閱讀自己的重點筆記，因為自己寫過一次，知道哪些是重點哪些不是，就可以快速掌握內容精華。**

就我過去做筆記的經驗，自己筆記寫的內容大概是全部文章的20-30%，如果我們快速複習，其實所花費的時間比重頭再看一次少很多，也就是說，如果是相同時間來閱讀 100 頁的重點內容，重點精華大概就是 20 頁，所以基本上閱讀速度會加快許多，而且複習的次數可以增加為五倍。

然而我並不是請你要同一時間之內就讀五次，因為已經會的內容讀再多次也還是一樣的狀態，而是應該把多的次數往後挪，在黃金學習頻率的其他時間中複習，才會真正記住。

黃金學習頻率是死記硬背？還是聰明學習？

針對第二個問題，黃金學習頻率設計的目的，是為了要降低或延緩我們遺忘事物的程度。

為什麼黃金學習頻率要這樣設計？主要是因為「記憶鞏固」與「記憶回溯」這兩個概念。

在接收一個新知識的開始，通常剛學過的知識，因為還沒有被固化，依然停留在短期記憶，所以遺忘得又快又多。因此黃金學習頻率在前段複習的次數相對多一些（黃金學習頻率第一次～第五次），間隔時間緊湊一點，這是為了要做到「記憶鞏固」，把相關

知識從短期記憶狀態變成長期記憶狀態。

當轉換成長期記憶狀態時，並不代表不會遺忘，只是遺忘速度跟比例比較慢而已，因此後續「記憶回溯」依然要做，但間隔時間可以稍微長一點（黃金學習頻率第六次～第八次），隨著記憶鞏固程度加深，每次複習間隔時間也可越來越長，到了一定次數後，相關知識就能牢牢被你所記住。

這邊就要提到記憶的三種形式，分別是工作記憶、短期記憶、長期記憶。我先簡單做一下科普。

訊息處理論提到：

- 工作記憶：在人類進行閱讀、理解和推理時，工作記憶扮演著重要的關鍵角色。

- 短期記憶：短期記憶的特徵是資訊保持時間相當短，大概在幾秒到幾分鐘。舉個例子，我目前在通話中，手邊沒有紙筆，只能快速靠大腦記下電話中提到的號碼，當我掛掉電話並把立即撥號出去後，我基本上已經不太記得剛剛那支電話號碼的正確數字。這就是短期記憶。

- 長期記憶：長期記憶是能夠保持幾天到幾年的記憶。而我們如果想要將短期記憶，變成長期保存，就必須對這資訊進行複習，就可以逐步將短期記憶的內容轉化為長期記憶。像是騎腳踏車／摩托車／游泳，我們也是需要長時間練習跟複習，直到我們跟呼吸一樣自然為止。

這樣的觀念也可以用在準備考試上，通常讀書習慣還沒有養成，一次要吸收大量資訊是非常辛苦的，需要做的就是克制「囫圇吞棗」的念頭，不要想要一次就把書念完，而且人的專注力跟記憶力有限。這樣做並無法提升自己的記憶與學習效果！

我覺得有一個學習法則要請大家記得，那就是：「1X8>8X1」。

大家試想一下，如果明天你就要考試了，但是你都沒有念書，一次要念全部內容，試問隔天考試會考好嗎？應該很難吧！

但如果你分割成八次時間來讀書，反而比較容易消化記得，考試成績出來也會相對比較高。

這八個步驟看起來雖然次數很多，但其實上手之後，會發現每個步驟會讓學習更有效率，而且每一次的讀書時間都比較短，**加總起來的學習時間可能比原本所需要的時間更短！**

舉例來說，如果熟悉這八個步驟，第一次預習花上二十分鐘，第三次只有下課五分鐘，第四次大概十五分鐘，之後每次的複習在十分鐘左右，除了課堂上，總共花費的時間大概需要八十分鐘，比起考前花了兩個小時在硬背內容卻效果不彰，這樣的學習更有效率！

4-5
活用黃金學習頻率，
用更少時間執行讀書計畫

我們證明黃金學習頻率是更有效能和效率的讀書方法後，就來看看在準備考試的過程，可以如何實踐。

黃金學習頻率第一次：課前預習

如果你有時間預習，那預習要怎麼做比較好呢？我們對於學習素材剛開始都是陌生的，透過預習可以大概知道這些內容要說些什麼，我們可以透過預習先熟悉，之後上課才能夠專心聆聽。

但很多人預習都亂做，以為預習只是快速看過教科書或上課內容就好。

但預習，其實需要系統化去做預習，**課前仔細讀完所有教材，然後把「重點關鍵字」與「讀不懂的內容」都圈起來，做好筆記**，然後才好整以暇地上課。關於如何做預習筆記，我會在第五章，和大家具體說明。

黃金學習頻率第二次：上課專心

①預習　②上課　③下課五分鐘　④當天晚上　⑤一週　⑥一月　⑦一季　⑧半年

　　如果能夠善加利用上課時間並提升吸收質量，一定可以讓我們預習跟複習的時間縮短。

　　很多學生會覺得老師講得不好，就在上課放空，甚至心裡面想說：「我回去再唸書再複習就好」，但這不免也浪費寶貴的時間！我只能說好可惜！

　　我想起了前幾年一本非常暢銷的著作，那就是《被討厭的勇氣》。《被討厭的勇氣》一書當中有提到一個概念叫做「課題的分離」。著名心理學家阿德勒曾說，我們必須深刻明瞭並釐清「這是誰的課題？」的觀點，將自己和他人的課題切割開來。如果是這樣子的話，我們可以來問問看一個問題：學習是誰的責任呢？是老師的嗎？是父母的嗎？還是孩子自己的？這樣想的話，你會發覺答案非常清楚，一定是支持孩子自己的責任的人佔大多數。

　　所以說，如果學生把學習當作是自己的事。就會明白目前所做的預習跟上課專心聽講，不是為了做給老師同學看的，而是做給自己的。簡單來說，就是為了自己的進步而做，不是徒具虛名的幌子，這不正是「主動學習」的最佳寫照嗎！

　　關於如何上課專心並立即學習，我會在第五章跟大家進一步說明。

黃金學習頻率第三次：下課五分鐘 + 確認學會法

職職場人士的進修時間如果是晚上，在台灣多是七點到十點，中間可能會休息一次到兩次時間，我們正常學習的時間，大概是三十分鐘到五十分鐘這樣的歷程。正因為如此，所以像學校課程設計區塊，基本上每五十分鐘就會有十分鐘的休息時間。通常你會用這十分鐘之內會做哪些事情呢？

就我的觀察，下課休息十分鐘的時間，學霸們會做什麼事情呢？這時候學霸會問自己一個非常重要的問題：

剛剛這一個小時的範圍之內，我到底學了些什麼？學霸們會用幾分鐘的時間來回想剛剛所學的內容，比較有效果的做法是寫下來。通常學霸們會怎麼做呢？他們拿出一張空白的廢紙，然後把剛剛學的所有內容，把知道的關鍵字都寫下來。透過短時間回憶，把剛剛理解的重點全部用寫下來，然後再跟課本對照一下，大概頂多花三分鐘時間。再把不熟悉的、寫錯的內容重點看完，大概是多花兩分鐘的時間。

也就是說，**你可以利用短短的下課五分鐘時間，先把上一堂課一個小時的內容快速複習一遍**。然後剩下的五分鐘，你可以去上洗手間，這樣子都可以有助於你做學習記憶的鞏固，這是非常非常重要的一個步驟。

我發覺，學霸們都會把這個步驟做到非常確實。

黃金學習頻率第四次：當天晚上複習＋預習的正向循環法

　　我們來看一個職場人士的情境，步驟四這個環節是對職場人士相對難克服的步驟。因為上完進修班大概十點，回到家大概十點半，把自己整理盥洗好，可能已經十一點半了，甚至還要安頓小孩，洗小孩學校的餐具，整理家務，往往都已經凌晨。

　　這時你可能覺得好疲憊，但我還是會邀約讀者，**花個半小時時間把當天教的內容重新複習一次，概念理解清楚，不懂的做記號，那就足夠了**，之後就請安心就寢吧！

　　我們來看一個學生情境，學霸們每天晚上的流程是這樣的，他們只要花 10 分鐘時間複習，之後就開始寫作業，而且作業有不少的比例已經在學校完成了，我記得大部分都是一個小時內可以把全天的所有作業都寫完，然後剩下的兩個小時他會做什麼事情呢？就是把隔天要上課的所有內容都先預習完畢。

　　所以學霸通常會花很多時間在做預習以及筆記的動作。因為他們深深知道有預習，才能夠課堂之中提問，在課堂中學會，這樣晚上回家複習的時間又可以縮短，形成學習的正向循環。

黃金學習頻率第五次：當週週末＋快速練習法

當一個禮拜五天過去之後，我們就要進入黃金學習頻率的第五個步驟：當週週末。

學霸同學通常會在禮拜六早上或是禮拜六的下午空出幾個小時，把這個禮拜所有的內容都在複習一次。因為平常已經唸了三次至四次，基本概念跟內容都已經知道了，需要花費的複習時間就沒想像中的那麼多！

通常學霸們會只看目錄，然後口述出來看自己能否侃侃而談。如果你講得非常地流利跟順暢，翻開課本做一個比較，如果重點都掌握了，基本上這一段的內容就可以算複習完畢。

反之，如果你說的時候自己都有很多不確定性，發覺你講出來是卡卡的狀態，那就表示你是不熟的，表示這個區塊可能是你相對不熟悉的內容，有可能記錯的風險。所以趁這時候必須把觀念做最有效的釐清，趕快進入課本當中，把很多觀念確實搞清楚，才是最核心的目標。

這樣的複習模式，通常大概一個小時可以快速複習完你所有的內容。接下來，你還有兩個小時要做什麼事情呢？接下來兩個小時，要請各位做一件事情，就是做練習題！

為什麼要做練習題呢？**因為考試是速度測驗，不是智力測驗。** 如果你有 90 分的實力，因為作答速度比較慢，導致只有寫完 60 分的試題，最多你考試成績也只有 60 分。而另外一位同學有 80 分的實力，因為他作答速度比較快，最後題目都有寫完，能夠得到 80 分。一個人 60 分，一個人 80 分，你覺得哪一個人考得比較好？

如果你因為實力沒有完全展現出來，是不是會很懊惱呢？我想答案是肯定的。為了避免這樣的憾事持續發生，練習題就成了非常重要的學習評量模式。為了要讓讀過的知識消化內化成自己的知識體系，一定要致力於做練習題！

黃金學習頻率第六次：一個月＋小考準備法

每個禮拜都完成複習與練習的話，就可以在一個月的時候把近一個月的所有內容重新複習一次，這步驟對於國高中的學生是極為重要的一環，因為國中高中通常會有第一次月考、第二次月考、第三次月考三次考試頻率，所以黃金學習頻率第六次就是統整這個月所學的大好機會。

當複習完之後，接下來你也會知道下週考試的時間，像是下週哪幾個科目先後考試的順序為何，接下來可以做的練習也可以參照考試的先後順序做安排，然後把優先考試的科目、要測驗的範圍的練習題拿出來練習。

像是我考 PMP 國際專案管理師時，它的考試時間是四個小時，中間我們可以自己調配休息時間，我問過周遭朋友去考試的，常常都會覺得在第三個小時特別難熬，因為題目其實敘述有些刁鑽，而且又是英文試題，理解上更耗費腦力，所以考了兩個小時之後就會覺得到了體力極限，而呈現疲勞狀態。這時答題正確率就會降低。

我記得我在考前就模擬了幾次四小時測驗，讓自己的心理狀態跟身體素質都經過鍛鍊，知道自己哪些缺點，像是我在第三小時常常會肚子餓，我就會在包包準備金莎巧克力，方便我快速補充體力，讓我自己的體力能夠維持比較好的狀態。

黃金學習頻率第七次：三個月＋中考準備法

這個環節跟各位報告，特別適用於目前就讀大專院校的學生！為什麼呢？一般來說，大學生一學期有兩次考試，一次是期中考，一次是期末考，所以這個三個月複習頻率對大學生來說很重要。

我會知道這複習節奏，也是因為一次跟大學好友毛毛在大學時期的對話。台大的課業並不輕，考試前台大總圖基本上自習室是二十四小時燈火通明，我也曾經有考試那一週幾乎都窩在總圖的經驗，但我從來沒有看過毛毛在總圖通宵達旦讀書過。我深刻記得在一次考試週的週末，我剛好從圖書館回來宿舍，遇到毛毛在讀書，我想說我大學也不算太混，考試範圍大概都能讀個兩三次沒有問

題，我就看毛毛在念線性代數，就隨口問他：「毛毛，線性代數在讀第三次嗎？」

毛毛出現俾倪的眼神跟我說：「第七次！」我就極為震驚他到底怎麼唸的，於是乎跟毛毛請教，這也是黃金學習頻率的雛形結構。毛毛他每次考試幾乎都是全班第一名，大學總平均超過九十分，而且毛毛還常常沒有去上課。其實，台大教授不是太在意你有沒有來上課，因為都覺得學生已成年，學生會為自己的選擇負責。

學習是學生的責任，不是老師的責任，這一點在台大的課堂上是很清楚的。

如果學生有能力自學，覺得老師上課浪費時間，學生不用來上課也沒關係，老師也不會點名，只要你期中考、期末考考得過就好。像是線性代數，毛毛一學期只去上了三次課程，剛開學第一堂課，出席聽教授宣布評分標準，因為那堂課沒有出席分數，只有著重期中期末考的成績，毛毛期中考跟期末考都考一百分，所以他線性代數的成績就是滿分一百分。

為什麼會這麼厲害？重點還是把黃金學習頻率這七個步驟做到滾瓜爛熟，毛毛因為從小養成這樣的習慣，擁有絕佳的自學能力，就算沒有去上課依然能夠紮實學習！我知道毛毛是一個比較極端的例子，但也確實讓我開了眼界。

黃金學習頻率第八次：六個月＋真正大考準備法

接下來我要跟各位報告的是最後一個黃金學習頻率，也就是半年需要複習一次。

這個半年一次的頻率，主要使用對象是多階段證照考試的職場人士或者是在學學生！這類型通常是長期抗戰，這步驟是決定最後成果的重要關鍵！

為什麼我會說這環節非常重要呢？我先講一個親身經歷的故事，我國中、高中都念台中市私立衛道中學，我國一國二成績還不錯，通常在全校七八百名學生排 10%，大概都是全校七十幾名，可是我到國三時候，考試成績大幅度衰退到全校三、四百名，我就發覺一件事情，我也很認真唸書，參考書也寫了好幾套，更別說去補習班補習了，但是成績還是沒有起色。

我就覺得是不是自己沒有天賦唸書嗎？還是我不知道如何因應大範圍的考試？直到我在大學念心理學讀到記憶環節之後，我才豁然開朗這件事情，這就要回來看艾賓浩斯曲線，**如果沒有複習的話，經過了一個月之後，記憶僅剩 21.1% 的狀態，如果超過一年半甚至快兩年沒有複習的話，會不會艾賓浩斯曲線記憶保留的比例都趨近於零呢？**

你看你的筆記可能都覺得唸過，覺得看起來很熟悉，但是卻都記不起來，那又是為什麼呢？其實我要跟你說件殘酷的事實：因為你記得的只是你自己的筆跡，而不是裡面的內容，這是很大的差異。所以請你不要再抱怨自己沒有讀書天賦了！那不是事實，而是你自己對於記憶的錯誤理解認知罷了！

實戰問題釋疑

Q： 請教老師，我覺得黃金學習頻率只有學霸才做得到，我不太可能做得到這麼透徹。那是不是這個方法不適合我用呢？

A： 我覺得這個問題很棒。其實，黃金學習頻率是我根據台大學霸跟自己的經驗歸納出來的系統方法論，黃金學習頻率是讓一個人在短時間內可以有效地學習的最大頻率。 這種方法並不僅僅適用於學霸，而是適用於所有人。

然而，黃金學習頻率可能會因人而異，因此可能需要個人試驗才能確定自己的黃金學習頻率。我覺得最重要的一件事是當作提醒跟對照，看看自己哪一個環節沒有做到，然後依照自己的情況，可以最優先嘗試哪些頻率先放進來，逐漸讓自己往學霸邁進。

● **設定短期學習目標：**

　◇不要只是用最完美狀態來檢視自己，這可能會讓你感到一直做不好的壓迫感和灰心喪志的自我批評，這樣其實對個人學習沒有幫助，反而有害。相反地，我建議您設定一系列短期的學習目標，每次達成時都會給你一種成就感，激勵你繼續努力學習。

我想起之前讀過一位日本馬拉松冠軍山田本一選手的故事，當被問及獲勝之道，他說是「智慧」。兩年後，在意大利米蘭再奪一冠，他再度強調是依靠智慧。原來，山田將 42.195 公里的賽道細分為 8 至 10 段，每段都有明確的目標。他不只專注於終點，而是逐一達成這些小目標。完成一目標後，他會得到一股動力，驅使他前往下一目標。山田的故事提醒我們，訂立目標固然重要，但如何策略性地達成，才是關鍵。

• 找尋外部的學習支持

◇當你學習感到困難或挫折時，不妨跟他人求援，找尋外部支持。你可以跟朋友、家人聊聊或是參加學習小組，他們不僅可以為你提供鼓勵，還可以分享他們成功的學習策略和方法。

總之，學習每一步有在推進，都是非常值得慶祝！

4-6
在學學生如何實踐
黃金學習頻率計畫？

如何讓準備大範圍考試更輕鬆？

我們先來針對在學學生，規劃看看如何透過黃金學習頻率來擬定讀書計畫。

如果用學期來看，請問一下通常何時會開始做模擬考，一般來說是國三上 / 高三上開始做模擬考，老師常常會在國二下 / 高二下的暑假，通常會先通知大家要開始準備模擬考的範圍，因為模擬考通常會是在國三上 / 高三上開學後的兩個禮拜左右進行。

那要考哪些內容呢？通常是國一上 / 高一上整學期的內容為主。那這些國一上 / 高一上整學期的內容你有多久沒有唸了呢？是不是如同上一段所說，如果超過一年半甚至快兩年沒有複習的話，會不會艾賓浩斯曲線記憶保留的比例都趨近於零了呢！

也就是說，你兩個禮拜時間要專心準備模擬考，隔兩個禮拜之後要準備月考，你會覺得要讀的書的範圍大非常多，複習舊的內容，又要開始念新內容，就會覺得壓力很大。然後舊的內容沒有搞懂，就會在心裡焦慮著，還有過往不好成績回憶導致心理挫折再次顯現，就自我評價我是不是沒有這樣的天賦可以唸書，造成惡性循環。

要學習新的內容，又要複習舊的內容，學習的份量增加三倍，當然會瞬間覺得壓力很大！

關鍵就在於，當你做好半年複習一次，這樣你會準備更輕鬆，這才是準備大範圍考試內容最重要的一個環節。

甚至你未來要考研究所 / 博士班都能夠用這套方式準備，可以讓你更輕鬆。

利用寒暑假，把短期記憶轉成長期記憶

舉個例子來說，如果你是國一 / 高一、國二 / 高二、國三 / 高三都有寒暑假。一般人寒暑假都是放風的時候，可能一開始假期時會信誓旦旦要把作業都完成，但是直到假期的尾端才會開始拚命寫作業，我也都經歷過這個階段，這是人性。但通常要能夠成功，多多少少都要反人性，或者說反惰性思考。

我記得前輩跟我說過一句話讓我印象深刻：「**成功的道路並不擁擠！因為堅持的人不多！**」成功的方法都不是祕密，重點是你能**實踐展現多少出來。**

所以我會邀約各位花一週的時間把作業寫完的同時，也把一學期的內容重新複習一次，就可以趁機把短期記憶轉換成長期記憶，越多內容轉換成長期記憶的話，就記得越牢固，越不容易遺忘。

國一上 / 高一上結束之後，你會有寒假，你寒假的時間要唸的就是國一上 / 高一上的所有內容，要複習到什麼程度才停止呢？我的建議是複習到你都能掌握九成的內容，也就是練習題都達到九十分的狀態，當然你都可以根據你的狀態自由設定。

但我依然會建議趁有空的時間趕緊把基礎內容概念搞清楚,才不用在國三/高三時焦慮難熬。我知道要寒暑假讀書是不容易的,但如果你有長期目標想要完成,有一些代價就要提早付出,未來才不用如此辛苦。

那當國一下/高一下結束之後,緊接而來就是暑假。暑假期間你要唸的是哪些內容呢?以下我做了兩個選項,你會選擇哪一個呢?

(   )國一下/高一下

(   )國一下/高一下+國一上/高一上

如果你選擇第一個選項(   )國一下/高一下,恭喜你已經有吸收到黃金學習頻率第八次的基本概念,知道要先念國一下/高一下的內容,但這樣還不夠。為什麼呢?請問國三/高三考試只有考國一下/高一下的內容而已嗎?當然不是!所以在半年的時間當中,也要請大家把國一上/高一上的內容也拿起來複習一次!

我會建議從國一下/高一下開始複習起!為什麼呢?因為我們剛結束這學期,所學內容相對記憶比較深刻,複習也相對比較迅速可以完成。請你想看看:**如果可以用比較迅速的方式完成,就會給自己更多的成就感,也可以給自己自我暗示與增強自我信心。**

等國一下/高一下唸完之後,再來念國一上/高一上的內容!因為有些內容可能有些連貫,如果相對進階的國一下/高一下內容都學會了,國一上/高一上的基礎內容當然就更容易吸收跟掌握,複習的速度也相對會加快。因此我會建議從相對記憶清晰的內容開始念!

同樣的，國二上／高二上的寒假，要唸的內容就是國二上／高二上、國一下／高一下、國一上／高一上這三學期的內容。你一定覺得要念的書越來越多，**但每半年都複習一次，就可以確保自己內容熟悉狀態都維持在不錯的比例**，更可以在大範圍的複習下，開始逐漸發現我們平常考試，都是把所學的切割研讀，其實很多內容都要做跨學期的縱向串連，這樣子才會出現這主題的全貌，也就是所謂的知識框架。

當我們能掌握知識框架的全貌時，就會發現大部分概念內容重點我們都已掌握，基礎也相對穩固。

而在國二下／高二下的那個暑假當中，我會建議各位複習的就是國二下／高二下、國二上／高二上、國一下／高一下、國一上／高一上這四學期的內容。

分段複習，其實是讓你更輕鬆準備考試

這都是為了國三／高三整年度你的時間分配著想。請你試想一個狀況：

學期	假期	A學生 複習內容	B學生 複習內容
國一上 / 高一上	寒假	無	國一上 / 高一上
國一下 / 高一下	暑假	無	國一上 / 高一上 ＋ 國一下 / 高一下
國二上 / 高二上	寒假	無	國一上 / 高一上 ＋ 國一下 / 高一下 國二上 / 高二上
國二下 / 高二下	暑假	無	國一上 / 高一上 ＋ 國一下 / 高一下 國二上 / 高二上 ＋ 國二下 / 高二下
國三上 / 高三上	寒假	無	國一上 / 高一上 ＋ 國一下 / 高一下 國二上 / 高二上 ＋ 國二下 / 高二下 國三上 / 高三上
國三下 / 高三下	暑假		

如果是你來判斷，你會覺得 A 學生跟 B 學生哪一個記憶程度比較好呢？我相信大多數的人都會選 B 學生。

因為模擬考通常都在國三上 / 高三上，如果只看前面兩年四個學期，你會發現，國一上 / 高一上複習四次，國一下 / 高一下複習三次，國二上 / 高二上複習二次，國二下 / 高二下複習一次。這差異會是極為巨大的，根據艾賓浩斯曲線來說，兩年沒有複習的情況，可能有同學已經遺忘大部分國一上 / 高一上所學，**而你透過多次複習可以把相關內容記憶深刻，這時候就可以花很少的心力在準備模擬考，但是你可以花比較多的心力在做新知識的學習**，讀書節奏就不會被模擬考所影響到，當你的讀書節奏是穩定的，這才會有更穩定的產出。

不然你可能一段時間拼命念模擬考內容，之後等模擬考考完之後，又要轉換焦點去念月考的內容，這樣的節奏不是正確的讀書節

奏，因為沒有考慮到複習跟檢討的頻率，這才是黃金學習頻率半年要複習一次的最重要環節關鍵。

我希望各位到國三跟高三，都可以穩定唸書，而不是熬夜唸書又覺得壓力很大。當別人需要熬夜唸書，你可能十點就可以把所有東西都念完一樣功課好，我覺得這才是比較好的讀書節奏跟習慣。

紮實做好準備，等待別人失誤，你的成績就不斷的往前，這不是要數落他人，而是我要你明白讀書是自己的事情，是跟自己競賽的環節，與他人比較只是為了瞭解自己在群體之內的狀態，不是為了跟他人競爭，僅此而已。

學期	假期	A 學生 複習內容	B 學生 複習內容
大一上	寒假	無	大一上
大一下	暑假	無	大一上 + 大一下
大二上	寒假	無	大一上 + 大一下 大二上
大二下	暑假	無	大一上 + 大一下 大二上 + 大二下
大三上	寒假	無	大一上 + 大一下 大二上 + 大二下 大三上
大三下	暑假	無	大一上 + 大一下 大二上 + 大二下 大三上 + 大三下
大四上	寒假	大一上 + 大一下 大二上 + 大二下 大三上 + 大三下 大四上	大一上 + 大一下 大二上 + 大二下 大三上 + 大三下 大四上
大四下	暑假		

那麼，如果是要考研究所的話，可以怎麼處理呢？

同樣的思考邏輯，只是多了一年準備，要考研究所的讀者可以先把要考範圍特別做複習，這樣大四上準備考研究所時就會比較輕鬆些。

如果時間不夠，怎麼實踐黃金學習頻率？

有些人會說：「老師我知道黃金學習頻率很好，但實際上我沒有這麼多時間可以讀書，有沒有速成方法呢？」當我在教導學習考試方法時，總會有學員提到這個問題。我就會反過頭來請教他：「你目的是希望通過考試，還是少花點時間讀書呢？」得到的答案總會是：「我希望可以通過考試且不要花太多時間讀書！」

我就會請教學員：「大家可以重新檢視一下黃金學習頻率，如果是時間不足的情況（假設一個月後就要考試了），你們可以來投票看看，哪些環節可以省略不做呢？」

1. 首先，把課後複習超過時間線的刪除（例如考試只剩三個月，半年複習也就跟我無關了）！

2. 再者，如果職場人士工作太忙來不及預習，就先把預習移除，起碼確保自己上課可以專心聽！

3. 但是因為少了預習跟事先筆記，就要增加「複習」跟「提問」的比重，這區塊可以善用零碎時間，把不必要的應酬跟聚會都取消，專心一致地讀書！

4. 挪出時間撰寫考古題與檢討題目。

給學生的讀書計畫表範例

我們可以把各個讀書階段放到我們真實的行事曆當中來看，就可以安排出這樣的讀書計畫：

第一週	星期日	星期一	星期二	星期三	星期四	星期五	星期六
國文	Ch1-1(1)	Ch1-1(2-4)	Ch1-2(1)	Ch1-2(2-4)	Ch1-3(1)	Ch1-3(2-4)	Ch1(5)
英文		Ch2-1(1)	Ch2-1(2-4) Ch2-2(1)		Ch2-3(2-4)		Ch2(5)
數學	Ch3-1(1)	Ch3-1(2-4)	Ch3-2(1)		Ch3-3(1)	Ch3-3(2-4)	Ch3(5)
理化	Ch2-1(1)	Ch2-1(2-4)			Ch2-2(2-4)		Ch2(5)
社會		Ch2-1(1)	Ch2-1(2-4)		Ch2-2(1)	Ch2-2(2-4)	Ch2(5)
練習題							V / O

第二週	星期日	星期一	星期二	星期三	星期四	星期五	星期六
國文	Ch2-1(1)	Ch2-1(2-4)	Ch2-2(1)	Ch2-2(2-4)	Ch2-3(1)	Ch2-3(2-4)	Ch2(5)
英文		Ch3-1(1)	Ch3-1(2-4) Ch3-2(1)	Ch3-2(2-4) Ch3-3(1)	Ch3-3(2-4)		Ch3(5)
數學	Ch4-1(1)	Ch4-1(2-4)	Ch4-2(1)	Ch4-2(2-4)	Ch4-3(1)	Ch4-3(2-4)	Ch4(5)
理化	Ch3-1(1)	Ch3-1(2-4)		Ch3-2(1)	Ch3-2(2-4)		Ch3(5)
社會		Ch3-1(1)	Ch3-1(2-4)		Ch3-2(1)	Ch3-2(2-4)	Ch3(5)
練習題	V / O						V / O

第三週	星期日	星期一	星期二	星期三	星期四	星期五	星期六
國文	Ch3-1(1)	Ch3-1(2-4)	Ch3-2(1)	Ch3-2(2-4)	Ch3-3(1)	Ch3-3(2-4)	Ch3(5)
英文		Ch3-1(1)	Ch3-1(2-4) Ch3-2(1)	Ch3-2(2-4) Ch3-3(1)	Ch3-3(2-4)		Ch3(5)
數學	Ch5-1(1)	Ch5-1(2-4)	Ch5-2(1)	Ch5-2(2-4)	Ch5-3(1)	Ch5-3(2-4)	Ch5(5)
理化	Ch4-1(1)	Ch4-1(2-4)		Ch4-2(1)	Ch4-2(2-4)		Ch4(5)
社會		Ch4-1(1)	Ch4-1(2-4)		Ch4-2(1)	Ch4-2(2-4)	Ch4(5)
練習題	V / O			V / O			V / O

第四週	星期日	星期一	星期二	星期三	星期四	星期五	星期六
國文	Ch4-1(1)	Ch4-1(2-4)	Ch4-2(1)	Ch4-2(2-4)	Ch4-3(1)	Ch4-3(2-4)	Ch4(5)
英文		Ch4-1(1)	Ch4-1(2-4) Ch4-2(1)	Ch4-2(2-4) Ch4-3(1)	Ch4-3(2-4)		Ch4(5)
數學	Ch6-1(1)	Ch6-1(2-4)	Ch6-2(1)	Ch6-2(2-4)	Ch6-3(1)	Ch6-3(2-4)	Ch6(5)
理化	Ch5-1(1)	Ch5-1(2-4)		Ch5-2(1)	Ch5-2(2-4)		Ch5(5)
社會		Ch5-1(1)	Ch5-1(2-4)		Ch5-2(1)	Ch5-2(2-4)	Ch5(5)
練習題	V / O		V / O		V / O		V / O

我假設這是目前要讀的所有科目以及學校進度，Ch1-1 代表的是第一章第一節，括弧指的是黃金複習頻率的階段：

- (1)就是黃金複習頻率步驟1，也就是預習

- (2-4)就是就是黃金複習頻率步驟2到步驟4，因為當天會經歷上課、五分鐘、當天複習這三個階段。

- 其他的依此類推。

我在讀書計畫下方也增加了練習題頻率，打「Ｖ」就是我們要做練習題的時間，「Ｏ」就是我們要做練習題的檢討時間，就會發現我們做練習題的次數也因此增加，可以記下很簡單的口訣：

> 「一二三四」，第一週一次，第二週二次，第三週三次，第四週四次。簡單來說，就是第幾週就要做幾次練習題。

這也完全符合前面所述讀書計畫的三階段劃分。當你的讀書計畫都制定了，接下來就是要如期按表操課，也就是我生活中的讀書時間如何安排！

4-7
職場工作者如何實踐
黃金學習頻率計畫？

如果是職場工作者，一定會覺得哪有這麼多的時間可以準備考試。我覺得黃金學習頻率已經掌握了之後，接下來就是實戰區塊：我該如何挪出時間來準備考試！

而在焦慮自己只擁有有限時間之前，應該先訂好自己的讀書計畫。為什麼這樣說呢？不是應該先看看我有多少時間可以準備，然後把這些時間充分利用嗎？我當時準備證照考試也是這樣想，但現實總是讓人感到挫折，因為僅剩零碎時間，其他的時間都被填滿了，所以如果你希望在不被打亂原有生活方式來準備考試，通常只有兩種方式比較可能發生：

1. 這種考試很簡單，不需要花費你太多時間準備。當然，通常太簡單的考試對於你職涯發展升遷幫助不大。

2. 困難考試一延再延，或是沒有通過，因為準備考試的時間不夠多。

職場工作者到底有沒有時間準備考試？

我很喜歡知名心理學家阿爾弗雷德·阿德勒（Alfred Adler）曾說過的一段話語：「人是描繪自我人生的畫家，只有你能創造自己，也只有你能決定今後的人生。」

　　如果你需要準備的是有關你未來職涯升遷的證照或考試，基本上你的生活模式一定會跟原先的不一樣，很多人會因此產生許多焦慮，但其實不必產生焦慮，為什麼呢？你想想看，你覺得自己會參加這個認證課程或是考試，不就是希望自己的未來有所不同嗎？現階段做一些調整跟犧牲，不就是為了成全遠大的夢想嗎？如果你的答案是肯定的，就會明白：

接受現階段的生活受到影響都是「暫時性」的歷程，等到考試通過之後，就可以恢復原先的作息，並非從此就完全改變你的作息，這樣想就可以大幅度降低焦慮感。

　　有件事情我也要特別說明，雖然本書分享的系統讀書方法，可以讓你讀書的時間變短，但並不代表可以速成，各位讀者還是需要花時間讀書，如果你沒有投入足夠的時間，也就無法熟悉相關內容，就算再多的讀書方法與考試技巧，也無法保障你通過考試。

　　所以，我希望各位先擬定讀書計畫的目的是以「通過考試」為前提，在這前提之下，我需要花費多少時間準備先估算出來，之後再把現實生活的時間套上去，就會發現自己「現實能讀書時間」跟「理想上自己期待的讀書時間」的差距。

　　當知道這巨大差距時，應該反過頭來想，那我可以怎麼做來增加我讀書時間呢？或者應該這樣說更實際：我應該如何擁有這些讀書時間，我的生活應該如何調整才能夠擁有呢？

放下生活中的那些小事吧！

不做不會怎樣的事，千萬不要做！這樣才可以幫自己爭取更多準備考試的時間！

當你重新檢視自己一天使用時間的狀態，你會發現到要做好多事情，好像每天都不斷被事情追趕跟脅迫，逼得你不得不立即回應。但真的是所有事情都這麼重要嗎？還是說，我們花費太多時間在做不一定如此重要的事呢？

依照我過去的經驗來看，生活中有不少比例的事是沒那麼重要，只是我們一直想要把所有事情都兼顧，希望自己在各個角色、各個面向盡善盡美。但這樣子做，不會覺得很疲憊嗎？像是職場人士經常會說要照顧小孩、洗衣服、做家事之類的事，好像無法請別人代勞，或是不放心他人代勞，然後只能自己攬在身上做，但是內心又呈現焦慮狀態，之後只能硬著頭皮把這些事情快速完成，然後熬夜讀書準備考試。這樣的日子你不會覺得很累很疲憊嗎？我相信你一定有經歷過類似的經驗，大概沒有人會想回去過那樣的生活。

那何不思考看看，這些是真的都要做嗎？不做會不會怎麼樣呢？

舉個例子，像我有認識的朋友每天下班都要趕回家煮飯給家人吃，但她也在準備證照考試，就呈現很焦慮的狀態，就來與我討論。我就問她如果煮飯很累，能否跟家人商量這段時間就先外食，或是用 Uber Eats 或是 Foodpanda 叫外送呢？是否考慮這樣的選擇？

　　她一開始直接斬釘截鐵地說絕對不可能。我就請她回去跟家人商量看看，沒想到出乎我朋友意料之外，居然家人都高舉雙手贊成，因為他們也希望媽媽能夠順利考試通過，而且都可以買自己喜歡吃的食物，何樂而不為呢！我朋友就妥善利用煮飯時間拿來念書準備考試，心裡面的焦慮感與對家庭虧欠的罪惡感也消除了，她也有更多時間可以準備考試，而且是在沒有犧牲睡眠時間的狀態之下，最後她也順利通過證照考試！

　　所以說，如果你想要找到時間讀書準備考試，一定是會有方法的。因為你在乎，時間就會出現！就如同我自己很喜歡的一本書，《牧羊少年奇幻之旅》在書中有一句話一直以來都很吸引我，那是這樣說的：「當你真心渴望某樣東西時，整個宇宙都會聯合起來幫助你完成。」一點都不假！

職場工作者的「配速」讀書計畫

　　不知道各位身邊是否有親朋好友是馬拉松愛好者，我身邊有不少朋友熱愛馬拉松，雖然我自己膝蓋曾受傷不擅長跑步，但無損我欣賞會跑馬拉松的友人。我就請教他們跑步學到些什麼呢？答案有「跑步不只需要用體力，更需要用腦」、「跑步讓我腰圍變少」、「跑步讓我體力變好」...，但大多數的朋友都跟我提到幾個字：「配速跑」。

馬拉松（marathon）是一項考驗跑者耐力的長跑運動，一般指全程馬拉松，簡稱全馬。馬拉松名稱的由來要回溯到公元前 490 年的希臘與波斯之間的馬拉松戰役。相傳希臘在這場戰役中擊敗波斯軍隊，希臘士兵菲迪皮德斯為了傳達希臘獲勝的大好消息，就由馬拉松跑回雅典去傳遞這大好消息，跑到傳遞完之後他就過世了。人們為了紀念菲迪皮德斯，便把他從馬拉松到雅典跑的距離大致定為馬拉松的長度。直到西元 1921 年，馬拉松的長度才正式被統一規定為 42.195 公里，而這個標準一直沿用至今天。

什麼是配速跑？以及為什麼配速跑很重要？配速則是在馬拉松訓練當中經常使用的概念，是英文 pace 的音譯。我們常說的速度通常指一分鐘 / 一小時跑多少距離（距離 / 時間）。而配速則是強調跑者跑每一公里所需要花費的時間（時間 / 距離），是在長距離耐力跑競技中非常關鍵的能力。譬如一公里需要幾分鐘。例如我一公里要跑八分鐘，我就可以說我現在是「八分速」。

為什麼會有配速需求呢？因為馬拉松有所謂的關門時限，通常比較知名的馬拉松賽事，像是世界六大馬拉松之一的波士頓馬拉松就有嚴格的參賽機制，也都設有關門時限，而關門時限指的就是大會規範的時限，也簡稱「關門」，如果跑者沒有在時限內完跑，則會直接失去資格的情況稱為「被關門」。選手們為了要避免自己「被關門」失去資格，就會在自己的跑速上作出調節跟體力分配。

而我聽跑馬拉松多次的朋友分享，他們多會建議用「均速跑」，或是「前慢後快」的配速策略。

接著讀者會問：馬拉松跟我考試有什麼關係？關係大了！

因為準備考試也是一場長時間的耐力賽，也需要配速，才不會「往往贏在起點，卻輸在終點」的憾事不斷重演！

若能有馬拉松相關的經驗輔助，就能夠讓你準備更加結構化與輕鬆自在。

就像我們之前有提到黃金學習頻率的操作方式，但實際排程出來又是不一樣的狀態，我會建議先把讀書計畫分成三個階段：

1. 熟悉階段

2. 演練階段

3. 衝刺階段

若把考試時間假定在一個半月之後，則可以把這三階段做以下重點安排跟分配：

第一週	星期日	星期一	星期二	星期三	星期四	星期五	星期六
專案基本觀念	Ch 1	Ch 1 Ch 2	Ch 2 Ch 3	Ch 3			Ch 1 Ch 2 Ch 3
專案整合管理				Ch 4.1~4.3	Ch 4.1~4.3 Ch 4.4~4.7	Ch 4-4-4-7	Ch 4
專案範疇管理					Ch 5.1~5.4	Ch 5.1~5.4 Ch 5.5~5.6	Ch 5
專案時程管理							
專案成本管理							
專案品質管理							
專案資源管理							
專案溝通管理							
專案風險管理							
專案採購管理							
專案利害關係人管理							

熟悉階段

第二週	星期日	星期一	星期二	星期三	星期四	星期五	星期六
專案基本觀念	Ch 1 練習檢討		Ch 2 練習檢討		Ch 3 練習檢討		
專案整合管理							Ch 4 練習 Ch 4
專案範疇管理							
專案時程管理	Ch 6.1~6.3	Ch 6.1~6.3 Ch 6.4~6.6	Ch 6.4~6.6				Ch 6
專案成本管理		Ch 7.1~7.2	Ch 7.1~7.2 Ch 7.3~7.4	Ch 7.3~7.4			Ch 7
專案品質管理			Ch 8.1~8.2	Ch 8.1~8.2 Ch 8.3	Ch 8.3		Ch 8
專案資源管理				Ch 9.1~9.3	Ch 9.1~9.3 Ch 9.4~9.6	Ch 9.4~9.6	Ch 9
專案溝通管理					Ch 10.1	Ch 10.1 Ch 10.2~10.3	Ch 10
專案風險管理							
專案採購管理							
專案利害關係人管理							

演練階段

熟悉階段

第三週	星期日	星期一	星期二	星期三	星期四	星期五	星期六
專案基本觀念							
專案整合管理							
專案範疇管理	Ch 5 練習檢討						
專案時程管理		Ch 6 練習檢討					
專案成本管理			Ch 7 練習檢討				
專案品質管理				Ch 8 練習檢討			
專案資源管理					Ch 9 練習檢討		
專案溝通管理						Ch 10 練習檢討	
專案風險管理	Ch 11.1~11.4	Ch 11.1~11.4 Ch 11.5~11.7	Ch 11.5~11.7				Ch 11
專案採購管理		Ch 12.1~12.3	Ch 12.1~12.3				Ch 12
專案利害關係人管理			Ch 13.1~13.2	Ch 13.1~13.2 Ch 13.3~13.	Ch 13.3~13.4		Ch 13

演練階段

熟悉階段

第四週	星期日	星期一	星期二	星期三	星期四	星期五	星期六
專案基本觀念	Ch 1 練習檢討 Ch 2 練習檢討 Ch 3 練習檢討			Ch 1 練習檢討 Ch 2 練習檢討 Ch 3 練習檢討	Ch 1 練習檢討 Ch 2 練習檢討 Ch 3 練習檢討	Ch 1 練習檢討 Ch 2 練習檢討 Ch 3 練習檢討	Ch 1 練習檢討 Ch 2 練習檢討 Ch 3 練習檢討
專案整合管理	Ch 4 練習檢討			Ch 4 練習檢討		Ch 4 練習檢討	Ch 4 練習檢討
專案範疇管理		Ch 5 練習檢討		Ch 5 練習檢討		Ch 5 練習檢討	Ch 5 練習檢討
專案時程管理		Ch 6 練習檢討		Ch 6 練習檢討		Ch 6 練習檢討	Ch 6 練習檢討
專案成本管理		Ch 7 練習檢討		Ch 7 練習檢討		Ch 7 練習檢討	Ch 7 練習檢討
專案品質管理		Ch 8 練習檢討			Ch 8 練習檢討	Ch 8 練習檢討	Ch 8 練習檢討
專案資源管理			Ch 9 練習檢討		Ch 9 練習檢討	Ch 9 練習檢討	Ch 9 練習檢討
專案溝通管理			Ch 10 練習檢討		Ch 10 練習檢討	Ch 10 練習檢討	Ch 10 練習檢討
專案風險管理	Ch 11 練習檢討		Ch 11 練習檢討		Ch 11 練習檢討 Ch 11	Ch 11 練習檢討 Ch 11	Ch 11 練習檢討 Ch 11
專案採購管理		Ch 12 練習檢討	Ch 12 練習檢討		Ch 12 練習檢討	Ch 12 練習檢討	Ch 12 練習檢討
專案利害關係人管理			Ch 13 練習檢討		Ch 13 練習檢討	Ch 13 練習檢討	Ch 13 練習檢討

衝刺階段

忙到沒時間，讀書時間如何安排？

職場人士準備相關證照考試時，最常見的問題就是「忙到沒有時間讀書」，因為自己可能要兼顧工作／家庭／興趣，可能處理完這些事情之後已經筋疲力竭，覺得自己沒有更多餘的時間可以好好讀書準備考試，怎麼能夠考得好呢？希望自己努力唸，但是體力跟眼皮卻不爭氣地閉上，等到有意識時已是隔天，但是進度可能只有寥寥數頁。

那有沒有更好的方式可以提高準備的效率呢？

我希望大家抱持一個觀念：不論你有多麼忙碌，一天之中，你一定可以找到讀書的空檔！重點在於：你想不想要找！

像我曾經忙到找不到時間可以讀書準備考試，但我就問我自己：「我願意早一點起來讀書準備嗎？每天早起一小時，就多挪出一小時可以念。」想法很好，然後就是要不要起床的問題了，每天都是一種選擇，我要「立刻起床努力唸書」，還是「昨天好疲憊，我想要多睡一點」。這選擇往往取決在你自己手上。而這也是我們確認這目標是不是我們很在意目標的時刻，如果是的話，那你就會起床。如果不是的話，那你就會繼續睡覺，一切都端看你的選擇。

就如同卡內基美隆大學（Carnegie Mellon University）電腦系教授蘭迪‧鮑許（Randy Pausch）在《最後的演講》一書中提到：「眼前的磚牆，不是為了擋我們前進，只是為了確認到底我們多想要達成我們的夢想，……磚牆是為了擋開那些意志不夠堅強的追求者，那些『別人』。」

其實，讀書計畫在規劃安排時，有「三千萬」要記得：

- **千萬不要複製貼上**

  每個人都是獨特的，且生活作息環境都不同，千萬不要直接模仿他人作息，應該要考慮到自己的狀態為主，之後把別人很棒的方式「逐步」加入。

- **千萬不要份量過重**

  份量過重是很容易消化不良的，念完頭腦都暈暈的，然後隔一天想到要唸就覺得很累，往往就很難持續下去。重點在於要適當份量，並且持續唸，才會產生長期效果。

- **千萬不要半途而廢**

  很多人讀書讀幾天就荒廢了，記憶程度也會因為太久沒熟悉而降低，建議請多善用「黃金學習頻率」，就能夠讓你的記憶力變好！

認識自己的高效率時刻

　　我記得在就讀台大時選修了一門課，是傅佩榮教授開的哲學與人生。有一次提到希臘戴爾菲神殿，我印象極為深刻。戴爾菲神殿供奉阿波羅神，希臘戴爾菲神殿上刻了兩段文字，其中一段就是「認識你自己（Know Yourself）」。認識你自己！哇！你可能會說人一輩子都很難了解自己，但是現在只是需要你了解自己一件事情：「自己的生活作息」，為什麼需要了解自己的生活作息呢？真是一個好問題。解答很簡單：因為我們要快速通過某個考試測驗。

> 每個人每天總有效率高與效率低的時刻，但你自己知道分佈在哪些時段嗎？如果你知道，那麼非常恭喜你，我對於你實施高效讀書計劃並成功考取證照寄與厚望！

　　那要怎麼找出自己效率最高的時段呢？我以我自己過去在企業任職的時間模式解釋，假設一個上班族八點起床，盥洗後前往公司九點上班。剛開始一定要先讓大腦與整個人的心態逐漸集中在工作上，所以整個效率會逐漸提升，但一般持續力大概一兩個小時就會效率減退，再來就到了午休時間，吃飽飯之後因為血液集中在胃部消化食物，工作也會有一點時間相對沒效率，之後食物消化完後又有體力，這是極為正常的現象。

　　所以我們要「順其自然」，讓自己在最好的狀態準備考試。各位讀者請務必找出自己最佳狀態！

4-8
實戰案例：我考上 PMP 的讀書計畫

對於時間區間有了比較進一步的理解之後，接下來我用考 PMP（當時考試是以 PMBOK 4 為範本，後面案例以當時真實情況還原，針對最新版 PMBOK 可以再做微調）為例，來說明當初我怎麼準備的。

我將準備時間分成兩階段，各兩個禮拜，分別是

1. 準備熟練期

2. 融會貫通期

為什麼要這樣區分，主要是為了配合學習歷程：學習熟悉貫通。另外一方面也是針對解決撞牆期的設計。

善用自己的空檔時間

我非常善用自己的空檔時間，整理如下：

- 上班通勤時間

- 午間休息時間

- 盥洗時間（洗澡／如廁）

- 下班通勤時間

- 下班之後時間

　　這些時間雖然不多而且分散，但是可以讓你每天都沉浸在專案管理的氛圍之下。我分別針對「準備熟練期」與「融會貫通期」製做了兩個表格提供給各位讀者參考，以下是我規劃的行程。

「準備熟練期」

今天			明天		
時間	工作時間	可利用時間	時間	工作時間	可利用時間
08:00~09:00	通勤	背誦 42 個流程組	08:00~09:00	通勤	背誦 42 個流程組
09:00~10:00	工作		09:00~10:00	工作	
10:00~11:00			10:00~11:00		
11:00~12:00			11:00~12:00		
12:00~13:00	午休	每日一默 / 心智圖複習念完章節 (30 分鐘)	12:00~13:00	午休	每日一默 / 心智圖複習念完章節 (30 分鐘)
13:00~14:00	工作		13:00~14:00	工作	
14:00~15:00			14:00~15:00		
15:00~16:00			15:00~16:00		
16:00~17:00			16:00~17:00		
17:00~18:00	通勤	背誦 42 個流程組	17:00~18:00	通勤	背誦 42 個流程組
18:00~19:00	晚餐		18:00~19:00	晚餐	
19:00~20:00	念書	1. 念 PMBOK/ 講義	19:00~20:00	念書	1. 念 PMBOK/ 講義
20:00~21:00		2. 做題目檢討	20:00~21:00		2. 做題目檢討
21:00~22:00		3. 統整心智圖 (一章)	21:00~22:00		3. 統整心智圖 (一章)

「融會貫通期」

今天			明天		
時間	工作時間	可利用時間	時間	工作時間	可利用時間
08:00~09:00	通勤	背誦 42 個流程組	08:00~09:00	通勤	背誦 42 個流程組
09:00~10:00			09:00~10:00		
10:00~11:00		工作	10:00~11:00		工作
11:00~12:00			11:00~12:00		
12:00~13:00	午休	每日一默 / 心智圖複習念完章節 (30 分鐘)	12:00~13:00	午休	每日一默 / 心智圖複習念完章節 (30 分鐘)
13:00~14:00			13:00~14:00		
14:00~15:00		工作	14:00~15:00		工作
15:00~16:00			15:00~16:00		
16:00~17:00			16:00~17:00		
17:00~18:00	通勤	背誦 42 個流程組	17:00~18:00	通勤	背誦 42 個流程組
18:00~19:00	晚餐		18:00~19:00	晚餐	
19:00~20:00	念書	1. 複習心智圖 (一章)	19:00~20:00	念書	1. 複習心智圖 (一章)
20:00~21:00		2. 做題目檢討	20:00~21:00		2. 做題目檢討
21:00~22:00		3. 跨章節聯想串聯	21:00~22:00		3. 跨章節聯想串聯

　　你看完兩張圖之後一定會覺得怎麼大部份都一樣，只有讀書的內容做調整。我在這說明一下，會這樣安排主要是因為現實層面的考量，一般通勤時間上班族有幾種選擇：開車、騎機車、大眾交通工具。開車與騎機車都需要專心，但是總需要等紅綠燈，加一加的時間也有十幾分鐘，所以在此短暫的時刻背誦複習 42 個流程最為合適。你需要準備的就是專案管理框架這一張表格就足夠了，就每天不停地反覆閱讀，看到熟記為止。

　　至於午休時間的規劃，因為有一個小時的時間，你可以花三十

分鐘與同事聚餐聊天，另外三十分鐘一個人靜下來花 15 分鐘做每日一默，然後剩下 15 分鐘的時間用來開啟 X-mind 心智圖檔案，複習一個章節單元（紮實地瀏覽過）。

晚上下班後的時間則是很重要的，用來真正的念書、複習與練習考古題。

在「準備熟練期」，重點有三個：

1. 紮實地熟悉PMBOK的各章節

2. 做題目演練與檢討

3. 統整心智圖

而在「融會貫通期」，重點有三個：

1. 複習心智圖

2. 做題目演練與檢討

3. 跨章節聯想串聯

如何有效率的讀書？

時間安排部分已經向各位讀者說明，現在要跟各位讀者分享「如何念書」。

各位準備 PMP 考試的讀者們一定都有到坊間 PMI 授權的企管顧問公司上研習課，進而獲得 35 個 PDU 學分。一般顧問公司都會替各位學員準備講義與題庫，我建議各位將這部分好好利用，我們的目的是要快速通過 PMP 考試，而這些資料都是其他人花許多時

間整理，只要對自己學習有幫助，都要善加利用。

以下是我安排的念書順序：

1. 顧問公司的PMBOK講義

2. 念PMBOK（簡體中文版／英文版）

3. 做題目檢討並記錄每次考試的答題正確率

4. 整理心智圖

一定會有讀者好奇的問我說：怎麼不先從 PMBOK 開始念？PMBOK 不是最重要的嗎？

我的回答是：是的！ PMBOK 是最重要的，所有考試依據與概念都寫在其中，**但是我們要從最熟悉的內容開始著手，別忘了我們還在準備熟悉期！**

因為顧問公司的 PMBOK 講義已經在上課過程中都從頭到尾教學過一次，所以各位讀者對於自己有念過的資料相對熟悉，看到內容知道自己哪個地方熟悉或不熟悉，這樣就可以就自己不熟悉的地方補強，念完之後如果還有疑問，再將 PMBOK（不管是簡體中文版 / 英文版均可），快速瀏覽過，看看不同的解釋方法是否可以理解。

請記得，在準備熟練期間，一天熟悉一個章節即可，然後隔天重新複習前一天的章節，因為有 15 天但是卻只有 12 單元，所以每六天就要把之前的內容完整複習過，這樣不斷重複溫習將可更加熟悉 PMP 考試內容。

第五章

如何讀？如何學？
如何做筆記？

5-1
怎麼做才是有效的預習？

如果說準備考試的過程中，包含了上課，那麼就會有課前是否需要預習的問題。如果你是職場人士，並且不需要用補習、上課的方式準備考試，你可以跳過這一小節，並往後面準備考試的有效筆記做法開始讀。

那要怎麼做才是有效的預習？

基本上，預習就是這六個字：「畫重點＋做筆記」。

是的，你沒看錯，就是「畫重點＋做筆記」這麼簡單！只是要如何畫出關鍵重點，寫出重要筆記，依然是需要方法，在做法上面可以拆解成以下兩個步驟。

如何在預習時有效畫重點？

你可以先把預習要讀的所有內容都先唸過一次，把重點的關鍵字先圈出來。這步驟大部分人都知道，但是困擾的是：「什麼樣的內容才是重點」？以下是我過往閱讀經驗整理出來的關鍵字挑選訣竅：

- **專有名詞：**

坊間看到專有名詞的解釋都非常拗口，我後來想到一個非常好記的方式，那就是「每一個單字都認得，但合在一起看不懂或意義

不一樣」，這樣類型的文字基本上就是專有名詞了。

像人、工、智、慧這四個字我們都認得，但合在一起變成「人工智慧」就是另外的意思。或是像我經常研究的商業領域：Fintech、工業4.0、平台經濟、Uber、Airbnb、NFT等，各個領域都有其專有名詞，剛開始接觸一定需要花費比較多時間，但建議一定要深入了解該名詞定義，以免後面相關名詞比較時反而容易混淆，而將會花費更多時間閱讀跟釐清。

其實有比較快的方式可以幫助我們累積專有名詞的背景知識，要怎麼做呢？當你看到專有名詞時，腦中都要浮現出五個問題：

◇這專有名詞的定義是什麼意思？

◇為什麼會發生？

◇這有什麼用處？

◇這要如何運作／運轉呢？

◇這會產生什麼衝擊／副作用呢？

這些問題看似簡單，當你能夠回答完這幾個問題時，大概就能夠瞭解專有名詞大部分重點內容。

- **人事時地物（5W2H）：**

  如果是閱讀歷史，人事時地物都是很關鍵的訊息重點。其實，要解決問題的現況也經常都要把5W2H充分釐清。如果能夠時時刻刻都提醒自己5W2H，基本上很多資訊的場景跟脈絡就會更加清晰。

- **數字與單位：**

  當有數字跟換算單位出現時，一定要多多留意。舉例來說：大家以前小時候一定都有遇過這樣的經驗，小明身高150公分，小華身高180公分，請問小華比小明高幾公尺？過去很多人都可能因為沒有注意到單位而被騙，傻傻寫了30公尺。等到答案核對時才恍然大悟自己沒有考量到單位的換算，正確答案是0.3公尺，而不是30公尺！或像是我曾經請同仁匯款兩萬元，結果忘了跟同仁確認幣值，結果同仁匯款了兩萬元「美金」，但我原意卻是要請同仁匯款兩萬元「日幣」，一來一往相差幾十倍，單位真的不得不謹慎！

- **有比較意涵：**

  像是職場人士常用的不同方案比較、效益分析比大小，或是提案比較優劣高低等等，都是我們抓重點要特別留意的部分，這樣的資訊通常會出現表單比較，比較的區塊也經常會用圖表呈現。

如何在課前先做好筆記？

在預習時，可以同時做筆記，先把重點整理出來，也同時梳理內容的脈絡。

這樣的預習筆記，不僅可以幫助上課時更有效率，也會是你的複習利器！筆記最主要的功能就是，讓我們得以快速學習，把關鍵重點提取出來並印入腦海中。

很少人發現寫「預習」筆記的好處，那就是在上課的期間，你同時又把相關素材複習了一次。

　　因為前一天已經寫完基本的筆記，所以上課時其實就是在重新確認，也是在「複習」原本自己先閱讀時抓重點的內容。

　　因為預習時先做筆記，你會覺察到有些內容可能讀懂，有些內容則搞不太清楚，這時候不要感到氣餒，在不懂的區塊，你可以做一個記號，之後隔天上課的時候專心聽老師講解。

　　希望大家特別註記幾個重點步驟：

1. 標記「看不懂的內容」

2. 說明「哪些地方不懂」

　　做這件事情有好處的，因為當你只是標記看不懂的內容而去問老師，老師會反問你一句話：「是哪個地方看不懂？」如果你支支吾吾，老師可能會直接判斷你是所有內容都不懂，因此重頭解釋給你聽，但大部分內容你可能都已經熟悉，只是其中一個環節還跨越不過去，無法說明清楚，因此，要能夠清晰地說明自己哪些地方遇到瓶頸或看不懂，更可以讓老師的回答聚焦在你所在意的環節！

　　當大家有預習，我們已經有了基本的筆記，就可以去做自己的重點筆記跟老師重點筆記的比較，不僅寫筆記的速度更快，也更能加深印象。

預習，就是先確認自己不懂的地方

　　舉個例子，若我念物理學牛頓三大定律，我覺得這三個定律搞不太清楚，那我可以預習時在課本上面標註記號，這是預習最主要的關鍵目的，那就是建立屬於自己的知識框架體系，並從中找到哪裡還不懂的區塊。

我自己親身體驗的感覺是，預習完之後，自己開始「很期待」明天上課，因為我想知道老師或是其他同學如何思考這難題，以及我如何解決自己不會的區塊，那也是一種進步。因此，隔天上課我對自己不知道的內容會格外專心聽，只因為我想要把這件事情不懂的地方搞懂，如此而已。

這也是我覺得預習另一個好處，就是期待學習！

那為什麼還是很多人不喜歡預習呢？我曾問過我周遭朋友，會預習的比例其實不高，後來對話發現一個有趣的心理狀態，那就是「不希望自己看起來是笨蛋」！

為什麼我這樣說？因為預習可能會遇到很多不懂的內容，當遇到自己不太能理解的時候，內心就會產生焦慮感，為了避免這樣的窘境，倒不如直接略過預習，專心上課跟大量複習就好。

如果預習時發現大部分的內容都看不懂，千萬不要感到挫折。這只是提醒你過往的基礎沒有打好，所以不是要你陷在目前的低落心情當中，應該換個角度思考的是我們如何逐漸進步，那就先降低教材的等級，先從基礎的內容開始著手。

其實每個人學習進展本來就不一樣，找到「適合自己程度」的內容打好基本功，才是更重要的關鍵，雖然現在降低教材難度看似繞遠路，但「打好基本功，未來更輕鬆」，重新打基礎不是浪費時間，而是有效提升成績的捷徑。

因為所有進階的內容都會奠基在初階的內容之上，如果初階內容沒有學好，進階要學好一定難度很高。如果判斷自己需要降階學

習，請務必誠實面對自己的狀態，並下定決心好好讀好，就不會讓基礎不好而造成考試分數不好的憾事不斷發生。

預習是花時間？還是節省時間？

預習看起來好像增加了學習的時間，但事實上是減少上課聽不懂，或是課後找答案的時間，而這些時間往往是讓學習最浪費精力，效率變差的主因。

我過往也經常協助好友、前輩的小孩做學習策略的相關課程，就有一位妹妹上完課之後，媽媽傳訊息感謝我並給我這樣的回饋，妹妹說，因為她有預習，所以會更容易吸收老師講的概要，也會注意到原來有些自己沒有意識到的重點，上完課她就會有更強烈的新收穫。妹妹覺得如果沒預習的話，聽不懂是正常的，而且就會一路不懂下去。所以，她後來都會要求自己要有預習的習慣。

這樣主動積極的心態跟行為模式帶到職場上，會讓您抱持「好奇心」往更深的內容去思考，進而「Do more」或是有更多不同的展開。就像傑克·安卓卡（Jack Andraka）就讀高中時就發明了胰臟癌的檢測試紙，在 2012 年奪下英特爾國際科學與工程大賽（ISEF）首獎高登摩爾獎，造福許多人類。

5-2
上課主動學習，最節省學習時間

上課要專心，但專心也絕對不只是精神層面，也不是要你硬逼自己專心去聽。接下來，我想跟大家分享，兩個上課「專心」的具體技巧：「比較」跟「提問」。結合我們前面做好預習的步驟，那麼上課的收穫才能最有效率的提高。

上課當下就做「比較」整理：

如果有自己先做預習，上課專心聽講還有一種好處，那就是比較。透過比較，我們能夠更有效率的學習真正的重點內容。就課程內容而言，你會著重在幾個比較的點：

- 這堂課的重點有哪些？
- 內容的重點邏輯順序又如何？
- 老師又補充了哪些？
- 老師如何思考重點？

這些是非常重要的關鍵，因為通常老師的思維邏輯就是考試的重點所在，他會特別強調的部分，就是過去所有的學生經常會做錯的部份。

但是如果沒有比較，只是課堂上直接抄老師說的，反而因為資訊太龐雜，筆記來不及，無法有效釐清真正重點在哪裡。

上課不只是專心聽老師講，也同時在比較我跟老師重點摘要是否相似，思考課本裡面的內容是這樣講，那老師又會是怎麼樣的教法去做這件事情呢？所以你可以把老師的教法跟重點整理，讓自己重新用老師的角度來了解內容，通常老師經驗比較豐富，或許可以用相對更簡潔有力的方式去把這件事情說明清楚，何樂不為呢？

透過比較自己的預習筆記，與老師的上課筆記，你可以用更有效的方式幫你加強記憶，讓你的記憶更加深刻。這是一個很重要的學習收穫。

上課真正的專心就是「提問」

我自己也從事培訓工作，不管在成人的課程裡面，或是在國高中升大學的大專院校的學生課堂中，當老師問一句話：「同學有沒有問題？」相信我，通常你所看到的場景，都是不會有任何人舉手的狀態，鴉雀無聲面面相覷，老師避免尷尬，通常都會說以下類似的話語：「看來大家沒有問題，那如果有問題歡迎私下來找老師…」，其實老師心裡面也知道大家其實沒有在思考，所以提不出問題。

為什麼會是這樣的情況不斷在各種課堂中頻繁出現呢？就是因為大家沒有做好預習的動作！為什麼這麼說？因為沒有做好預習的動作，就會導致你無法去問為什麼？因為你根本不知道哪裡有問

題，你怎麼能夠問得出問題來呢？

透過預習的過程，你自己對教材有一些「感覺」，大概知道自己哪些內容熟悉，哪些不熟悉，提問時就針對不熟的區塊，老師也有豐富的教學經驗，可以準備好幾種不同的講法來幫助你。

不要小看這樣的提問，這也可以緩和其他同學的人際關係，因為其他同學可能也有一模一樣的困擾，但其他同學可能沒有預習，不知道自己的問題在哪裡，因而不敢舉手提問，因此當你舉手提問，他們也會因為這樣感謝你。

如果上課的內容真的都會了，千萬不要發呆，那樣做只是浪費你寶貴時間罷了。學霸之所以會是學霸，就會在這關鍵時刻跟一般人有所不同，學霸們都非常會善用時間，他就開始做下一個章節的預習了，絕對不會在那邊發呆。

有一點很重要，那就是千萬不要拿其他科目的講義來看，這是對於老師非常不尊重的事！

所謂上課專心，其實就是針對課前預習發現的問題，在課堂上主動尋找答案，並透過比較法、提問法，讓自己上課的時候就「真正學會」。

上課時就要真正學會，不會就問

因為唯有真正學會，這些內容才會被理解與真正記住。這樣的好處是，可以減少日後複習的時間。

　　學會之後，複習時只是將學會的記憶提取出來，複習的時間縮短，複習時不是為了搞懂，而是反覆練習不斷加深記憶的強度，讓日後考試時可以更快速地被連結！

　　所以，學霸會嘗試在課程當場把內容釐清，隨時準備好請教老師，請老師再把這件事情再做更詳細的說明，快速得到解答，消除內心疑問跟增加收穫。這也有助於學習信心的建立，透過複習習慣的養成進而塑造自己的學習自信，這是非常非常重要的。

　　就如同孔子曾經說過：「知之為知之，不知為不知，是知也。」不要假裝所有事情你知道，沒有這樣的必須跟應該。考試成績好並不代表你全部都要知道所有的事情，這樣是一種錯誤的認知。

　　你要記得一件很重要的事，那就是我們把自己搞不懂的概念弄清楚了，我就比昨天的自己更加進步，因為從沒有人天生會所有的事情，都是經過學習跟練習得來，偶爾有事情不會，也很正常，只要把心態調整從「我不會做」轉換為「我可以學」，就會發現不用太在意面子問題，就不會把自己放在一個很高的位置上，那些都不必要。

　　在職場工作也是，你也會不時聽到類似的話語，但我看到的強者都是不斷往前邁進，而弱者只剩下嘴巴嘲諷的機會，我們也無法控制別人的嘴巴，那你又何必在意這件事情呢？專注做好自己的基本功累積，厚積薄發，之後做出成果來，就可以用自己卓越表現讓對方嘲諷的嘴堵上了。

主動學習，才是最節省時間的學習方法

接下來，我要來聊一下主動學習跟被動學習的差異。在黃金學習頻率前兩個步驟，主動學習者跟被動學習者就會呈現出非常不同的行為模式，而其中的關鍵，就是提問。

怎麼說呢？我們來思考一個教室景況，主動學習者上課會很專心去看上述的比較，自己跟老師筆記／畫重點的差異在哪裡，然後會在課堂中舉手提問，因為希望把不熟悉的內容搞懂，動機很單純。

如果是被動式學習的話，通常也不會做到課前預習的動作，然後上課被動吸收，這時因為對於內容不了解，可能第一次才聽到這樣的概念，又可能因為老師教學無聊導致學生放空，一堂課下來基本上也沒有什麼吸收，更別說要提問了。

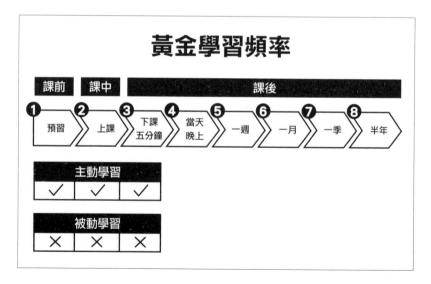

從圖表來看，你會發現因為被動學習，而造成複習次數少了三次，並且在前面三次的學習機會中，花了時間卻還是沒有真正搞懂

內容。而這三次往往是你課後作業能否順利進行的重要關鍵，如果這三次對於內容熟悉都沒有做到，也就是說，接下來晚上要寫作業時，就要把內容重新讀過一次，這時候可能會發現一個悲慘的事實：那就是題目都不會做，或是要不斷查課本！

就像學英文時，看到一段裡面有不少單字，每個單字都要查，會發現好像一個小時唸不到一頁，然後就感到挫折跟焦慮，只想要解決目前作業的急迫感，當作業好不容易寫完，已經筋疲力盡準備就寢了，更別說要預習隔天的內容了。

我不知道你是否有過以下類似的經驗：坐在書桌前面三個小時糾結，然後連一題數學題都或是物理題都解不出來，那樣的困惑想必是非常的挫折！我覺得就是因為沒有做到黃金學習頻率的前三個步驟，因為你根本對於原本的概念搞不清楚，又如何可以產出所學呢？

我們發覺一件事，學霸會做預習，上課專心聽，以及利用下課五分鐘，都已經做完了相關的複習動作。

也就是說，他不熟悉的內容已經比一般人少非常多，大概僅剩下 10-15% 不熟悉。所以他們在寫作業時的速度也會加快，把多的時間，花在不熟悉的區塊，然後做更多的練習，或是思考題目該怎麼去解決的路徑。

如果每一節下課都有一些時間寫幾題，假設一天下來有六次五分鐘的時間，那等於你已經寫了三十分鐘的作業練習，你就寫了20-30% 的作業，回家需要完成的作業壓力也相對減少。

這才是最節省學習時間的方法。

實戰問題釋疑

Q： 我生性害羞內向，明知道自己不會，卻很難舉手問老師，請問我該怎麼做才能夠讓自己舉手呢？

A： 我明白你的感受，在大眾面前要舉手問問題需要很大的勇氣，如果可以的話，可以跟梁靜茹借一下（開玩笑的）。建議你可以採取以下幾種方法來提高自信心，並且更容易舉手提問：

- **給自己制定一個目標：**

  ◇我今天至少要舉手問問題一次，這樣就好！我覺得剛開始可以先讓自己逐漸習慣在課堂舉手，一回生二回熟，多舉手幾次就會養成習慣了。

- **上課前先準備好要問的問題：**

  ◇在上課時，可以先看看老師的教學資料，並試著了解一下老師要講的內容。這樣你就可以有所準備，並且更容易舉手提問。

- **請夥伴幫忙你舉手，然後跟老師說「你有問題想問」：**

  ◇在課堂上，可以尋找一些志同道合的同學協助幫忙，你只是害怕舉手，並不是害怕問問題，這樣讓同學幫助你推進一些進度，你就更容易舉手提問。

- **上課專心聆聽：**

　　◇在上課時，要聆聽老師的講解，並且努力理解內容。這樣你就可以在認真學習的同時，發現自己不清楚的地方，並且更容易舉手提問。

- **培養自己的自信心：**

　　◇除了課堂上的提問，你可以先從日常生活中的小事情做起，挑戰自己做一些平常不敢做的事，如主動和陌生人打招呼或是試著發表自己的觀點。當你在日常生活中累積了自信後，舉手問問題就會變得容易許多。

- **參與小組討論或是線上問答社群：**

　　◇你可以參與學校的學習小組，和同學們一起討論課程內容。在這種較為私密的環境下，你或許會更容易開口提問。此外，參與一些線上問答社群也是一個好方法，因為匿名性的保護，你可能會更願意發問。透過這些方式，你不只學到知識，也會習慣提問，練習如何表達自己的疑惑。

5-3
準備考試的有效筆記做法

其實我覺得要準備好考試，除了花時間念書之外，更重要的一件事情是做筆記。

做筆記是一個綜合性能力，做筆記不僅能夠幫你加深印象，也可以測試該內容你有多少了解，否則你根本無法知道你讀完有多少內容沉澱內化。

做筆記的五個好處

1. 保持專注：

很多時候別人講話都會聽到恍神，為了讓自己能夠專注在當下講者所講述的所有內容，可以做筆記，幫你專注其中。

2. 節省課後複習時間：

因為過程中已經把重點都大部分釐清，課後複習也只要看我們自己做的筆記，訊息量大幅度減少一半以上。

3. 主動式學習理解知識：

學習是自己的事，願意自學的主動式學習，才是最有效率的學習方法。所有的課程與書，只是主動式學習的輔助工具。所以光是上課而沒有整理自己的筆記內化，這就如同「常吃保健食品，卻忘了三餐飲食正常」一樣，目標和做法是背道而馳的。

4. 寫筆記可以紓壓：

前幾年非常流行禪繞畫。很多人表示在作畫當下有心靈舒緩的感覺。為什麼呢？因為書寫本身就是一種產出，是一個出口。而且書寫還可以留下剛剛歷程的產出，我覺得非常棒。

5. 書寫促進大腦多處活化：

之前我看過日本米山公啟先生曾提到書寫的功用，因為動手做筆記，大腦多處區域都呈現活化狀態，都會幫助我們大腦做有效理解與記憶。

綜合上面的很多優點，所以說寫筆記是重要的關鍵。

寫筆記常見的疑問

大家都知道要做筆記，但知道歸知道，要實際操作時，卻又常常猶豫不前，不知道該怎麼下手，或者大家不知道自己的筆記做法是不是正確足夠的！這樣的擔心，一直都存在很多人的心中。

我詢問了不少朋友，讓你停滯不前，還不願意寫筆記的癥結點是什麼？

我統計大家經常遇到這幾個問題在糾結：

- 要把每一個字都抄寫下來才叫筆記嗎？
- 可不可以在課本上面做筆記，還是要保持課本乾淨呢？
- 要不要把上課的內容錄音下來，回去再重複聽一次呢？
- 聽不太懂的時候，是不是應該專心聽講而放棄做筆記呢？

如果是你，你會如何思考這些問題呢？以下是我的見解，我就一一來做問題回應。

> **問題：要把每一個字都抄寫下來才叫筆記嗎？**

回答：當然不用，不是逐字逐句把內容抄下來就是筆記，手寫的速度是贏不過說話速度的，不要幻想把所有內容一字不漏書寫下來，這不是筆記的工作，而是錄音App的工作。筆記應該放在有價值的地方上，也就是做重點摘要，**重點是讓自己短時間就能閱讀筆記並快速掌握重點，這才是筆記的最重要功能：「輔助記憶」。**

所以說，讓自己能夠理解重點的筆記即可，逐字稿這件事就不必要。

而且筆記也不需要寫得太整齊，但要有自己習慣的「風格」！什麼是風格？那就是自己重新看到筆記就能「秒懂」自己所寫的內容，而且重點標示都有一致性！請記得，筆記不是資訊彙整，而是經過「自己消化」的重點才會屬於你的。

> **問題：可不可以在課本上面做筆記，還是要保持課本乾淨呢？**

回答：我的周遭也有這樣的朋友，就是他買的書籍都保持如新，一塵不染，甚至連碰撞跟摺痕都沒有出現，更誇張的還有幫書包書套，以及在書櫃放乾燥劑，只為了不希望讓寶貝的書籍泛黃或受潮，我個人是對此嘖嘖稱奇。

我只是想要提醒，書本原來的最大用途就是傳遞知識，過去

因為書籍取得不方便，所以大家都很寶貝書籍，因為可能自己看完之後，還要「傳承」下去給其他親朋好友閱讀。但現在很多書籍定期都會改版更新，很多知識更迭更是飛快，若只看舊版書籍，可能反而有誤。所以重點不在於保存書籍。

你的任務是快速通過考試，然後把知識在工作中使用出來，進而做出更好的績效表現，這才是書中知識帶給我們的好處，而不是保存書本身。

而我也看過相反極端的例子，有的朋友會把書拆切開來，然後用專業掃描機掃描變成電子檔，或是乾脆直接買電子書，之後專門用書籍電子檔閱讀，書籍電子檔可以做筆記畫重點，當哪一天不想要的時候，也可以另存新檔取消所有註記，就跟新的一樣。這樣的方式你也可以嘗試看看。

問題：要不要把上課的內容錄音下來，回去再重複聽一次呢？

回答：我想請教各位一個問題：「縱使你有完整錄音檔，你回去會聽嗎？」你可以思考看看，然後誠心誠意地對你自己回答即可。我曾經把同樣的問題問過上課的學員，大部分學員都不敢舉手，有的學員這樣說：「我不會聽！因為我覺得上完一整天課程已經夠累人了，還要再受一次折磨，何必呢！」是的，這位學員說到了很重要的三個字：「何必呢！」**如果你在課程中真的很專心學習，重點都有聽進去，基本上是不需要錄音跟全部重新聆聽錄音檔**，反而應該把時間聚焦在自己聽不懂學不會的區塊，專心強化讓自己搞懂。

而且如果都有確實進行預習的話，在上課期間提問已經都把

大多數的疑問給處理掉了，根本也不需要再動用到錄音檔。因此，我覺得錄音上課檔案，只是為自己上課不專心找藉口，只是一種心理慰藉。

這就很像很多人會去外面上課，都會拍很多課程照片，可是事實上回來從來不會拿起照片來複習，這些東西都是一個安慰劑！只是安慰自己說我現在有資料，我之後或是晚一點再去看就好。事實上，最後都是不會看的。所以，在我認知當中，專注在當下做好學習才是王道，根本不需要把內容錄音。

問題：聽不太懂的時候，是不是應該專心聽講而放棄做筆記呢？

回答：我覺得這提問是假議題，因為如果我們有預習的話，基本上筆記也都做了，所以上課的時候大部分時間都在專心聽講沒錯，針對聽不懂的區塊內容舉手提問，然後把重點補上，接下來就可以繼續比較自己的筆記跟授課講師的講授。需要補充進去的內容確實不多，大概頂多兩成的筆記，也就是說，**八成的筆記你在前一天預習已經完成，所以理應有更多的時間從容寫筆記才是！**

做筆記是「手段」，不是「目的」

漂亮的筆記不是重點，筆記讓你高效記憶才是重點！

　　很多人都說我有寫筆記，但是為什麼還是讀不好呢？其實，並不是在紙上寫一些關鍵字就叫做寫筆記，我覺得這只是做紀錄。有些人會覺得做筆記是天生的能力，為何還要學習？我就會反問：「真的嗎，真的是天生的嗎？那為何都在做筆記，卻沒有大家都得到一樣的好成績呢？」因此，我認為要做出有效的筆記是要經過學習的，特別是跟產出有效率的人學習。

　　我之前寫過很多本筆記，我那時候筆記有七十幾種顏色的水性筆，記得當時我為了寫得非常漂亮，都會在課本／參考書把重點一一先標記起來，之後先規劃排版我哪些區域要寫什麼內容，鉅細靡遺地研究，然後把我練習的五套參考書資料彙整在一起，彷彿筆記就是我的「大補帖」，但因為如此，光做筆記的時間就所費不貲，曾經筆記漂亮到成為全班的範本，但我並沒有因為這樣考比較高分。

　　我就開始重新評估筆記美觀的效益如何。後來發現我搞錯方向了，完全本末倒置，**筆記的功能不是「看起來賞心悅目」，而是要幫助自己「用得出來」**！我發現我以前做的筆記都是非常漂亮的「藝術品」，但是我卻不會實際運用它。如果我要在筆記上補充相關資料，我內心就有一股焦慮感跟壓力感油然而生，怕自己的補充會不會就破壞了這份筆記的美感！

　　我發現我當時犯了一個很容易犯的錯誤：那就是「把手段當成目的」。其實把手段當成目的的情況在職場上也屢見不鮮，就像最

近 OKR 熱潮，很多公司都在導入 KPI/OKR/OGSM 等關鍵績效指標，這是幫助業務人員達成業績目標的「手段」，當然「目的」就是希望能夠透過指標的數據來協助管理階層更有效業績提升。

在管理層面，我看過許多案例，那些人會「把手段當成目的」，使用各種方法來「美化」數字，但卻忽略了數字背後可能存在的問題。他們只覺得只要達到了年度績效指標就好，其他問題留待以後再處理。其實，經營公司所需的是具有長期獲利能力，而不是暫時表現良好的業績。同樣地，做筆記也是如此。**做筆記的目的是幫助自己摘要讀書重點並增強記憶力，因為我們可能會面對考試，而我們也希望自己能夠通過。**

做筆記的最主要功能，就是為了「解決困擾我們的問題」跟「幫助我們記憶重點」。透過做筆記，我們可以從雜亂無章的思緒中解放，並且聚焦核心重點。

有件事一定要特別提醒大家，無論是做筆記或職場紀錄，我們常常容易被表面形式和數字所迷惑，而忘記了其背後真正目的。一個成功的筆記方法或業績管理系統，不應僅僅看其形式或數字成果，而是要看其能否真正解決問題，提升效能。筆記的真正意義並非在於其外觀，而是其功能和效益，千萬不要落入「把手段當目的」的情況。最終，只有那些真正理解目的，並能夠有效運用方法的人，才能夠在這個快速變化的世界中站穩腳跟，不斷前進。所以，讓我們始終保持內心澄明，擁抱清晰的目標，儘量不受外界干擾，才能做出真正有意義有產值的事情。

5-4
快速整理考試筆記的三個步驟

那要怎麼做筆記比較好？我有以下幾個步驟跟大家分享：

- 步驟一：抓重點關鍵字

- 步驟二：找出因果關係與文章脈絡

- 步驟三：快速書寫筆記

筆記應該像是你的篩子

在職場當中，我經常需要跟不同的商務人士開會，最怕遇到講話沒有重點的與會者，那時候真的覺得眼神死！如果是比較有耐心的主管，會在他報告一段落時，趕緊請教他「所以重點是？」讓他可以聚焦議題上。如果是遇到比較沒耐心的主管，可能該名同仁已經被轟下台，未來升遷之路也因為一場悲慘的報告而斷絕，這樣多麼可惜！

就我觀察，通常講話沒有重點的人，讀書也抓不到重點，而其中的關鍵原因往往是不曉得如何將大量資料、資訊濃縮彙整，進而掌握到核心重點。

我們都說要抓重點關鍵字，那什麼才是重點關鍵字呢？我舉一個生活化的案例讓你了解。我記得中學時曾到台北金瓜石淘金，參加體驗需要費用，而每人分配到的基本配備，就是一盤基隆河河

沙、一個小碟子，以及一個小玻璃罐。之後把那裝滿基隆河河沙的小盤子裝滿水，用手開始攪動基隆河河沙，就會發現比重相對重的沙子會沈澱到下方，比重相對輕的沙子會浮上上面，之後把小盤子放到水池當中，手腕跟手臂稍微劃圓圈，讓水流將上方較輕的沙子帶走，重複幾次動作，就會發現小盤子中的沙子所剩不多，然而留在小盤子中比較大塊的閃亮亮石頭，看似很像黃金，第一次看到往往都非常興奮，但實際知道之後，那些閃亮亮的石頭其實都是黃鐵礦，也就是俗稱的愚人金，價值性很低。

我們也要把這些愚人金給挑選掉，之後把僅剩的沙子與河水一起注入小玻璃罐當中，之後把玻璃罐拿去水龍頭底下沖水，水量還不能開太小，因為要把不要的沙子透過強力水柱沖走，金子的比重極大，就算是強勁水流沖洗，依然會快速沈澱下來並留在小玻璃瓶當中。當我們完成之後，將小玻璃罐封口靜置一段時間，就會看到底下沈澱的沙子透著金色光芒，那些才是真正的黃金沙！

為什麼我要講這個例子呢？因為做筆記的方式很像是篩子般的存在，把不必要的雜質給過濾掉。很像我們的淘金工具，幫助我們把相關重要的知識重點（黃金）給保留下來。

透過筆記讓知識重點擷取到你自己身上，否則讀再多，知識也都不會內化成你的養分！當你有了做筆記的心理準備後，第一步要做的不是馬上做筆記，而是回去教科書抓重點。因為如果馬上就把筆記打開，你就會思考要把哪些內容給寫進來筆記之中呢？心裡面就會有一種著急感，希望趕緊把重點抓進來寫成筆記就好，但其實關鍵應該是要讓自己的頭腦理解考試範圍的內容為先，而不是馬上

做筆記。

　　這一點我要特別先說明，不要把做筆記當作一件任務看待，如果不能幫助你加深記憶、幫助你完成考試的筆記，不如不做！

步驟一：抓重點關鍵字

　　當在教科書閱讀時，很多人會說要把重點抓出來，我想這大家都知道，接下來的提問就是，哪些內容是重點？以及哪些內容不是重點呢？我有一個簡單的區分方法：

> **去除後意思會變，那去除的就是重點。去除這幾個字，不會影響到對於整段文字的理解，那些去除的字就不是重點。**

　　以下我在維基百科中找到一段區塊鏈的文字，來示範如何做重點筆記：

　　「區塊鏈（英語：block chain）是藉由密碼學串接並保護內容的串連文字記錄（又稱區塊）。每一個區塊包含了前一個區塊的加密雜湊、相應時間戳記以及交易資料（通常用默克爾樹 (Merkle tree) 演算法計算的雜湊值表示），這樣的設計使得區塊內容具有難以篡改的特性。用區塊鏈技術所串接的分散式帳本能讓兩方有效紀錄交易，且可永久查驗此交易。」

　　我就會先把重點分成兩類，一類是我看懂的，一類是我看不懂的。

- **看得懂：**

  ◇名詞：區塊鏈、密碼學、內容、相應時間戳記、交易資料、分散式帳本、串連文字紀錄

  ◇動詞：串接、保護、包含、紀錄、永久查驗

  ◇形容詞：難以串改

- **看不懂：**

  ◇名詞：加密雜湊、默克爾樹、雜湊

  ◇動詞：無

  ◇形容詞：無

　　你會發現在這樣的分類之後，其實也比原來第一次讀掌握更多的內容。會發現其實看得懂的內容居多，看不懂的內容比較少，但看不懂的區塊光看文字，幾乎都是專有名詞，那這時就把這些看不懂的內容花時間多了解，我就會開始查詢以下重點，並找出細節定義來增加我的認知範圍。

　　例如：

- 加密雜湊：

　　密碼雜湊函式（英語：Cryptographic hash function），又譯為加密雜湊函式、密碼雜湊函式、加密雜湊函式，是雜湊函式的一種。它被認為是一種單向函式，也就是說極其難以由雜湊函式輸出的結果，回推輸入的資料是什麼。這樣的單向函式被稱為「現代密碼學的駄馬」。[1] 這種雜湊函式的輸入資料，通常被稱為訊息（message），而它的輸出結果，經常被稱為訊息摘要（message digest）或摘要（digest）。在資訊安全中，有許多重要的應用，都使用了密碼雜湊函式來實作，例如數位簽章，訊息鑑別碼。

當我自己把補充知識也閱讀完畢之後，就會發現自己對於區塊鏈的瞭解又多了一層，我記得當初在閱讀區塊鏈相關書籍時，經常因為重點文字看不懂而使閱讀速度減慢，仔細檢討就會發現自己卡關的盲點幾乎都在此！

因此，我才會在此鄭重呼籲：唯有把基本的概念都搞清楚，才不會在進階內容看不懂時又要回頭重新讀起。

這樣很多時間都是這樣浪費掉的！但我們現在沒有那麼多的時間可以浪費，麻煩請一步到位！

步驟二：找出因果關係與文章脈絡

當你閱讀一段文字，要能夠找出文字的因果關係跟文章脈絡，這對我們了解內容起到極大的作用。因為就我一年幾百本書的閱讀經驗來說，可讀性高的文章通常有清楚結構，而當我們能辨認出結構，有助於理解文章。

而文章結構辨識可以有助我們預測後面內容的重點，進而降低一部分的認知負擔。

舉個例子，同樣以區塊鏈的文字段落為例：

「區塊鏈（英語：block chain）是藉由密碼學串接並保護內容

的串連文字記錄（又稱區塊）。每一個區塊包含了前一個區塊的加密雜湊、相應時間戳記以及交易資料（通常用默克爾樹 (Merkle tree) 演算法計算的雜湊值表示），這樣的設計使得區塊內容具有難以竄改的特性。用區塊鏈技術所串接的分散式帳本能讓兩方有效紀錄交易，且可永久查驗此交易。」

我現在讀完這段內容之後，我就會知道這段文字是在講區塊鏈的定義與特性，然後我就可以快速把重點掌握出來，並猜想下一段文字可能是要談區塊鏈的實例與應用。

當我有這樣的想法時，基本上都還是猜測。**那我該如何證明不是猜測呢？就是往下看下一段內容就好。就這麼簡單嗎？是！就這麼簡單！**猜測不代表一定要猜對，如果猜對，表示你有看懂目前這段文字，如果猜錯也無妨，因為你會感到驚訝跟疑惑，因此也會更加專心找出落差在哪，這樣也可以加深學習印象與記憶。

在此，藉由在考試中常見的說明文，來說明如何拆解文章脈絡，快速看懂文章。

常見的說明文結構我是這樣理解的：

- 通常會先描述問題／專有名詞的情境定義。

- 之後就會舉例相關特徵，像是以下的詞彙：例如、特徵、像是、包括。

- 通常說明文也會陸續出現事件發生的原因、造成的結果，我們就可以從文章中了解彼此之間的因果關係。

- 有時也會出現對照形式等等。

大抵不離這樣的類型，這裡我拆解兩種最常出現的說明文結構，如果你掌握文章結構，也能快速理解文章的意思。

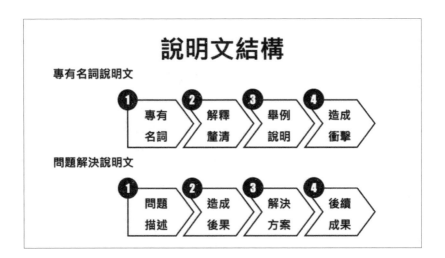

步驟三：快速書寫筆記

當我們閱讀完教材並畫上重點之後，接下來就是要書寫成筆記。如同前面所說，筆記可以用自己偏好的工具或風格填寫，像我認識的學霸朋友有的喜歡用康乃爾筆記法、有的則喜歡用心智圖法、有的則喜歡用曼陀羅法等等，我覺得都是好方法，重點是你自己要習慣並貫徹用一套方法就好，而不是這一個篇章用心智圖法，下一個篇章用曼陀羅法，這樣不斷更換方式，反而會大幅度降低讀書效能，進而拖累自己的讀書進度，這務必要跟各位說明。

做筆記時可以利用符號記錄，因為這樣比較節省時間，重點是「筆記是寫給自己看的」，只要自己看得懂就好，不是寫漂亮給別人瞻仰敬佩使用的。像我就很喜歡使用不少數學符號代替眾多文字。

以下我整理了不少我自己常用的符號：

「＝」	等於	「∵」	因為
「≈」	大約	「Δ」	變化或差異
「→」	結果	「×」	乘以或不適用
「←」	原因	「÷」	除以
「＋」	增加	「％」	百分比
「－」	減少	「i.e.」	也就是
「＞」	大於	「etc.」	等等
「＜」	小於	「!」	重要或注意
「e.g」	舉例	「?」	疑問或需要確認
「≥」	大於或等於	「vs」	相對於或比較
「≤」	小於或等於	「V」	確認或正確
「∴」	所以	「X」	錯誤或不正確

從預習到複習的筆記範本

以下我提供職場人士版本跟在職學生的筆記範本，有需要的朋友可以透過後面的 QRCode 下載使用。

● 範本下載：https://bit.ly/exam-202003

5-5
可以使用什麼筆記工具？
我建議的筆記工具

做筆記用什麼樣的筆會比較好註記呢？像我以前曾經用了七八十種顏色，對！你沒看錯！七八十種顏色，光筆袋就是一大包，每次要做筆記都要一大張桌子才放得下，因為我希望筆記顏色豐富，看起來美觀，所以顏色要不停變化，光選擇顏色就要花費不少時間，對我來說也是很困擾，成績也沒有進步。

我就思考應該要做改變了，所以後來我只用四種顏色來做筆記：分別是黑色、藍色、灰色、紅色。這四種顏色有分別代表的意義與使用時機點。

黑色筆：重點

我首先會使用黑色水性筆作重點筆記，而且最大部分地使用。為什麼呢？其實，黑色在印刷當中就是所謂的「無彩色」，而且大多數的印刷資料都是使用黑色，根據研究，把所有文字用不同的顏色讓大家閱讀，發現黑色的文字能夠閱讀的長度跟時間最多。

那用黑色寫的筆記數量大概是多少呢？同樣的，「80/20 法則」也可以用在寫筆記方面，所以說，用黑色水性筆節錄的重點比例也大概是百分之二十左右的量就可以了，通常的重點，是整篇文章的百分之二十。

藍色筆：重點中的重點

當我前面用黑色水性筆摘要重點筆記完成之後，我會重新再閱讀一次，然後我就會問我自己一個問題：「這一大段的內容裡面，最關鍵的重點是什麼？」我就會在最關鍵的重點標示上藍色，藍色就是重點中的重點，這就是整篇文章的核心概念！

我舉一個例子，我自己很喜歡讀歷史，因為可以從歷史故事當中學到非常多智慧，近期台灣最知名的歷史學者演講應該是 TED 講者呂世浩先生，他在 TED 上面的演講題目是〈學歷史的大用〉，演講中提到張良納履的故事，張良原是戰國時期韓國貴族後代，因秦始皇嬴政滅韓國後，張良懷恨在心並企圖復國，於是策劃刺客在博浪沙狙擊秦始皇嬴政，但刺殺未能成功，反倒使張良自己被通緝，只好隱姓埋名逃到下邳躲起來。一天，張良外出散步，剛走到一座橋上，忽見一位長者迎面而來，這位長者刻意走到張良面前，然後把鞋扔到橋下，並命令張良幫他把鞋子撿回來。

張良覺得已被通緝不宜惹事，只好忍氣吞聲跑到橋下把戲弄他的長者的鞋子撿回來。長者後來又無理要求張良幫他穿上鞋子，張良只好跪下來給那長者穿鞋。鞋穿好後，長者連一句道謝都沒有轉身走了，僅留下錯愕的張良。長者往前走一段路之後，突然回台跟張良說：「五天後天亮，你到這橋上找我！」張良應允。

五天後天剛亮，張良趕來橋上，已看見長者在橋上等候，長者生氣地說：「我已等候多時，年輕人你怎麼姍姍來遲？五天後再來等我！」又過五天，公雞剛啼叫，張良已抵達赴約之處，但長者又先一步抵達。長者依然生氣，請張良五天後再來。之後張良在第五天凌晨大半夜時已抵達赴約的橋上等候長者，一直等到第五天天亮

之時。之後，長者如時間赴約，一邊稱讚張良，一邊送給他《太公兵法》。後來張良研讀有成，輔佐劉邦建立漢朝。

　　當然現在聽起來這比較像是民間故事，但民間故事也有其文章的核心概念。呂世浩先生指出全篇最關鍵的點就是「先」跟「後」，何時該爭那個先，何時要後發先至。長者透過橋上約定教會了張良這件事。我在讀這個故事時，就會在「先」跟「後」這兩個字上特別用藍色註記。

　　「黑色」與「藍色」通常會是在預習的時候就要完成，因為我們預習說要「畫重點，寫筆記」，把基本上的重點都透過自學掌握。

　　以下是我拆解的操作步驟：

1. 先把課本畫重點。

2. 把重點部份用黑色水性筆寫下來，填入表格「課前預習」欄位當中。

3. 把「課前預習」欄位當中核心重點用藍色水性筆標記起來。

4. 把不熟悉的內容作記號，之後去課堂中專心聆聽做比較。

灰色筆：自動鉛筆，老師課程中的補充

當我抓出來重點完成預習筆記之後，隔天我就會到課堂上出席學習，專程聆聽課程並跟老師講解的重點內容做比較，做比較要放在幾個焦點上：

- 哪些內容老師認為是重點，而我認為是重點

- 哪些內容老師認為是重點，而我認為非重點

- 哪些內容老師認為非重點，而我認為是重點

- 哪些內容老師認為非重點，而我認為非重點

那如果給你在這四格需要做注意力的優先順序，你會怎麼排序呢？以下是我的排序。

		老師講課	
		老師 認為是重點	老師 認為非重點
我的預習筆記	我自己 認為是重點	❶	❸
	我自己 認為非重點	❷	❹

我們來一一解析這裏面的重要次序。

1. 「**老師認為是重點，我自己認為是重點**」：毋庸置疑這就是重點，也幾乎都是考試必考題區域，也是該篇章的基礎，務必要確實把握這基本分數！

2. 「**老師認為是重點，我自己認為非重點**」：為什麼這我把它排在第二順位呢？因為老師會成為老師，基本上在這區塊的熟稔程度通常高於學生，而且我們前一天才第一次接觸做了基本預習，對於內容是有些印象，但可能尚未掌握全貌，因此有可能遺漏了相關重點！所以這區塊就特別要留意，這就是在上課一定要做的補充重點，因為要確保自己對於重點內容都清楚掌握。

3. 「**老師認為非重點，我自己認為是重點**」：這表示有些內容可能還沒理解透徹，誤以為那是重點，就要重新釐清該篇章的重要內容，然後「模仿」講師思考的邏輯，因為如同前面所說，老師對於這主題一定比我們更加了解，我就更要專心聽講。

4. 「**老師認為非重點，我自己認為非重點**」：既然一致有共識都認為不是重點，就不要花時間在其中，理解概念即可，就可以把時間放在相對重要的內容之上。

如果我寫的筆記重點跟老師的差異很大，這就表示說，我可能在預習的閱讀過程中，沒有抓到重點。那我就會把我遺漏的重點特別強化。這樣也是重新完整建構知識體系與強化自己抓重點的能力。

我會把這些補充內容，老師補充重點，用灰色筆，寫在前面筆記範本的第三個區域。

　　說了這麼多，為什麼用灰色筆，其實灰色筆我是用自動鉛筆做替代。我會用自動鉛筆的原因是這樣的，我邊聽老師上課邊寫筆記，常常會覺得自己字跡比較隨性或容易寫錯字，如果是用水性筆寫，就要動用到修正帶等設備，導致我分心，或是糾結於筆記變得不美了，而用鉛筆書寫筆記則不會有這樣的困擾。而且鉛筆寫完之後，還可以複習時重新整理。

紅色筆：做錯題目的訂正

　　第四個我會用紅色，特別是在課後複習階段，我覺得這才是複習時特別要注意的重點。

　　為什麼要用紅色？回想我以前當學生時，也要經歷許多大大小小的考試，像我們以前考試答對的題目老師通常不太會打勾，但是只要是答錯的題目，老師就會給我們一個大叉叉，我知道目的是要提醒我們這個地方做錯了，然後希望我們更正，之後不要再做錯了。所以，如果你看到你自己的考卷上面有很多大叉叉，就表示你做錯的題目很多，我們都戲稱這樣的狀態叫做「滿江紅」。

　　如果你看到自己考卷一堆大叉叉，千萬不要感到非常失落。因為已經是既成事實，心情低潮都沒有什麼意義，無法改變，可是如果是換個角度思考，把錯誤的題目趕緊更正檢討，並重新了解所有基本概念，那才是進步的根源。可以計算一下答錯的題目數量，可以思考看看下次能否減少一半的答錯數量，這樣的改善進步就會很確實。

同時，我也會把曾經做錯的題目都用紅色寫在便利貼上，然後貼上複習檢討的區域，當我在複習的時候發現紅色區域越多內容，就是我要優先閱讀處理的區域。

使用水性筆寫筆記

關於用筆，我在這稍微補充一下，我一般來說都使用「水性筆」來做筆記，因為使用的油墨為水性可擦拭，一般來說，紙張對水性油墨吸收力比較強，而且在書寫的時候比較滑順，翻開紙張背面比較不會有刻字的痕跡。而且書寫起來手感很好，比較省力。

對我而言最重要的一項優點就是，水性筆不會像油性筆一樣書寫後放置一段時間，油墨會滲透到紙張的背面，導致閱讀上不是很美觀，有些人會覺得筆記有污點心情就不美麗了，而且滲透過去會使筆記複習難度提高，可能會看不清楚文字，使得複習進度變慢，

因此我會誠摯建議使用「水性筆」來做筆記！

5-6
做筆記不重要，
建立底層思考邏輯才重要

「全部都是重點」＝「沒有重點」

　　我相信很多人都有以下這樣經歷，台上講課老師講得口沫橫飛，台下的我們逐字飛快寫完逐字稿筆記，看似我記錄了很多重點，但考試出來常常事倍功半，沒有顯著的進步效果！這樣的筆記我都覺得是無效筆記，因為沒有消化台上講課老師的內容，比較像是填鴨式的鸚鵡學語，成效有限。

　　我們要寫下來的筆記是包含我們思考歷程的萃取物，而不是簡單的螞蟻搬家，複製別人內容貼上就好。

　　有人會說，做逐字稿筆記就是要避免自己有所遺漏，希望把重點都掌握住，但我希望你思考一個問題：「你怎麼確定台上講課老師所說的就是全部重點呢？」

　　每次當我問這個問題時，很多人都會突然愣在那裡，因為從來沒有人這樣提問過。我們通常會寫逐字稿筆記所認定的前提，就是台上講課老師說的就是全部會考的內容，但實際情況真的是如此嗎？我想通常答案都是否定的。

　　為什麼我會這樣說呢？我舉一個例子你就明白了，我自己一年要授課八九百小時，一年要面對很多不同的客戶，每一次面對客戶大概都是六、七個小時，然而客戶需求眾多，我該怎麼在這有限時間之內能夠涵蓋所有內容？我後來發現這是不可能的任務，因為如果我花好幾年的時間才能夠鍛鍊到現在的程度，而學員只要六、七個小時就能夠學會，那我們都忽略了中間自己練習的功夫了！

　　所以既然不可能，我要做的就是「大處著眼」，把所有學員多數遇到的問題能夠解決掉，其他零星問題則個案處理。如果我自己教課都無法完整把所有內容涵蓋，我又怎麼能夠期待別的老師比照辦理呢？所以，**要請各位破除「逐字稿＝全部內容」的迷思！**

　　而且，如果是要做逐字稿，現在很多種 App 都可以幫你做語音辨識，像是雅婷逐字稿、訊飛、搜狗等等，你也不用自己抄寫，上課錄音錄完，逐字稿就幫你完成了，你又何苦要寫逐字稿筆記呢？你有沒有突然發現自己做逐字稿筆記真的是太沒有價值又浪費時間！畢竟，你的時間太寶貴了，逐字稿的內容也含有太多不是重點的內容，筆記目的就是要去蕪存菁，然後你卻把所有內容（包含非重點）希望都吸收，那樣只是讓自己學習成效低落罷了，請務必要打破這樣的迷思與避免這樣的低級行為。

　　所以我會建議筆記內容要簡潔有力，關鍵字重點抓到就好，千萬不要像老太婆的裹腳布一樣長篇大論，能夠對我自己起到重點提醒跟聯想功能就好。

要記得，筆記是幫自己增加效率，而不是幫別人增加效率，所以不用管別人是否看得懂，只要你自己能看懂並記得，才是最重要的事！

筆記不是鸚鵡學語，重點是背後邏輯

而每當國高中考試期間，不免都會聽到〇〇學校又出了幾位同學考了滿級分，新聞也會大肆報導，甚至還有北一女學霸學生販售自己準備考試的筆記，還因此超過百萬元的銷售，我也非常佩服這些學霸學生。

我也很好奇到底他們的筆記是如何撰寫的，遂購買一份。當我拿到筆記時，真的非常佩服花這麼多時間整理筆記，真的是圖文並茂，基本上如果當作教科書印製，我覺得都是很適合的。

但是我卻覺得千萬不要把學霸筆記當作考試準備的「聖經」來看，而是要當作考試準備的「參考」就好。

為什麼呢？因為那些筆記是學霸她的思考邏輯，而不是你的，我們要做的不是完全依照學霸的筆記一樣念，不是將自己的筆記完全比照學霸筆記辦理，而是要把學霸的筆記當作參考書使用，然後整合進來自己原先的筆記當中，還是要以自己的筆記為主，學霸筆記為輔。

因為要強迫自己用別人的思考方式去準備考試，無法長久，自己也會覺得很痛苦，那何不反過來做，用自己熟悉的為主，然後把缺漏的內容補齊就好，這樣才是相對節省時間的方式。

因為筆記的重點真的不是寫得多精美，我們現在不是「筆記大賽」。我們寫筆記最主要目的是考試考好並通過考試。因為時間有限，如何能在有限時間之內獲得成果，這才是筆記決勝負的關鍵，而不是做得多漂亮。其實，我在拜讀完北一女學霸筆記之後，我覺得她做得最好的不是圖文並茂，而是梳理重點的邏輯。

外行人看熱鬧，內行人看門道。圖文並茂只是表象，背後隱藏的邏輯結構如果有抓到，做筆記就能夠幫助我們記憶，甚至不做筆記也可以！

所以說，做筆記真的重要嗎？重點是我們要能夠抓到背後的思維脈絡，透過理解來代替死背，而筆記就是撰寫關鍵字幫助我們「連結」這背後的「邏輯」。

我認為這才是筆記的核心！或者說，掌握重點背後的描述邏輯，有沒有寫筆記好像也沒有太多差別了。

比筆記更重要的思考邏輯

那重點背後「連結的邏輯」又是什麼呢？我覺得大部分跟考試有關的內容都可以分成這幾個元素，那就是：

1.專有名詞 → 2.解釋說明 → 3.實證案例

同樣使用 Wikipedia 上面「區塊鏈」的例子，來看看我們如何整理筆記：

「區塊鏈（英語：blockchain 或 block chain）是藉由密碼學串接並保護內容的串連文字記錄（又稱區塊）。每一個區塊包含了前一個區塊的加密雜湊、相應時間戳記以及交易資料（通常用默克爾樹 (Merkle tree) 演算法計算的雜湊值表示），這樣的設計使得區塊內容具有難以篡改的特性。用區塊鏈技術所串接的分散式帳本能讓兩

方有效紀錄交易，且可永久查驗此交易。

目前區塊鏈技術最大的應用是數位貨幣，例如比特幣的發明。因為支付的本質是『將帳戶 A 中減少的金額增加到帳戶 B 中』。如果人們有一本公共帳簿，記錄了所有的帳戶至今為止的所有交易，那麼對於任何一個帳戶，人們都可以計算出它當前擁有的金額數量。而區塊鏈恰恰是用於實現這個目的的公共帳簿，其儲存了全部交易記錄。在比特幣體系中，比特幣位址相當於帳戶，比特幣數量相當於金額。」

當我看到上述這段文字內容，我就可以從這三大類範疇去分類，可以幫助我先抓住大致的輪廓。

1. 專有名詞	區塊鏈（英語：blockchain 或 block chain）
2. 解釋說明	是藉由密碼學串接並保護內容的串連文字記錄（又稱區塊）。每一個區塊包含了前一個區塊的加密雜湊、相應時間戳記以及交易資料（通常用默克爾樹 (Merkle tree) 演算法計算的雜湊值表示），這樣的設計使得區塊內容具有難以篡改的特性。用區塊鏈技術所串接的分散式帳本能讓兩方有效紀錄交易，且可永久查驗此交易。
3. 實證案例	目前區塊鏈技術最大的應用是數位貨幣，例如比特幣的發明。因為支付的本質是「將帳戶 A 中減少的金額增加到帳戶 B 中」。如果人們有一本公共帳簿，記錄了所有的帳戶至今為止的所有交易，那麼對於任何一個帳戶，人們都可以計算出它當前擁有的金額數量。而區塊鏈恰恰是用於實現這個目的的公共帳簿，其儲存了全部交易記錄。在比特幣體系中，比特幣位址相當於帳戶，比特幣數量相當於金額。

所以如果我能夠確保「1. 專有名詞」跟「2. 解釋說明」我都看得懂的話，基本上很多實證案例都只是補充說明，或是透過實證案例來讓我們有更深的體會。

我舉一個例子，幾年前天下文化出版《第 3 選擇》引發轟動，《第 3 選擇》確實是一本我很喜歡的書，也是《與成功有約》千萬暢銷作者史蒂芬・柯維（Stephen Covey）最重要著作！但是我身邊很多人都仰慕史蒂芬・柯維而買了《第 3 選擇》，但是我們對話的時候發現，真正念完這本書的朋友卻不多，因為往往被 560 頁超厚的內容與超多案例給震懾住了，讀一讀往往忽然不知道自己在唸什麼，很多人就卡在第三章、第四章就無法往下念了，久而久之就將此書束之高閣。

但我朋友來問我時，我就覺得這本書寫得很棒，而且有豐沛案例，我的朋友就問我怎麼唸的，我就同樣用這樣的結構拆解給他看。

以下我先列出《第 3 選擇》的大綱目錄：

- 第一章　轉捩點
- 第二章　第3選擇
- 第三章　職場中的第3選擇
- 第四章　家庭中的第3選擇
- 第五章　校園中的第3選擇
- 第六章　第3選擇與法律
- 第七章　社會中的第3選擇

- 第八章　全世界的第3選擇

- 第九章　第3選擇的人生

- 第十章　由內而外

　　我會先用這三大類範疇去分類，可以幫助我先抓住大致的輪廓。

1. 專有名詞	第一章　轉捩點 第二章　第 3 選擇
2. 解釋說明	第一階段 　第二章　第 3 選擇 第二階段 　第九章　第 3 選擇的人生 　第十章　由內而外
3. 實證案例	第三章　職場中的第 3 選擇 第四章　家庭中的第 3 選擇 第五章　校園中的第 3 選擇 第六章　第 3 選擇與法律 第七章　社會中的第 3 選擇 第八章　全世界的第 3 選擇

　　所以當我把目錄章節分類成這三大類，基本上就很清楚知道自己哪些內容該好好掌握。我當初在讀《第 3 選擇》這本書時，聚焦好好讀熟的是第二章，因為涵蓋了專有名詞跟解釋說明，其他第三章到第八章，對我來說都是第 3 選擇在各個領域的實際應用案例，所以只要挑自己需要的念就好，其他的都可以當故事看過。

　　之後再回來看第九章、第十章，經過第 3 選擇的人生如何從內而外 inside out 改變，並活出更好的人生。這是我當初讀這本《第 3 選擇》的方法，對於準備考試，也同樣適用。

第六章

練習怎麼考試

6-1
為什麼準備考試一定要做練習題？

沒有練習，不算真正準備考試

有些同學不喜歡做練習題，覺得「明白就好，幹嘛還要練習題目」。我請各位想像一個場景，如果今天你要跟大客戶做簡報，今年業績就指望這一個大客戶了，請問你會充分練習？還是直接上場，只靠臨場反應呢？

我印象中就看過這樣的簡報，有同事自視甚高，覺得自己口齒伶俐，不練習相關報告，大老闆來時，他因為緊張而失常，對於內容報告口吃或是口誤頻傳，被大老闆問問題後，還無法完整作答，從此之後，他就被冷凍起來了，職務升遷都沒有他的份。

我相信大多數工作者，都會選擇要先充分練習，甚至會「過度準備」，演練到睡覺做夢都在演練。重要的會議簡報，還會親自下場演練，然後一堆主管同事在台下點評，剛開始講得一塌糊塗，但經過幾次演練與檢討之後，就會逐漸修正到令人驚豔的程度，進而拿下大客戶的訂單。

如果為了業績可以如此拼命，那為什麼學習就可以掉以輕心？如果你夠在乎，你會為了達到目標而多做努力。

而事實上，事先練習是「必要的」，無論是職場簡報或考試，沒有練習就無法修正，直接上場就會問題百出。

　　因此，我由衷建議，準備考試不能只是唸書，務必要做練習題，不做練習題，你是絕對不知道自己懂多少的，只有實際模擬測試過，才知道自己「真正」了解多少。

做練習題，是幫助自己熟悉考試

　　就我的觀察，會發現有些人準備考試是不做練習題的，準備好就直接上陣去考試，但通常都考得不太好。因為自己的狀態還不是準備考試最好的狀態，又怎麼能夠期盼自己一次就得到好的分數呢？

　　就很像我們跑一百米短跑，正式比賽之前我們也要「暖身」，不然身體怎麼能夠活動開並取得好成績呢？沒有暖身，比賽還會跑到一半腳抽筋，反而退賽收場，這樣的結果應該也不是我們所樂見！

　　在我看來，做練習題就像跑步的暖身一樣重要，所以請好好努力做好練習題！這對你通過考試有絕對的幫助。

做練習題，不是要評價自己，而是要修正錯誤

　　我們做練習題時，是為了要能夠順利了解我們自己的實力，並透過練習題來減少盲點，而不是要透過練習題來「評價」或「斥責」自己。

　　為什麼這樣說呢？因為沒有人喜歡被警告或被評價，若是用評

價的心情看待，這樣當然討厭做練習題，甚至誤以為自己要讀完書才能做練習題，因為只想著在練習題上拿高分。

很多人做練習題時答錯了，會為自己找理由或隱瞞，當別人發現時，就會想要試圖說明解釋，像是「我這次粗心，下一次就不會了」。但這樣的檢討方式是無效的，因為沒有打從心裡面覺得自己需要調整。

做練習題要能夠有效，最重要的一件事是「我們怎麼看待」練習題。如果覺得練習題只是一個無趣的複習動作，那就很難有所改進。如果把練習題看成自己往前進步的重要歷程，發現自己做錯的題目，就會有一種興奮的感覺，因為自己知道，我只要把這個題目做對搞懂，我就離目標更進一步，也就是離自己越來越好的狀態更近。

做練習題是一種「產出」，只有實際測試自己得到幾分，才會有個比較基準，也才知道接下來自己該怎麼檢討，進而達到自己理想的目標狀態。

在做練習題時，我有一點一定要說明：
千萬不要一次把通過標準拉到非常高！

因為這只是打擊自己學習自信心的狀態！我通常都假定自己學不會是正常的，所以一開始只會設定及格就好，第一次練習題確保的是基礎概念都釐清。

如果第一次練習可以寫到七十分，那不就表示我把基本觀念都掌握清楚了嗎？剩下就是要做細部檢討，分析進階學習的範圍。

考試前，充分練習如何考試

　　我舉一個充分練習的例子。我姪子是個很聰明的小孩，目前就讀台大護理系，雙主修台大外文系。猶記得當時他在就讀師大附中實驗班時，常常有題目做不完的症狀。表姐也非常困擾，偶爾會「提醒」姪子要多留意後面的題目，才不會該拿的分數沒拿到。姪子當時正值青春期，被唸他心理不開心就比較大聲回嘴，場面有些僵持不下。

　　剛好我在現場看到了，我就去緩和一下情緒。我看了一下考試範圍，是我相當擅長的高中數學。於是請表姐重新印兩張一樣的練習考卷。之後我跟姪子說：「OO，你媽媽（我表姐）跟你說的是對的，我知道你聽不太下去，會覺得一直被唸很煩！不然這樣好了，我們來 PK 一下，看這份考卷誰考得比較高分，但有一個限制條件，那就是我們只有二十分鐘時間，時間到就停筆，可以嗎？」姪子就用充滿疑惑的眼神看我：「表舅你真的要 PK 嗎？你大概二十年沒有碰高中數學了，真的要比嗎？」

　　我就說：「你可以試看看！如果我輸了，我請你看電影，如果我贏了，你要把你媽媽給你的建議聽進去，這對你來說有百利而無一害。」姪子爽快地答應了，之後就請表姊幫我們計時二十分鐘，我跟姪子開始快速解題。二十分鐘的時間基本上是做不完所有題目的，就比誰的作答技巧好。最後成績出爐，我的分數略高於姪子，這局我勝利了。

　　姪子就覺得很崩潰，為什麼我接近二十年沒有碰高中數學，還能夠考得比他好？

　　我跟姪子說：「有兩個原因。第一，因為你沒有搞清楚對手是誰，舅舅以前大學聯考數學九十幾分，可以直接保送台大數學系，

也當過數學家教老師。第二，更重要的是我高中時寫了五套參考書，我的練習量是你的好多倍，，就算經過了二十年，練習效果依然像刻在我的血液當中，沒有忘記！」

「我知道你很聰明，不然無法就讀師大附中實驗班，只是**也因為聰明就忘了要勤奮練習，你題目做不完的最大原因就在此。**希望今天對你來說有一些收穫 ...。」這個案例是千真萬確的真實案例，重點是要各位了解「充分練習」的威力！

沒有練習，根本記不住

這也是為什麼學校到現在都會堅持模擬考，原因就在此。模擬考就是一次對於內容的複習提取，也能夠加深印象，每次針對部分內容做出測驗，就會讓學生針對該領域重新複習，進而達到複習的功效。我覺得模擬考絕對立意良善，只是根據艾賓浩斯遺忘曲線來看，我則會建議模擬考要提早考，特別是在每個學期一開學的時候，這樣可以妥善讓學生們善用寒暑假做好基本功。

已經有研究論文證明，有測驗複習的人分數會比較高，因為有所謂的「測驗效果」（Testing effect），有經過小考、練習題的測試，就能夠讓正式考試分數有所提高。

這也是說，如果你只讀書但沒有做測驗或練習題，很可能會記不住所學的內容。因此，通過測驗和練習題不斷提取記憶並複習確認是一種有效的學習方法，可以幫助你更有效地記住所學內容。

6-2
用模擬考練習考試時間的最佳分配

有效做練習題方法：模擬實際考試時間

在做練習題前，我覺得要從心態優先調整。大多數人做練習題，真的只是在練習，主要是熟悉概念，但這樣的練習效益不大！可能一個晚上做沒幾題練習題，就差不多該就寢了。

當我們在讀書時，我們是接受書中作者條列給予的內容，但做練習題時完全不同。回想過去考試的時候，無不絞盡腦汁想要得到答案：

真的考試時，不是在評估自己熟悉多少，而是如何有效快速回答問題得分！

所以，我覺得需要把練習題當作正式考試看待，因為正式考試都是有時間壓力，時間長短會根據考試類型不同而有所調整，短則三五十分鐘，長則四個小時。

當我們在做練習題的過程中，碰到問題想不通時，要將這些問題先標註記號，後續檢討時特別留意。但做練習題的當下，要當作真正考試一樣，不能去找答案，而要繼續練習下去。

為什麼要給自己時間限制？

不管是在職場中或是學校中，我常看到一個很有趣的情況：就是不管你給對方多少時間，總是會有人做不完！為什麼會如此？我

覺得通常如果沒有時間限制，對於進度往往會覺得還有充足時間，於是就會出現「慢慢來」、把其他事情往前安排的情況，最後導致要優先完成的事情拖到最後一刻才完成！

這樣的歷程，讓我想起帕金森定律！西里爾 ‧ 諾斯古德 ‧ 帕金森（Cyril Northcote Parkinson, 1909-1993）是一位英國教授、海軍史學家和作家，倫敦大學國王學院歷史系博士。他曾於 1955 年在「經濟學人」雜誌發表一篇有關時間管理的文章，他裡面寫到：「一位老太太可以花一整天來寫一張明信片，而一個很忙的人卻只需要花三分鐘來做同樣的事情。」簡單來說，工作總會填滿它可用的完成時間，就算給他再多的時間，人們總會在最後一刻才完成，因為心裡面覺得時間還很充裕，那就慢慢做就好！

例如，你給大家五十分鐘時間考試，剛開始有些人會慢慢寫，然後心想「沒關係，還有很多時間，我可以慢慢完成。」等自己陷入幾道題目想太久後，發覺時間已經經過十分鐘了，就會在內心告訴自己：「沒關係，我先寫下一題，還有四十分鐘。」之後寫了一半題目時，發現時間僅剩十五分鐘，內心就會有些焦慮：「我僅剩的時間不多了，還這麼多題目，先把題目寫完再說吧！檢查等有時間再做！」僅剩的時間都會一直呈現焦慮緊張的狀態！

當你用這樣的狀態奮戰到最後一刻，可能會有幾種情況：

1. 所有題目都順利做完，僅剩一些時間檢查

2. 所有題目都順利做完，但沒有時間檢查

3. 還有題目沒有完成，當然也沒有時間檢查

　　如果運氣很好，可能會是第一種情況，但這在我過去考試歷程中很少發生，通常是第二種或是第三種出現的比較頻繁。如果是第二種情況出現（所有題目都順利做完，但沒有時間檢查），這考驗的就是自己平常作答的準確性。

　　如果是第三種情況，常常會出現讓人氣餒的情形，因為做不完的題目通常你會發現有幾題都是送分題，那時候就會很懊惱為什麼連這種送分題都沒有得分！這種情況經常出現，如果你不希望人生不斷在「早知道」中度過，不如一開始在做練習題時，就要給自己時間限制。

　　不要拿自己的人生去「賭」，而是做好風險控管充分準備，進而穩穩實踐目標，畢竟，你的人生只有一次，若可以在自己期待的路徑迅速前進，也是一種幸福！過這種遺憾比較少又幸福的人生，不是很棒嗎？這也是我希望傳達給各位的重要觀點！

考試是速度測驗，不是智力測驗

那我該多久做一次練習題呢？我會建議各位，其實每兩天就可以讓自己做個模擬測驗練習，重點在於讓自己「習慣」。

　　像是我們如果有每天持續運動的習慣，身體就會記得，當開始做暖身運動的時候，自己的狀態就知道要運動了。同樣的，做練習題也是一樣的道理，多做練習題可以讓自己擁有「解題手感」跟直覺，因為當你手感維持住，你考試的時候就依照正常發揮就好，基本上考出來的成績會跟試題練習預測差不多。

任何考試就在兩件事上比較：
「誰的解題速度快」與「解題的正確率高」。

　　把分數拆解出來可以出現以下三個元素，分別是「分數」、「答題數」、「答對率」這樣概念恆等式：

總分 ＝ 題目分數 X 答題數 X 答對率

　　我們無法改變每一題的原始分數設定，因為這是由出題老師所決定的，出題老師認為這道題目值幾分就會設定幾分，而在職場考試往往會把每題分數都設定一樣，這樣可以減少大家算分數的可能性，用大數據把大家的分數平均，找出考試及格的基準線，而這背後都有統計學的原理計算，是非常符合科學的。因此我們可以把題目分數這項當作是常數，大家都一樣。所以，會影響到總分高低的剩下兩個元素，分別是「答題數」與「答對率」。

　　所以給自己時間限制，就是要規範自己在時間範圍之內把所有題目都回答完，這樣起碼在「答題數」上盡可能拿到全部，就不會出現應該要答對的題目卻沒有作答，錯失了得分的機會。在高手競爭時，往往些許分數差距就是決勝負關鍵，不可不慎。

所以，可以在考試時間內做完所有題目，是在上場考試之前一定要達到的練習狀態。

所以做練習題的時候，就要考驗自己，我能不能用更快的時間把解題部份完成。

我會每次做練習題都給自己設定一些挑戰，像是自我評估標準會逐步提升 10 分，考試時間會逐步減少 5 分鐘，用這樣的標準來要求自己。時間用得更短，分數往前提升。

每次做完練習題之後都會檢討，照理來說原先做錯的題目就會變得更加熟悉跟理解，對於內容的掌握度會比過往更好，所以下一次我就會把自我評估標準設定高一點，這樣就可以讓自己有一些漸進的壓力，也更讓自己能更專注進入狀況。

千萬不要覺得我寫不完模擬考卷是正的常，你要知道，如果練習的時候寫不完，考試的當天，你也一樣會寫不完！

我在就讀高中的時候有一個好朋友，他叫做老肥，功課都是全校前五名，我們化學成績都不錯，我們會利用小考來訓練我們的答題速度，像是三十分鐘時間的小考，我們就會用十五分鐘時間快速答題結束，看哪一個人的成績比較好，輸的要請對方喝一罐十塊錢的飲料。

雖然我大部分時間輸的機會比較大，但也因為透過這樣的趣味競賽，也幫助我們強化自己學習動機以及答題速度。

練習如何提升答對率的解題思維

答題速度，可能是一開始做考試準備、模擬測驗時要關注的重點。

但接下來，就是最後一個元素「答對率」的議題了，這也是最重要的關鍵點。所以在準備考試的後期，你會發現你只有一個變數需要關心，那就是「答對率」。因為透過練習題的反覆操練，基本上大多數的人都能夠在時間內把所有題目完成，所以答題率將會是決勝負的關鍵。

在我觀點看來，「答對率＝了解度」，答題正確率牽扯到對於內容你是否真正充分了解，答對率越高，也代表充分了解程度越高。

下面跟大家分享，綜合上述方法，我實際在準備考試時的練習方式。

我每次做練習題時，不只是要求自己在時間內完成，更會要求準確度。做練習題的前兩次，我都沒有給自己檢查時間，因為我要訓練自己作答的準確性，盡量要求自己作答一次答對。而這前提是對於題意要能正確解析，看得清楚考題中的隱含條件，知道接下來該如何應答，這樣答題正確率自然會上升。練習題練習的正是有效解題的思維路徑。

練習如何分配考試時間

到了第三次練習題之後，更是會要求自己運用「80/20 法則」時間分配來做規劃，也就是說，假設一堂測驗五十分鐘，通常實際作答的時間是總考試時間的八成，也就是四十分鐘。而另外兩成的時間拿來檢查跟驗算，大約是十分鐘。這是我覺得很棒的考試時間分配比例！

這樣的練習，為的是要讓自己熟悉正式考試的節奏跟壓力狀態，並訓練自己在該時間之內可以發揮最好表現。

為了讓各位讀者更容易理解前述說明，以下是我做練習題時，給自己實際寫試卷的時間範圍限制（真實考試時間是 50 分鐘）：

練習題	第一次	第二次	第三次	第四次
自我評估標準	60 分 /100 分	70 分 /100 分	80 分 /100 分	90 分 /100 分
設定考試時間	50 分鐘	45 分鐘	40 分鐘	40 分鐘
有無檢查時間	無	無	有	有

說到考試時間分配，很多人就頭大，因為每次題目難易程度都不同，那要怎麼限制自己的測驗時間？很多人會說見仁見智，但我從學霸身上學到一件事，那就是都會預留檢查時間。有同學會問：

「為什麼要預留檢查時間？」
很簡單，因為要確保自己應該得分的都要拿到！

因為就連學霸都可能會有計算錯誤的情況，而且我也聽過不只一次，有學霸在作答的時候畫錯格子，都是在檢查的時候發現這樣錯誤，及時彌補才沒有造成遺憾。

讓自己知道時間有限，更要好好專注完成考試，而不是告訴自己還有很多時間慢慢算，到最後可能遇到算不完的窘境，或是沒有檢查出自己犯的低級錯誤，那就得不償失了。

最近看杭州亞運很有感，男子代表隊以 0.01 秒壓線險勝南韓，堅持到底的奇蹟。如同預留時間檢查，也是為了每次測驗中的每一步都要確保精確無誤。從筆記到運動，核心精神是一致的：希望自己都能尊重每一次的努力，確保最大的投入能夠得到最佳的回報。不論在學習還是在生活中，這種不斷檢視、不斷進步的精神，是我們走向成功的關鍵。因此，當我們面對挑戰時，不僅要全力以赴，還要確保我們的策略和方向是正確的，只有這樣，我們才能真正實現目標，不留「早知道我就…」遺憾。

6-3
運用團隊學習力量：
產出才能理解 90%

為什麼我們只想到自己學習？

我發現以前自學時，常常遇到問題，就希望靠自己的頭腦思考，結果可能遇到一個題目就思考老半天，到最後還是解不出來，只好放棄。我曾經也是覺得自己運動量不夠，但也希望擁有強健的體魄及理想的身材，所以就報名了健身房課程，希望可以透過繳交費用的代價，來讓自己能夠多運動一些。嘗試了幾次效果不彰，後來發現都是自己一個人去運動，難免會比較無趣些，於是找了朋友一起去健身，發覺自己去的頻率增加許多，同儕力量真的是很棒的支持系統。

而學習也是一樣的道理，需要有一個持續性的系統讓我們逐漸往前推進。這時，就可以運用團隊學習的力量，來做為內在動力不足時的補充燃料。

共同筆記的啟發

之前我去各級學校教授讀書方法時，一開始大家回去實際操作的不是太確實，後來發現大家往往覺得要一個人做這麼大量的筆記，負擔很大，因為還有學校的課程要完成，有的同學甚至還有補習班要上，這麼多功課要完成，哪裡還有時間可以寫這麼多的筆記。

於是通常是堅持一段時間之後，因為體力不堪負荷而作罷，也因為作罷就讓短時間看到的成果改變也付諸流水，又變回原先讀書的方法跟狀態當中。

我就在思考，有沒有什麼方式可以讓大家不用做這麼多筆記，但是卻達到都有筆記的效果呢？我後來就想到醫學系的共筆系統。特別是針對考試而言，這是我覺得非常有效的自學系統模式。

我記得我在台大讀書的時候，因為有不少科目是全校共同修習的，有時候分組會遇到台大醫學系的同學在同一組，台大醫學系是一個非常特別的存在，因為這是全台灣功課最好的一批菁英學生就讀的系所，裡面都臥虎藏龍，個個都是學霸。但我也常看到這些台大醫學系的同學除了帶著教科書與自己做的筆記本之外，通常也會帶著教授發放的上課講義，以及「共筆筆記」！

首先我們要先來了解一下什麼是「共筆」？「共筆」是「共同筆記」的縮寫。也就是說，這份筆記不是由一個人獨立完成，而是由一個團隊合力製作完成，通常除了內容摘要之外，也會把版面做相關的配置跟排版，之後可能送交影印店印製，或是傳輸 pdf 檔案放在雲端空間。

我曾經很好奇為什麼自己已經做筆記了，還會需要共筆呢？台大醫學系的同學跟我說：「因為要讀的科目跟考試內容太多。所以如果都讀教科書的話，可能會花費極大量的時間在上面，但是成效依然有限，**不如把時間花在『最有效率』的配置上，那就是把共筆讀熟。**」

我也很好奇，共筆怎麼製作的？我記得台大醫學系的朋友跟我分享他們製作共筆的分工，我聽完也覺得真的是非常嚴謹的組織架構。

- 他們會先統計這學期要做共筆的科目，然後先讓大家來認領，統計完人數之後，可以先平衡一下各科目負責共筆的人數。

- 之後各科目會選出一個該科目的共筆負責人，由他來運籌帷幄接下來該科目的章節內容，與負責共筆製作的排程清單。

- 通常一個章節會是幾個夥伴一起負責，有的比較完整的還會有共筆美編組、共筆審查組，做相關共筆內容編排與品質檢查，以確保各位同學拿到的資料都是正確完整的。

有兩件事情務必要掌握，這樣的共筆系統才會做得好！

1. 一開始每個人都要承諾願意付出時間做共筆：

有些同學不喜歡做共筆，而是覺得自己念就好，做共筆反而花費他的時間。學期一開始有同學不喜歡共筆制度而退出共筆體制，但隨著考試將近看到他們自己去印了學長姐共筆，有些做共筆的同學反而會內心憤恨不平，覺得這群人憑什麼享用共筆的好處與成果。

2. 要準時繳交質量兼具的共筆初稿：

因為怕拖累他人，所以更是要積極完成自己負責的共筆範圍。不然當品質不佳的共筆發送出去之後，就會得到大家排山倒海而來的負面評價，輕者重做，重者未來可能大家不想跟你合作，不好好做共筆往往得不償失。

我是這樣子看待共筆：「共筆＝你的做事品質」。願意好好做共筆準時繳交的人，都是在意他人，願意把他人放在自己心上的人，這樣往往在溝通上都更加順暢。而且我發現做共筆之前，他們還會寫一份共筆要包含的內容，提供前人學長姐的案例給製作

共筆的同學，讓他們可以在前人的基礎上繼續增加共筆的內容，彷彿就是站在巨人的肩膀上看世界，也難怪需要讀的共筆越來越多、越來越厚。

共筆或讀書會的學習好處

這讓我想到一個寓言故事「石頭湯」，這故事是由國外作家瑪西亞 · 布朗（Marcia Brown）所著，這本著作曾獲美國圖書館學會（American Library Association - ALA）「美國凱迪克大獎」（The Caldecott Medal）的肯定。故事的內容是這樣的：

有三個士兵打完仗從戰場返家，剛好走在陌生鄉下的路上，長途奔波讓他們又累又餓，甚至好幾天沒東西可吃。走著走著，突然看到前面有燈光，應該是村莊。

但是因為打仗的關係，村莊糧食也不太夠，村民看到三個士兵前來，怕糧食不夠吃還要分享，所以都趕緊把食物藏起來。

三個士兵詢問一輪都沒有食物，於是乎三個士兵集結一起商量，不然來做石頭湯吧！村民都不知道什麼叫做石頭湯，就讓三位士兵煮看看。於是三位士兵跟村民借了一個大鐵鍋，把水一桶桶倒進去，並且生火加熱，之後加進去圓滑的石頭，然後再跟村民借點鹽巴跟胡椒。

> 接著再問，如果能加胡蘿蔔、甘藍菜、牛肉、馬鈴薯 … 就
> 更美味了，村民一一把相關材料放進去，然後就變成了一道
> 色香味俱全且內容豐盛的石頭湯，不管是士兵或村民都開心
> 品嚐這美味佳餚。

　　一直以來我都覺得「石頭湯」這個故事很美，透過眾人的一些心力付出，共同創造出更大的價值與利益。我們現在社會正是需要這樣願意團隊協作來完成更大目標的人才嗎？合作，可以從做共筆開始。

　　其實，我更想說的是，我們不應該糾結在別人如何拿到資源，而是回歸到我們自己本身的學習，做共筆有很多好處：

- **避免自己怠惰：**

  還記得我們可能都有繳交作業的經驗，有時無法完成，如果是自己的作業就想說算了，常常會有一搭沒一搭地念，但如果有要共筆的話，這就是對於其他夥伴的承諾，就會希望自己不能影響到其他夥伴的狀況，因此就會打起精神與注意力，開始完成共筆的進度。同儕壓力也是可以促進自己動作的良好動力。

- **促進交流對話：**

  在做共筆時，也不一定所有內容都會，也常常看到很多內容都看不懂，自己念就會想說之後再說吧！但做共筆要有一個「覺悟」，那就是你要成為該章節最厲害的人，因為你的共筆是要給

大家一起閱讀用的，你筆記做的好壞，是會影響到大家寶貴時間。因此，你就會花時間把不懂的內容給搞懂，自己不會也可以問一起做共筆的夥伴，可能老師講的解釋你聽不懂，或許同學有更簡單的說法也不一定，這樣的話彼此教學相長，對於內容的理解也可以印象更加深刻。

- **促進同學情誼：**

  也許是因為做共筆時與共筆夥伴一起克服過艱困關卡，建立了非常深厚的革命情感，所以，即使我已大學畢業多年，到現在仍與共筆夥伴保持聯繫，在聚會時總是有聊不完的話題。生命中有一群人可以友誼長存，真是很棒的一件事。

6-4
不同考試題型的不同答題技巧

其實各種考試測驗，都有其基本規則

之前看到新聞報導，大學學測成績公布，數學科考滿級分人數是去年的兩倍，引發外界批評考題缺乏鑑別度，大考中心也有高階主管因此下台。其實我覺得要設計一份有鑑別度的考卷，真的非常困難，自己也曾擔任證照考試的題目設計者，由衷覺得出題的考官非常為難。

為難的地方在於出題考官如果把題目設定難度比較高，考生就會覺得這次考試考得比較難，一堆人抱怨。但如果出題考官把題目設定難度低，考生就會覺得這次考試考得簡單，中等程度也可以拿高分，這樣就會出現新聞報導的情況，這樣的考試沒有鑑別度。

只是我也希望提醒大家，這樣的為難是站在「整體觀點」來看。

什麼是「整體觀點」？就是透過群體的角度看事情，像是許多傳染病會統計出致死率，假設致死率是 3%，這樣是高還是低呢？

致死率就是屬於「整體觀點」。而用「個人觀點」來看COVID-19 新冠肺炎，我就會覺得不管其致死率多低，都會盡全力避免自己與家人受到感染，因為得到的話，輕則康復，重則轉成重症或有多重併發症而死亡。

我記得大學時期曾有進急診的經驗，當下病患在意的不是致死率多少，而是自己能不能活下來。若活下來康復，對個人來說致死率就是 0%，但若運氣不好而去世，那對個人來說致死率就是 100%。

所以當我們在準備考試時，能夠參考「整體觀點」來了解考生的整體狀態以及自己目前程度所處的位置，但是要從「個人觀點」來設計讀書計畫與熟悉內容及題型，因為我們能做的是提升自己對內容的熟悉度與解題能力。

對我們個人而言，我們無法影響考試的內容與出法，我們能夠做到的是，讓自己當下的表現狀態穩定，對於每一種考試會出現的題型都盡量熟悉，以盡量避免考試題型不熟悉造成表現不佳的情況。

你可以把考試當作是一種測驗，測驗你對於該領域的內容了解多少。而既然是測驗，其實都有一些既定的規則。

以前大學就讀台大心理系時，我們都有一門必修課程叫做心理測驗，裡面涵蓋了很多對於各種心理測驗的說明與實際操作，台大心理系的教授老師們都學有專精，我在這堂課程當中對於測驗有了全面的了解。很多人聽到心理測驗，都覺得神奇，這可能是接觸一般休閒刊物的生活化心理測驗所致。但，我們當初所學的測驗，背後都有非常嚴謹的設計方法，以及強韌的信度與效度分析。

　　而考試其實也是測驗的一種形式，都不脫離測驗的範疇之中。有鑑於此，如果能夠了解測驗的基本概念，也會對各位考試準備更有助益。

了解測驗的設計規則，更懂得考試

　　測驗本身有一些基本概念要先跟大家說明：

1. 測驗通常都會有範圍，而且是被明確界定的範圍！

2. 測驗結果分數通常都是相對值，而非絕對值！

3. 測驗一定有誤差！千萬不要期待零誤差！（測不準原理）

　　我先就這幾個項目一一做說明。

1. 測驗通常都會有範圍，而且是被明確界定的範圍：

　　我們在職場中所經歷的證照考試，通常都會有考試素材與範圍限定，這樣會方便大家準備。而測驗相同範圍，也可以馬上知道大家準備的情況如何。有些證照考試會有應用題目或是時事題目，

　　這些根據基本概念所衍生出的應用題，是為了測試我們是否有充分了解基本概念，進而能夠實際應用出來。

2. 測驗結果分數通常都是相對值，而非絕對值：

　　這是非常重要的概念，我們常常覺得一百分就是完美，這個「一百分才是完美分數」早已深植在很多人心中，覺得只要考一百分，其他的就不用深究了。真的是如此嗎？其實不是的。分數好壞都是相對的！

我舉一個例子：我以前大三曾經去台灣大學數學系修統計原理，想說自己統計應用還不錯，自覺理論基礎不夠紮實想要趁機補足。結果期中考成績一出來上網查成績，發現自己只考了39分，真的感到非常挫敗！本來想說我是不是沒有讀統計原理純數學的天份，這樣意志消沉了好幾天。結果，到了上課當天發現，這成績相對於大家來說，還算排名在前20%，你就知道考試題目有多難了！

從那時候我就深刻了解分數高低會根據測驗難易程度有所不同。所以，考試之後不要太在意分數絕對值，而要看相對值。

3. 測驗一定有誤差！千萬不要期待零誤差！：

你這次測驗考好，並不代表下一次就一定考得好，只代表你下一次考試「有比較高的機率」考得好！有一個迷思務必要打破，那就是「現在考得好推論未來考得好」是一個推測，不是事實！因為一切都還沒有發生，一切都有變數存在！

就好比最近全球瘋世足賽比賽，雖然比賽前總會有球評說哪一隊比較有冠軍相，但實際比賽翻盤爆冷門也不在少數，所以不要把機率推測當作既定事實！我曾經教導心智圖時，遇到一個很聰明的學生，功課也很不錯，但就是不想老老實實唸書，就跟我說：「我模擬考成績基本上可以上第一志願，我不用這麼拼命念書了！」我就跟他說：「我高中時成績也很不錯，老師也是打包票我一定考上醫學系，但實際大考時，我沒有考好！所以，千萬不要把預測當作結果，那只會陰溝裡翻船，到時候你後悔都來不及了！」

而當我們知道測驗的幾個基本原則之後，就足以考試了嗎？還不夠，還要知道測驗的考題是經過專家絞盡腦汁討論而來，所以能夠成為測驗的考題，通常都經過非常嚴謹的測試流程，像國中會考的題目都是由受過命題訓練的高中職、國中現場老師所命題的，然後會把題目送去一些學校秘密測試，之後經過多次實體測試，把沒有信效度或鑑別力的題目給淘汰掉，剩下的題目在經過幾次測試之後，就會將信效度兼具的題目保留下來，這些題目就會送進去題庫之中。

至於其他的考試，像我當時準備出國而報考托福，當初新題目是放在真正考試中測驗，只是不算分而已，這樣的題目就可以快速蒐集到大量考生的真實回饋。因為你不知道哪些題目是真正的考題，哪些是尚在測試信效度的題目，你當下只會思考到好好閱讀內容並提升答對率，所以是最真實的情境模擬！所以請不要心存僥倖，認真努力答題才是王道。

掌握四種不同考試題型

通常考試有哪些題型？我覺得大致上可以區分為以下四種類型，分別是：「是非題」、「選擇題」、「填空題」、「申論題」。

這些題目很常見，很多人都覺得我既然熟悉考試內容，那就是要開始多做題目了。

這句話說得對，也說得不對！為什麼呢？因為考試題型很多時候會決定我們如何應考的思維模式，為了讓各位熟悉不同的考試題型，我特別去把題型的設計原則跟應用都重新整理一次，希望能夠對讀者你在回答不同題型問題時有些助益。

我依照難易度把四種類型排出順序，為什麼會是這樣排列呢？我是從猜題猜對的機率來分類：

- 「是非題」就只有兩種選項，「是」或「否」，也就是說猜對的機率50%，跟丟擲硬幣猜正反面的概率一樣。

- 「選擇題」則看有幾個選項，假設以單選題為例，有四個選項則猜對率就是25%，若有五個選項則猜對率就是20%。

- 「填空題」基本上答對機率又更低了，因為你沒有熟悉內容，基本上是寫不出正確答案的。

- 「申論題」更是如此，申論題就是給你更多的時間針對一個問題闡述，這就非常考驗自己知識體系建構的能力，還要對於相關議題的所有內容都要有一定程度的理解跟熟悉，才能夠在沒有參考書的狀態當中把重點內容書寫出來，如果連題目都看不懂，就只能繳交白卷，零分收場。

所以我才會用從猜題猜對的機率，跟花費時間長度做了以下題型的排序，之後我將一一來說明這四種題型的解題技巧：

如何回答「是非題」？

是非題是我們把一段文字敘述當做題目，讓答題者僅能透過這一段文字描述來做判斷，並表明自己的立場是偏重站在「是」或「否」的哪一方，與出題者概念相近者得分。題目前方或後方會有括弧界定出的空白處，形似（　），然後上方的作答說明，會請你用「O」或「X」、「T」或「F」（「T」代表「True」、「F」代表「False」，「T」或「F」在西方國家裡的題目比較常用）來表示

填答者對於這一段文字描述的對錯判斷。

「是非題」有一些答題原則，掌握技巧，你會更容易回答這類問題。

1. 若你找到「部份內容」是錯的，通常答案就是錯的。除非，出現否定詞！

通常是非題的敘述內容不會太複雜，基本上都聚焦在「5W2H」上面做文章，只要能找到一個描述不對，通常就可以猜測答案是錯的。那如果後面出現否定詞，則「負負得正」，反而答案要選擇「是」／「○」／「T」。

> 對我而言，這考驗的不是知識，而是國文閱讀能力！

如果希望提升國文閱讀能力，建議可以讀宋怡慧老師、高詩佳老師、蔡淇華老師、黃國禎老師、林怡辰老師、歐陽立中老師的著作，都可以有助於你提升國文閱讀能力！

2. 敘述過於武斷的答案，通常都是錯的選項！

因為是非題就只有「是」或「否」兩種選項，所以就算題目看不懂，答對的機率也還有50%，就答題得分來看，還是有很高機率猜對。依照我的個人考試經驗，通常在是非題當中，「敘述過於武斷」的往往是錯的。

因為「凡有規則，總有例外」。所以說太絕對的答案常常可以找出例外。因此，在是非題當中，如果有出現「絕不」、「所有…

都…」、「絕對」、「不可能」、「從不」、「必定」、「必然」、「一定」等相關文字，通常答案都是錯的，也就是需要在答案格中填寫「否」/「X」/「F」。

老師們也知道同學會這樣猜題，因此比較有經驗的老師出題，會盡量避免出現使用這種具有暗示性的特殊描述文字。

如果你認同上面所述的內容，那麼就要換一個角度來看，也就是說，如果題目裡面寫著「有時候」、「經常」、「可能」、「一般來說」、「大多數」等「沒有如此絕對」的詞彙時，通常在是非題的答案也會比較傾向是對的，也就是需要在答案格中填寫「是」/「O」/「T」的。

3. 一個題目包含有多個概念，通常都是錯的！

是非題一段文字要判斷一個概念相對容易，若是要放好幾個概念進來是非題，文字會顯得冗長，而且常常「似是而非」，很容易看出破綻，讓學員直接在答案格中填寫「否」/「X」/「F」，所以不常會出現是非題當中。

通常命題老師在命題時會以「一個概念」為主，然後做「人事時地物」其中一項的變動。

這概念很像攀岩，我記得曾經去攀岩場做練習，教練曾經跟我們說一句很重要的話，那就是「三點不動一點動」。

「三點不動一點動」是大家常聽到的攀岩口訣，為的是要讓攀岩者身體吊掛在岩壁上時得以取得平衡。因為攀岩主要使用的就是

我們的四肢，基本上就是我們的四肢會接觸到岩壁，這就是我們能夠平衡身體的四個點。那為什麼是「三點不動一點動」呢？其實這可以追溯到周朝的「鼎」，其實鼎的組成是由足、腹、耳、蓋等部分組成，一般圓鼎為三隻腳，俗稱三足，而方鼎則為四足，所以鼎至少三足才能立起來不傾倒，也才因此有了「三足鼎立」這個成語延續至今。所以說，攀岩才會出現「三點不動一點動」的口訣。

同樣的，是非題基本上也是遵守「三點不動一點動」一樣的道理。畢竟，人事時地物一次更改太多內容，學生一下就看到破綻了，也就會選擇「否」/「X」/「F」的答案。

或者可能會出現「似是而非」狀態，就可能會出現選擇「是」/「O」/「T」的同學也有道理，選擇「否」/「X」/「F」的同學也有道理，通常這種爭議題目會讓人持續討論，有時反而會傷害了主辦單位的權威性，所以通常這樣的題目會選擇送分。

4. 咬文嚼字的「雙重否定」要轉換正面表述模式，才能判斷對錯！

當我遇到是非題裡面有「雙重否定」的說法時，我都會特別留意。因為這不只是考驗你對於知識內容的理解，還考驗你中文邏輯上的轉換，那要怎麼克服比較好呢？我會建議要轉換正面表示，之後再做對錯的判斷。

舉個例子，這句話「他不會無緣無故地缺席這場會議」就是典型的雙重否定句子，第一個否定是「不會」，第二個否定是「無緣無故地」，當我把這雙重否定的字眼都卻掉時，就剩下「他會缺席這場會議一定有他的理由」。

所以遇到雙重否定，我會建議各位讀者試試以下步驟：

(1) 先把雙重否定的兩個否定都挑選出來。

(2) 把兩個否定都劃掉。

(3) 剩下的句子就是正向表述。

(4) 直接判斷正面表示的內容對錯即可。

5. 如果出現「難以確定數量或程度」的模稜兩可描述，通常答案都是對的。

這是我過去的考試經驗，如果題目難以量化數量程度，通常都會是送分題，答案通常是對的。怎麼說呢？舉個例子，「全球暖化有不少程度是由人類排放的汙染物所造成的」這句話你會選擇「是」還是「否」？大多數人會選擇「是」。為什麼？因為這符合我們的常識判斷，但「不少程度」是多少？這就自由心證，有時也會出現爭議點，到最後還是送分。

所以其實出題目是一件很難的事，敘述過於武斷也會讓學生猜到是錯的答案，太過模稜兩可也會讓學生猜到是對的答案。所以為了避免這樣的窘境產生，通常會邀請出題老師標示具體數量，這樣才比較容易判斷對與錯。

舉個例子，「全世界有超過四萬座大大小小的高爾夫球場！」如果根據確切資訊發現真的超過四萬座，那這題是非題的答案就要選「是」／「○」／「Ｔ」。反之，則要選「否」／「×」／「Ｆ」。

當是非題出現數量或單位時，通常判斷對錯的關鍵
就會在其中，在此特別提醒各位讀者要多留意。

6. 描述越長的句子，陷阱常常都埋在最後幾句文字或是否定詞當中。

出題者有時會有點小心機，就是要測試看看你有沒有專心閱讀完
所有題目，如果是因為沒有時間就匆匆看過，通常人們看到前面
幾句話是對的，就會勾選「是」/「O」/「T」，但這也經常是
出題者刻意要你選的，因為陷阱或是判斷關鍵往往都在最後幾句
話或是否定詞當中。

這是出題者要判斷你是否有時間跟能力讀完全部的句子，考驗的
是作答速度與閱讀程度！

像是我記得大學時代有聽過男性友人分享過這樣的表白對話（我
要澄清我絕對不是我的男性友人XD），那位男性友人對心儀女
生表白後，女生對我那位男性友人說：「你真的對我很好，每天
送我上下課，每天幫我準備早餐，電腦壞了幫我修電腦，身體不
舒服時帶我看醫生，但是...我無法成為你的女朋友！我們不太適
合！...」當出現這句話時，你覺得重點在哪裡呢？

當你聽這樣的話語時，轉折詞「但是」、「然
而」往往是重點的呈現！所以題目陷阱經常會出現
在這邊，請務必留意！

7.「是」與「非」題目數量要盡量相當，不要太偏向一方，且順序隨機安排。

我記得當初學習心理測驗時，我記得授課老師說了一個很重要的觀念，那就是要在設計題目時要放入「反向題」，以避免有學員亂作答。

是非題也有異曲同工之妙，是非題設計不能全部都打「O」，也不能全部都打「X」，因為這樣有學員如果時間來不及，全部都打「O」或「X」，可能全部猜對，這樣的狀態是沒有鑑別度的，所以通常老師出題也會盡量避免。而且，「O」或「X」的題目隨機安排，也可以避免學生沒有閱讀內容就直接選擇「O」，結果還得到高分的狀況。

如何回答「選擇題」？

選擇題是前面會有問題描述，之後我們要從一些選項當中，選出一個或多個作為正確（或較適合）的答案。而在一般考試中是指單選題（只選一個選項）的意思。

台灣很多考試為了增加學員程度辨別度，有的國家考試會用複選題（可選多個選項）來增加難度，甚至設定答錯要倒扣分數。而在國際考試中，為了方便批改，通常是單選題居多，像是 PMP 國際管理師證照考試。

我覺得不要倒扣分數這樣的設計是好的立意，國外很多考試不會像我們台灣考試一樣會有複選題、倒扣分數，還是會建立在大家有學習有得分的基礎上。而且因為國際證照要唸的內容很多，往往都是用英文考試，閱讀上已經有所難度，所以會設定單選題。

　　既然是選擇題，也就是說能夠判斷選項對錯的只有選擇題的題目描述，所以選擇題在描述問題時，就非常需要明確界定問題，並確保意義有完整傳達清楚，這是選擇題不會引發爭議的首要條件。

　　從這樣的設計原理出發，「選擇題」也有答題原則。

1. 優先刪除「自己一看就知道錯誤」的答案，以提高答對機率。

選擇題通常幾個選項當中，一定有一個比較明顯的錯誤或破綻，那就趕緊先把那個濫竽充數的選項刪除！千萬不要猶豫！為什麼呢？假設一個題目有四個選項，如果靠隨機猜題，猜對率只有25％。但如果能刪除一個錯誤選項，那麼剩下三個選項當中，就有一個是正確答案，猜對率就來到33.3％，上升8.3％。剩下三個選項，如果有兩個選項很類似，通常答案在兩個之一。如果最後還是不知道答案，千萬要作答，因為不會倒扣，邀請各位還是大膽地猜測看看。

而且我有一個觀察，如果看不懂題目，可先觀察選項，該選項明顯跟其他不一樣，則通常是錯的！如果幾個選項都很類似，學員就很難透過刪除法來過濾答案，猜對的機率就會降低。

2. 如果遇到排序題，我們對其中一個步驟非常確定，就可以直接看答案排除兩個選項，之後再糾結其他步驟。

我過去在寫選擇題時也會看到排序題，排序題需要熟悉的是步驟，如果你看到關鍵字就知道步驟，那就可以直接到選項中找出正確答案，這種題目就是基礎得分題，請務必要掌握。

然而，可能會出現沒有讀熟的情況，那就要確認第一個步驟是否正確，我們對於步驟的剛開始記憶最深刻，通常會有兩個選項第

一個步驟正確，兩個選項第一個步驟錯誤，這時就可以排除一半錯誤的選項。之後經常會是第二步驟、第三步驟順序的糾結。

如果可以的話，有步驟順序的知識點內容，請務必在考試前先自己打亂步驟，看看自己能否重新排序成功，也藉此加深記憶。

若真的無法確定，可比較各個選項，通常比較容易糾結的往往是正確答案，來縮小正確答案範圍。

舉個例子，請問下面哪一個選項是戴明循環的正確順序？

(A) Plan→Do→Check→Act

(B) Plan→Check→Do→Act

(C) Act→Do→Check→Plan

(D) Act→Check→Do→Plan

如果你不知道戴明循環，這四個選項對你來說都是很難的，所以就要先有對於戴明循環的背景知識，根據Wikipedia上面的資訊來說，戴明循環是由美國學者愛德華茲・戴明提出的PDCA（Plan-Do-Check-Act的簡稱）循環式品質管理，針對品質工作按規劃、執行、查核與行動來進行活動，以確保可靠度目標之達成，並進而促使品質持續改善。

因為知道第一個步驟是Plan，所以就可以先把(C)、(D)先排除，之後再來看第二步驟、第三步驟順序，就可以知道答案是(A)。

3. **當某一選項的描述內容跟其他選項比較起來特別長時，很有可能是正確答案。**

很多時候選擇題的選項因為版面限制關係而無法書寫太長，但也因此只能部分說明，卻無法完整交代，因此常常都會是描述不夠完整。選擇題就是希望作答者能從這些選項當中，選出「相對最好」的答案。因此，如果相對完整描述可以提供更多線索，也會讓描述相對完整，也因此會有比較長篇幅的情況產生，所以推論「選項篇幅長=正確答案」！相反方式也成立！

> 記憶口訣：三長一短選一短，三短一長選一長

4. 看到「以上皆是」或是「以上皆非」的答案，往往是答案！

經常在單選題時會出現在最後一個選項當中，為什麼這樣說呢？其實當看到這樣題目時，就可以直接看答案：

> 我就會推薦大家使用「答案直接帶入」這一招，屢試不爽。

因為單選題的話，只能選擇一個答案。只要答案當中有兩個或三個選項套進去原先題目都是正確答案的話，基本上就可以推論「以上皆是」才是正解。同理可證，如果有兩個或三個選項套進去原先題目都是錯誤答案的話，基本上就可以推論「以上皆非」才是正解。

而且這樣的題型不多，往往都會是比較明確的題目，所以當出現「以上皆是」或是「以上皆非」也會是相對容易得分的題目。

5. 如果選項之中你真的找不出答案，就猜看看選靠中間的選項吧！

這原則真的是我過去考試經驗的直覺，通常我們很多選項的話，也會有答案集中偏好性，通常是第二個或第三個選項。這樣猜測是因為通常出題老師有修過統計，而統計通常會有集中性，也就是會相對往中央集中，類似鐘型分佈，所以第二個或第三個選項數量也會相對比較多。如果出題老師沒有意識到這件事，通常自己也會不自覺「傾向」把正確答案放在第二個或第三個選項當中。而如果你遇到資深老師的話，則可能會出現答案在第一個或第四個選項當中，這就真的是靠運氣了！

如何回答「複選題」

那有些讀者會問到「複選題的選擇題」要怎麼因應？ 在有些國家考試的國文科目是有複選題的存在，因有朋友準備國家考試來找我討論，我也做了一些研究，像是國家考試中，某些職務的國文考試複選題每題有五個選項，其中至少有兩個以上是正確答案，而且複選題各題之選項獨立判定，全部答對，將得該題全部分數。答錯其中一個選項，得該題 3/5 的分數，答錯其中兩個選項，得該題 1/5 的分數。所有選項均未作答或答錯超過三個以上個選項，則該題分數以零分計算。

所以複選題題目，更是需要著重概念理解正確性與題目閱讀能力，缺一不可！那複選題是否有破解方法呢？以下是我的複選題因應策略：

- 如果複選題題目是要問造成○○事件的成因，就可以從題目出現的關鍵字入手，然後先在旁邊勾勒出該事件的大致輪廓，之後再

把選項一一比對事情的來龍去脈，這樣就相對容易選擇出正確的答案。

- 將選項「化整為零」：簡單來説，我是把「一題複選題」當作「五題是非題」來看。因為誠如上面所説，複選題也是單獨給分，所以可以將複選題的五個選項視為獨立之「是非題」。

- 複選題答案基本上一定是要選兩個選項以上，最多選五個選項，不可能只出現一個選項答案，因為這樣就變成單選題了，不屬於複選題的形式！就我個人考試經驗，答案選項多在2～4個選項之間，全選的機率比較少。

- 複選題不論如何都要填寫答案，千萬不要空白：因為最差的情況就是答錯三個選項以上，也就是零分，但因為沒有倒扣其他題目的分數規定，所以請務必要完整作答，不要留下任何空白，畢竟，很多國家考試錄取差距，往往就在小數點後的數字決勝負，千萬不要一失足成千古恨。

以上四招是我針對複選題的因應策略！

如何回答「填空題、簡答題」？

曾有這樣說法，填空題／簡答題是從完形心理學理論延伸出來的題型。

那你一定會好奇一件事：「什麼是完形心理學？」以下我簡單科普一下。

根據 Wikipedia 的解釋，完形心理學（或稱格式塔心理學）是心理學重要流派之一，發源於德國，基礎是由馬科斯・韋特墨（1880－1943）、沃爾夫岡・苛勒（1887－1967）和科特・考夫卡（1886－1941）三位德國心理學家所創立，格式塔是德文 Gestalt 的譯音，意即「模式、形狀、形式」等，意思是指「動態的整體（dynamic whole）」。

完形心理學家認為人腦的運作原理是整體的，整體不同於其部件的總和。這句話是什麼意思呢？

我舉個例子，我們對一台車子的感知，並非純粹單單從對車子的形狀、顏色、大小、品牌、座椅數 量等感官資訊而來，還包括我們過去對車子經驗和印象，加起來才是我們對一台車的感知。

而填空題、簡答題則是運用了完形心理學「整體性」的原則來設計，因為我們可以透過題目所提供的關鍵字線索，幫助我們聯想並觸發大腦來搜尋出適合的答案填入空格中，填補完空格之後，看這段文字是否能形成符合邏輯跟意思的一段文字內容。如果可以的話，那基本上都是正確答案，如果無法的話，就要多思考斟酌。

我也提供「填空題／簡答題」的幾個答題原則。

1. 聚焦在專有名詞或是專有名詞定義解釋

填空題、簡答題是我以前覺得需要花費很多力氣背誦的題型，後來找到一個比較簡單的判斷方法，那就是通常填空題只會存在一個無庸置疑的答案。

也就是說，填空題、簡答題都會聚焦在專有名詞或是專有名詞定義解釋。

舉個例子，像是「可以讓人在海面上移動的機器，叫做 」。你可能填寫「船」、「郵輪」、「輪船」、「遊艇」、「水上摩托車」等答案，但真的是出題者期待的答案嗎？所以這樣的題目就不會出現，為了避免引發不必要的爭端，因此出題者不會出「讓自己為難」的填空題。

2. 填空題、簡答題出現頻率不會太高，因為只能人工閱卷！

我記得有聽過前輩說過，過往外國考試考完要等個一兩個月，等到成績單從美國飄洋過海來到考者手中，曠日費時。現在科技進步，很多職場測驗都是使用線上測驗，一測驗完等個幾分鐘，就可以馬上知道自己通過與否，十分方便，但這前提是計分標準要能夠統一化、電腦化，也就是電腦能夠順利判斷的內容，所以會以是非題、選擇題的方式呈現居多。

如果出現簡答題，還會牽扯到考生書寫文字的能力。有些人字寫得很美便是沒有問題，怕的是有些人字寫得像鬼畫符，根本無從辨識，就算答對了，但看不懂依然都會被閱卷考官評為錯誤，或

者還有寫錯字的風險存在。這中間有太多變異存在，所以為了減少人為判斷錯誤，近年來的考試多會降低或移除簡答題、填空題，而把這樣的概念融入選擇題當中出題。

若是像托福作文或是聯考國文作文，則依然是人工閱卷，而且不會只有一個閱卷官打分數，而會是很嚴謹的做法。一份試卷會由兩位閱卷官打分數，如果兩位閱卷官所打出來的分數很相近落差不大，基本上分數就會是兩位閱卷官的平均值。比如說，如果參加托福作文測驗，在托福作文當中有所謂的原始分數，依照考生的得分可以分成三個層級：GOOD(4.0-5.0)，FAIR(2.5-3.5)，LIMITED(1.0-2.0)。當你的作文被一個閱卷官評5.00分，一個閱卷官評量4.00分，兩者分數落差不大，基本上平均起來會是4.50分，之後再把平均分數換算成三十分制的分數。

倘若兩個閱卷官評出來的分數落差過大，像是一個閱卷官評5.00分，一個閱卷官評量2.00分，兩者分數落差太大，這時會啟動重新評核機制，因為這表示兩個閱卷官的評斷標準不一，就會邀請另外一位閱卷官來把這份作文試卷重新給分，看比較偏向哪一個閱卷官，之後就會採計兩者相近分數的平均值，另一個分數則會剔除，並且會重新邀請那位被剔除成績的閱卷官重新討論給分標準，並加強訓練。正因為如此耗費人力時間，所以現在考試越來越少填空題、簡答題。

3. 填充題、簡答題考驗的是考生記憶力，試題內容多偏重重要事件、人名、概念、公式

通常填空題、簡答題會出現的題目，依然可以聚焦在幾個面向：

◇專有名詞

◇書籍

◇人物

◇事件

◇時間

◇地點

◇數字

◇單位

◇...

如果你的考試會出很多簡答題，在應對填空題、簡答題時有一個非常重要的複習技巧，那就是「一張白紙」。

沒錯，拿起一張白紙，然後自己可以翻到講義附錄，把該篇章的專有名詞、關鍵字抄寫下來，然後自己把定義寫下來，就知道自己對於定義的理解是否有所遺漏。其實，如果對於基本概念非常熟悉，基本上填空題、簡答題都是瞬間回答得分！所以請務必要掌握好專有名詞、關鍵字！

4. 當不知道填充題答案時，或許可以從前面題目找到關鍵字作答！

這是我以前找答案的小秘訣，有時就是會出現「知道這個答案，但我就是想不起來這幾個字怎麼寫」的窘況，我就會往前面的所有題目去尋找關鍵字，但這有適用範圍，通常是小範圍考試為主比較有機會，也就可以直接把答案寫出來。但大範圍考試就比較難出現關鍵字，這時就真的考驗記憶能力了。

如何回答「申論題」？

申論題是我覺得難度最高但也最自由準備的考試題型，申論題著重於考生對於該主題的通盤理解以及概念的熟悉度，是對於學生們知識體系結構的真實考驗。因為是申論題，所以題目的關鍵字要掌握清楚，關鍵字掌握錯誤，寫出來的內容相差十萬八千里，不得不慎！

其實申論題雖然看似難以捉摸，但其實也有脈絡可循。接下來我要談談申論題的底層邏輯，就算是「申論題」也有幾個答題原則。

1. 注意題目上的名詞與動詞，申論題內容不要「文不對題」

因為申論題是直接用整篇文章來作答，所以如何寫出一篇論述來說服閱卷官就是不簡單的事，而且是在有限時間當中。這時就真的要「切中問題」、「直擊要害」，不然文不對題，就算花再多力氣書寫，得分一定不高，一切都白努力了。

所以，請拜託要看清楚申論題題目的關鍵字，例如：「概述」、「比較」、「說明」、「解析」、「申論」、「評價」、「界定」等關鍵動詞，這麼多種角度該怎麼切入，一直讓考生很焦慮。我想跟你分享一個口訣：

名詞是你這次申論題的主題，而動詞是你的意圖跟切入角度。

所以只要你能夠聚焦在這次的主題名詞上，就算是拿到及格分數了。但如果希望高分的話，就必須好好地在動詞斟酌思考，想清楚這次申論題出題者要問的是什麼，投其所好，搞清楚這一點才有機會拿高分。

怎麼說呢？舉個職場的例子，假設你是職場的人資主管，你聽到「離職率」時，你會希望前面的動詞是「提升」還是「降低」呢？應該會是「降低」，為什麼呢？因為「降低」離職率才可以讓關鍵人才留任，並且發揮應有實力，人資主管也不用疲於奔命找人。所以通常提到「降低離職率」的議題時，該組織的離職率應該偏高，進而影響到組織運作，才會提出此需求。

「離職率」是名詞，也就是你這次要探討的主題，而「降低」是動詞，也就是你希望往那個方向移動的期待與切入角度。

關鍵字名詞你基本上一定有看過，甚至你也熟悉，所以可以把大致內容先在頭腦中構思一次，然後構思切入角度，需要「比較」的內容建議整理成比較表，通常都是幾個相近概念來做比較。需要「解釋」的就開啟「中翻中模式」，如何透過定義、譬喻、說故事、延伸補充讓閱卷者更懂。需要「批判」的內容則是先闡述說明概念的輪廓，然後專門進攻該概念的罩門。這些都是看到關鍵字的一些思考路徑，一切也都是為了避免答案文不對題的窘境，更是為了避免自己花費這麼多時間卻沒有通過考試。

2. 請務必要注意全部申論題時的時間配速

> 寫得完整，比單一細節寫的深入來得重要，這是我自己看待申論題抱持的觀點。

考試時畢竟時間非常有限，要能夠「完整回答」每一題申論題是非常有難度的，像是很多專家窮盡畢生之力，只在這個主題上鑽研，我們又怎麼可能在短短的幾十分鐘、幾個小時當中把所有內容都書寫完整，這是不可能的事情。

因此，我們是不可能把一件事情給窮盡了解的，那不如寫得完整更重要！

這邊我要定義一下，「完整」是什麼，就是把這個申論題希望我們討論的範圍都能涵蓋到，這樣我稱為「完整」！

所以說，在寫申論題的時候，框架就變得非常重要，不管這個框架是申論題的框架，還是該議題的知識內容框架，都可以大大幫助到我們在有效時間當中書寫內容並確實得到分數。

因為申論題每一題答案可長可短，而且考申論題有時候不只有一題申論題，可能出現好幾題申論題的情況。這就牽扯到如何在有限時間中拿最多分，我會建議先把框架跟範圍想清楚寫下，然後看我們有多少時間可以作答，在時間之內盡力完成，而不是把其中一題答得滴水不漏，但是卻沒有時間把其他申論題回答繳白卷來得好。

因為如果在某一題題目時間過長，這就壓縮了其他題目的作答，也因此會影響其他題目的得分。畢竟，考試比的是總成績，不是單題成績。

如果有好幾題申論題的話，請務必要把休息時間規劃進去。

寫申論題是極為消耗腦力的考試模式，而人是無法如此長時間高效率專注在一件事情上，剛開始寫申論題一定筆力飛快，但到後來會有欲振乏力的情況出現，在所難免。我會建議「短休息」就

好，大概就是一兩分鐘時間，讓寫字的手「休息一下」，但這時要做的不是閉目養神，而是把剛剛寫的內容重新檢視一次，看看有沒有錯別字，以及論述是否有所遺漏，如果沒有遺漏，則開始閱讀並構思下一個題目該怎麼進行。

3. 申論題最好的應對架構是：破題、重點、結論

其實寫申論題，重點不是寫得洋洋灑灑，驚天地泣鬼神，而是如何在有限時間內寫出有效論述，所以需要辨明題目字面上的意義，並掌握題目的關鍵字詞。這時如果有個清楚結構就非常吃香！

請記得，在你要下筆回答申論題前，務必先擬好答題內容綱要，可以用條列式或是心智圖擬好段落陳述重點，避免論述失焦或是遺漏內容，千萬不要想到什麼就寫什麼。

我推薦用三個結構來回答申論題：

- **破題：**

  ◇闡述相關內容，也可以說明一下題目的基本概念，讓閱卷官可以知道你對於該主題有個基本了解，之後並迅速切入主題。

- **重點：**

  ◇這是申論題的主要項目，我會建議可以聚焦在三個重點以上，因為用三個重點不會讓大家覺得內容太繁瑣，也不會覺得內容過少（兩個重點對我來說內容過少）。也請記得，回

答申論題時要說出你的觀點，然後提出理由、證據，並舉出例證、故事來支持你的觀點。

- **結論：**

◇把前面論述的重點摘要收尾，然後放入你個人觀點做結論。基本上可以把前面幾個重點都簡述一次，這樣也可以有統整內容的結論。之後全數做答完申論題後，我會建議還是要留一點時間檢查是否有錯別字、標點符號、編號、句子文法等，如果可以的話，盡量把字體寫端正，如果寫不端正，坊間有很多教硬筆字書寫的課程與工作坊，不妨參考看看。畢竟寫得不好看「折磨」閱卷老師，就會換閱卷老師給你「折磨」的分數。

包含我所知道臨床心理師證照考試、高普考等台灣大型考試，都會有申論題的形式出現，因此如果要考國家考試的讀者，請務必熟悉這個題型，因為申論題考試通常都至少一個半小時以上，如果遇到一個比較寬廣的命題，要在時間範圍之內把自己觀點論述清楚都不是一件容易的事，所以平常請務必要安排自己練習過往國考的申論題：

鍛鍊自己的思緒廣度深度與寫字速度，畢竟考試就是這樣，沒有寫完，一切白搭。所以請務必要鍛鍊自己寫作的筆力！

6-5
從出題者心態
看如何回答一張考卷？

考卷題目是怎麼審查的？

我我簡單講一下通常考卷的設計模式，因為自己也當過老師跟命題委員，所以我就會去思考設計的題目到底是不是讓學員很輕鬆就可以作答，有鑑別度嗎？或是我怎麼拿捏考卷的難度？這些都是考卷設計者要評估的項目。做為考卷設計者當然不是為了考倒學員或是讓學員全數通過，考卷最主要的目的是讓有學習的人都能驗證區辨出來。

通常考卷設計完之後，都不是一次就定稿，而是會經過其他更資深的命題前輩、資深老師做審查題目，而在審查題目時通常會看兩個面向，分別是「題目檢測」和「題目分析」。

- 「題目檢測」：

  指的是題目有沒有符合這次考試的命題精神（不是要把大家考倒，而是應該理解的內容是否都充分理解）、題目是否設計周延（題目沒有爭議性或描述出現模稜兩可情況）、符合命題取材的一般性原則（不會特別偏向於某個特定版本，避免圖利特定廠商）、試題內容的正確性與連貫性等項目都要兼備。基本上成為正式考題的都符合題目檢測的原理原則。

- **「題目分析」：**

  指的是題目難度跟鑑別度的分析。進行題目分析，要先將此份考卷做模擬測試後得到許多人成績，通常拿到很多人的成績之後，會根據分數高低排序。之後就會把眾人分類，把從最高分往下計算佔總人數27%的區塊當作高分組，再從最低分往上計算佔總人數27%的區塊當作低分組，最後把中間分數46%當做中分組。然後，主要聚焦在高分組與低分組，我們分別計算高分組、低分組在每一個題目的答對人數與答對百分比，之後就可以針對每一題答對人數比例來進行「難度分析」以及「鑑別度分析」。

- **「難度分析」：**

  那要怎麼進行「難度分析」呢？難度有其嚴謹定義，就是計算總人數中答對每題人數百分比。

$$難度指數 = \frac{答對人數}{總人數} \times 100\%$$

  難度指數越大代表答對人數越多，也就表示題目越容易，例如難度指數＝80%（有80%的人都答對）的題目一定比難度指數＝40%（有40%的人都答對）的題目來得容易。除了顧及到每一個題目的難度指數，也可以把每一題的難度指數平均，就會得到整份考卷的難度指數。

  基本上，就一般測驗發現，整份考卷的平均難度指數差不多是70%~80%之間，如果需要比較明顯的分數差異變化，有的時候整份考卷的平均難度指數會調整到50%~60%。

- **「鑑別度分析」**：

再者，那要怎麼進行「鑑別度分析」呢？鑑別度有其功能，就是要能夠確定題目是否起到具有馬上判斷考生能力高低的作用。

鑑別度指數 = 高分組答對率 - 低分組答對率

鑑別度指數越大代表高分組答對率與低分組答對率差距越大，也就表示考高分的學員題目大多答對，而考低分的學員題目大多答錯。我舉一個例子，下面表格是某份測驗的前五個題目，就可以看到鑑別度最好到最差的排序分別是：題目一 > 題目二 > 題目三 > 題目四 > 題目五。

那一般選題，要怎麼樣來評估鑑別度指數的狀態代表什麼意思呢？鑑別度指數也有相關區間代表的意義，整理如下表：

題目	高分組答對率	低分組答對率	鑑別度指數
題目一	75%	15%	60%
題目二	65%	25%	40%
題目三	55%	35%	20%
題目四	45%	45%	0%
題目五	35%	55%	-20%

◇ >=40%：需保留

◇ 20%~39%：需修改

◇ <19%：需捨棄

套入題目一至題目五，則得到以下代表意義：

題目	高分組答對率	低分組答對率	鑑別度指數	代表意義
題目一	75%	15%	60%	需保留
題目二	65%	25%	40%	需保留
題目三	55%	35%	20%	需修改
題目四	45%	45%	0%	需捨棄
題目五	35%	55%	-20%	需捨棄

這樣就可以在測試題目時，把好的題目保留，把壞的題目捨棄，並把還好的題目經過修改調整，變成好的題目保留在題庫當中。

重複幾次這樣的程序，利用不同的群體施測，就可以得到不少數據，並透過分析，如果題目答對率在不同群體施測都呈現穩定狀態，基本上就可以讓比較多的題目都是有鑑別度的穩定狀態，也就可以把該題目放入題庫當中了。

了解出題者的考卷題目配置，也是一種策略！

身為考卷設計者，除了要有鑑別度的題目外，我也希望可以透過考卷題目的排序差異，進而達到混亂考生的效果。如果是循循善誘類型的考卷設計者，通常題目就會依照難易程度排序，越簡單的放考卷前面，越困難的放考卷後面。這樣是為了那些基礎不穩的學員，起碼可以在一開始時有基本分數，當基本分數都把握住之後，後面有一些比較困難的題目來鑑別程度好壞。但有時候這樣大部分的人都可以拿到基本分數的話，有時候鑑別度又出不來，為了避免

這樣的情況發生，我通常會把相對難的幾個題目放在一整份考卷的前面！我覺得這也是一種心理戰術，為什麼呢？因為通常大家寫考卷的時候是先寫完名字之後，就會開始從第一題的題目開始往下作答，

甚至不會先瀏覽後面還有多少題目與考的範圍，心裡面沒有底，這樣的考生通常是屬於一鼓作氣類型，通常讀書狀態也不是太紮實。所以我就會在一開始擺放幾題難題，因為做前面難題通常也會消耗比較多的時間，也會花比較多時間推敲，就可以塑造出學員覺得這份考卷很難的印象，然後學員就會憂慮自己到底有沒有能力考好，而進入自我質疑階段，如果心理建設不夠健全的，很有可能就放棄了這次考試了！

其實，這都是一個出題老師設計考卷時預測學員的心理狀態，有些讀者可能會覺得考卷設計者心機很重，所以考不好都是考卷設計者的錯，但真的是如此嗎？

我再說仔細一點，直接在試卷做題的學員，當他做了幾題都很難的時候，看著時間逐漸變少，其實心裡面也會感到慌張，所以有可能會立即改變策略：

因為學員也知道這樣下去應該是會陷入題目寫不完的窘境，開始重新瀏覽整份考卷，然後從好得分的題目開始著手。

假設下面這是一張考卷，他的視覺動線會是右手邊這張圖，然後我就會在這幾個圓圈地方都放置比較難的題目，這樣很多時候考生就會覺得心情差，因為看到的題目都比較難，就會心生焦慮！

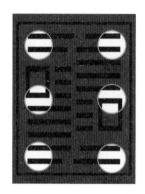

通常從前面開始作答的有些學員也會遇到另一個挑戰，那就是時間分配問題。因為前面花太多時間答題，沒有注意到時間配速，進而導致後面題目做不完，而後面題目有的相對簡單容易得分，那麼容易得分的題目也沒有完成，那該學員的成績通常也不會太理想。

所以把困難題目幾題放在考卷的一開頭，可以達成測試「基本觀念紮實」與「考試時間分配」的一箭雙鵰功效，也因此很多考卷設計者都很常使用這型態。

考試者如何分配時間寫好一張考卷？

那應該怎麼做，才是正確的做題目方式呢？這就是以下這四步驟：

1. 先快速瀏覽整份考卷，大致掌握出題範圍跟難易程度

2. 先做簡單題目把分數拿到手

3. 再做困難題目把分數差距拉大

4. 保留時間驗算，再次確保得分

1. 先快速瀏覽整份考卷，大致掌握出題範圍跟難易程度：

先快速瀏覽把基礎題目找出來，也可瀏覽整份考卷大概會有哪些內容，以及哪些題目比較難，可以簡單先花一兩分鐘審題，基本上如果腦袋中馬上跳出公式或是相關重點內容，基本上都對這區塊算熟悉，甚至可以馬上作答，這些題目就是屬於比較簡單題目。

就如同前面所說，我既然會設計難的題目放前面，就會有方法避開跟破解，一頭陷入直接解題是不智的，因為時間拿捏不準，節奏非常容易混亂，也就影響答題率。這也是為何會有如何做練習題的時間限制鍛鍊，當自己習慣有時間限制時，就比較容易應對考試時間。

2. 先做簡單題目把分數拿到手：

當你看完整張考卷之後，基本心理就對這次考試有個底，就能夠直覺判斷哪些題目比較簡單，哪些題目比較難，就從題目簡單的開始做。因為剛進入一個考場，精神通常比較緊繃，而且心裡面也會有很多想法出現，透過簡單題目的完成，基本分數拿到手，心裡面就會相對安定些，然後注意力就不會放在焦慮上，而是放在專心解題上，身體反應也會稍微放鬆些，進而進入之前做練習題的考試狀態。

一般來說基礎題目大概佔六七成，也就是說得分六七十分，你可以快速用二十分鐘的時間把六七十分鐘先拿到，而剩下的三十分鐘考試，直接專注在比較難的那三十分裡面。

3. 再做困難題目把分數差距拉大：

當基本的分數拿到後，心情就比較篤定了，從做題就可以感受到自己能夠拿幾分，接下來就是做相對困難的題目，可以專注在解決問題之上。在這我想小小提醒一下，當你在做相對困難的題目時，千萬不要給自己壓力覺得「我一定要把題目解出來！」，這樣反而會讓自己因為壓力過大而太緊張，反而綁手綁腳。

4. 保留時間驗算，再次確保得分：

我會建議如果有時間的話，最好留下驗算時間以便重新快速計算，並核對答案。只是這也有先後順序，我會這樣安排：

(1) 優先驗算簡單但沒把握的題目

(2) 再驗算困難題目

(3) 最後驗算簡單有把握的題目

通常簡單有把握的題目不太會寫錯，都是要一擊必殺！基本上是最不需要驗算的題目，所以我把它放在第三順位。第一順位是重新驗算簡單但沒把握的題目，主要是就題意部分釐清，是不是自己有完全理解正確，之後再評估選項是否正確。還有時間，再來是驗算困難題目，最後都確認沒有問題卻還有時間，再來驗算簡單有把握的題目。

第七章

成績持續進步的方法

7-1
如何檢討自己的練習考卷？

訂正考卷，不是更正答案就好

要確實提高考試的答對率，就要做練習題，並做好相關「試後檢討」。

當練習題在有效時間做完了，接下來就是要試後檢討。但是，試後檢討並不是把原來的題目答案訂正完就結束了。那只是最基本的功夫。接下來才是關鍵！

因為我曾經看過有些人做考試後檢討，只是把錯誤的更正答案，然後就當作自己檢討完了。在考前時間不夠的時候，就乾脆直接把做錯的題目背下來，希望隔一天考試依樣畫葫蘆就可以搞定。

但這樣檢討複習卻沒有重新回去教科書對照自己基本概念哪裡認知有誤，這樣的試後檢討基本上都是事倍功半或是「白努力」。

因為之後題目換了名詞跟數字，你依然很大的機率會做錯。

○　我會這樣做都是因為「海因里希法則」的影響！這是我之前在集團服務時聽到的一個觀念，安全工程師海因里希提出的「300:29:1 法則」，意思是說當一個企業有 300 個隱患或違章，必然要發生 29 起輕傷或故障，在這 29 起輕傷事故或故障當中，必然包含有 1 起重傷、死亡或重大事故。這個概念非常適合借用到考試裡面來。

　　如果自己做錯的題目沒有確實回頭翻教科書檢討，並重新確認自己基礎知識是否都通透了解，只是把題目跟答案硬背下來，就會發現這樣的情況雖然小考可以順利通過，但是遇到大考就會完全突顯自己的基礎不足，非常容易在大考之中滑鐵盧，像我自己的大學聯考物理只有考 19.25 分就是最好的慘例。

　　所以遇到做錯的題目千萬不要視而不見、毫無覺察、或麻木不仁，逃避不會因此讓自己維持完美形象，應該要認真面對事實檢討，這樣可以讓做錯的題目成為未來進步的養分，進而提高未來通過考試的機率。

檢討考卷的天龍八步

　　我把自己做試後檢討的操作步驟分解，為了讓各位好記，我就想到金庸的天龍八部，因此借用金庸先生的概念，以下是試後檢討的天龍八步：

- **第一步：確認自己的得分**

  分數雖然不是一切，但也是目前為止相對清楚的衡量指標，看分數就知道自己有沒有達到預設的考試目標。

- **第二步：瀏覽整份考卷並把自己答對答錯的題目分成兩區**

  為什麼要分成兩區？可能有幾種情況，答對題目裡面有「篤定答對」以及「僥倖猜對」，答錯題目裡面也有「不會答錯」以及「粗心答錯」。就我過去考試經驗而言，通常很多學生只聚焦在檢討答錯區塊，卻忽略了自己答對區塊可能也有「猜對」的盲區還沒有克服，而「高估」自己得分的狀態。因此，在做試後檢討時，請務必要做到「全覆蓋」。

- **第三步：建議先聚焦答錯的題目**

  因為答錯的題目就是反應我們學習中不足之處，因此我會把原來課本拿出來，從做錯題目找出該內容在課本的出處章節。

- **第四步：針對答錯題目，把該章節重新仔細閱讀過**

  找出做錯的環節內容，並且用螢光筆做強化，標示註明清楚，並對自己過往閱讀漏掉的知識重點與觀念，重新釐清修正。這樣做是因為在正式答題中只要有一處觀念錯誤，該題目做錯的機率就很大。或是因為觀念理解不夠透徹，因此在一道題目上琢磨猶豫好幾分鐘，進而影響自己的答題速度跟考試節奏。

- **第五步：把做錯題目做成便利貼，貼回該章節筆記**

  下次複習就可以提醒自己不要再犯，當我複習到該章節的時候，就知道那個地方我曾經做錯了，會去強化理解與記憶，這樣操作，我覺得才達到試後檢討的效果。

- **第六步：再聚焦答對的題目**

  瀏覽確認哪些題目是篤定得分，哪些題目自己仍有所疑問，只是運氣好猜對的。

- **第七步：針對有所疑問的答對題目**

  找出該內容在課本的出處章節，並且用螢光筆做強化，把它標示註明清楚。

- **第八步：把答對但不確定題目做成便利貼貼回該章節筆記**

  也請你回去之後，可以依照同樣的方式檢討，我相信考試成績一定可以快速看到提升成果。

針對答錯多的章節、課目，優先強化

每次考試總會有學生考得好，也有學生會因為這樣那樣的原因沒考好。一次考試考不好偶爾會發生，但「持續」考不好，就可能在檢討上出現很大的問題。

大部分學生都不喜歡檢討考卷，會覺得知道分數就好，然後就想要老師「趕進度」，覺得學越多超前進度，就是自己越厲害。但真的是如此嗎？我有看過考試前拼命唸書，一考完下一堂課要檢討時，居然有學生說：「真的嗎？剛剛有這一題存在？」聽到也會覺得很傻眼，怎麼記憶這麼短暫。

為何過去有檢討，但檢討效果都不好呢？並非只是把做錯的題目更正，重新寫一次這麼簡單，這樣做是無效的。因為沒有針對原理重新釐清，當題目描述改變後，可能一樣答不出來，檢討就做了白工。

前面的天龍八步，提供了我自己檢討考卷時，全面性的步驟。也可以畫成下面這張流程圖。

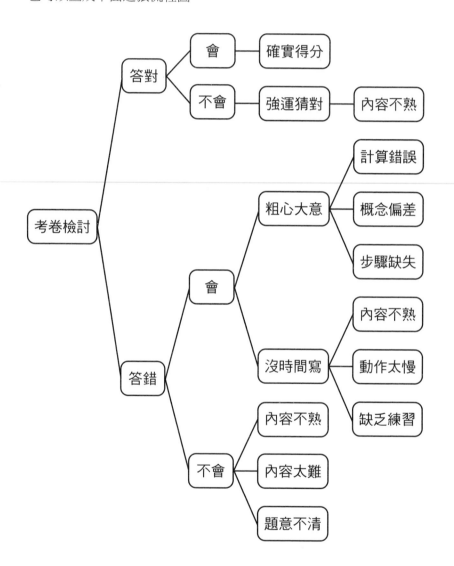

檢討考卷，不是要訂正答案，而是要學會自己原本不會的東西。

如果是本來就不熟悉的內容，做錯是正常的。請抱持平常心好好把課本中該篇章內容找出來，並好好對照閱讀，以及把做錯的題目「依照步驟」重新檢討，只要有一個環節不懂，就做記號，並且要重新理解課本內容，之後再把相關練習題挑出來做，確認自己學會了。

如果你都做得到，恭喜你已經擁有了成長心態了！

就像前面的天龍八步提到的，我有時會多做一個動作來確保我自己都能夠充分了解所有內容，那就是我會把做錯的題目重新抄在我的筆記當中，用便利貼來書寫題目跟解題步驟、答案。當之後要複習時，我就可以直接拿筆記出來複習。

檢討考卷時，如果發現做錯的題目集中在某些章節，那就是我相對不熟悉的章節，就會優先花時間把內容熟悉跟強化記憶。

為什麼要這麼做呢？我會建議要把弱勢科目強化變成還不錯的科目。

因為我看周圍的學霸們並不是喜歡所有科目，但為了能夠脫穎而出，都會花時間強化弱勢科目，並把弱勢科目分數拉到一個還不錯的程度。

頂尖競爭輸贏常常是很小的差距，像是奧運 100 公尺短跑勝負僅在 0.01 秒的瞬間，請記得我們要做勝算大的事，如何讓自己失誤變少或弱點減少，就比較可能變成贏家。這樣的思維方式請隨時提醒自己！

如何避免應得分卻未得分的情況？

什麼是低級錯誤呢？低級錯誤是指與個人學識涵養、工作經驗都無關，而是與個人態度是否認真、做事是否細心、做事是否有責任心有關的錯誤。

表面上低級錯誤只是小事，可是如果在關鍵時刻犯這樣的「低級」錯誤，可是會引發可怕災難。我曾經在大考時作答因太緊張畫錯格，導致於很有把握的一半分數都消失，只因為 2B 鉛筆劃錯格而錯失了通過考試的機會。

要改善這問題，會建議平常練習時，就把模擬考試的時間縮短。我會建議：50/40/10 法則，這是什麼意思呢？

這是我自己考試經驗值的統整，50/40/10法則：正式考試五十分鐘，實際作答四十分鐘，檢查驗算十分鐘。

舉個例子，假設考數學五十分鐘，基本上我們只能給自己四十分鐘寫考卷，然後留下十分鐘做檢查跟驗算，確保我們都答對該答對的題目，拿到該得的分數。

實戰問題釋疑

Q： 請教老師，我考卷就寫不完了，哪裡還有這種時間可以檢查？

A： 請思考一個問題：「為何還是有同學可以寫完並考高分呢？」這樣的例子屢見不鮮，您一定也有過類似的經驗。那究竟是什麼原因導致沒時間檢查呢？ 我覺得有這幾個原因：

- **內容不熟：**

  很多內容無法直覺反應，而是要從頭開始構思，有些環節又模稜兩可，就會猶豫不決，但一轉眼時間已悄悄流逝，難免增添緊張感，因此更想不起來內容是什麼。

- **缺乏練習：**

  想說概念都理解了，其他的就考試「見招拆招」，但孰不知，考試是速度測驗，比的是誰在有限時間當中正確解答題目的數量跟比例高，誰就拿比較高分。缺乏練習往往會讓實力難以穩定展現而有了折扣。

- **動作太慢：**

  這往往來自於沒有練習所致，「自信以為」目前的做法就能夠「應付」考試所需，但卻高估了自己的能力，

到考試才意識到自己來不及寫完，已經為時已晚。這就好像你有一份重要簡報要去談，結果內容完全沒有演練，上台第一次講就是演練，通常都會講得七零八落，結果當然也慘不忍睹。

所以在檢討過程中，務必要把「應得分卻未得」的題目當作最優先改善的重點，因為只要一改善，失分馬上減少，「真正實力」才得以顯現出來。

• 定時模擬考試：

透過模擬考試，您可以在無壓力的情境中模仿真實考試的環境，訓練自己在有限的時間內答題。這種方式可以幫助您更熟悉考試流程，減少考試時的緊張感，並找出需要進一步強化的地方。

• 反思與調整學習策略：

每次考試後，不僅要檢查答案，更要深入思考自己在答題時遇到的困難和障礙。是不是學習方法不對，還是有哪些知識點沒掌握？反思後，依據反思結果調整學習策略，使學習更為高效。

7-2
用模擬考確認穩定實力，
擬定提升策略

如何評估自己的目前實力？

一般在學習的時候，通常只會做到上面的試後檢討，但這還不夠，因為一次考試好，不代表未來考試都考得好。每次考試都考得好，那應該怎麼做比較好呢？

我都是這樣操作的，我會記錄下每次練習題的成績，並做成績統計跟分析（請相信我真的有其必要性，就是要如此認真看重）。為什麼要這樣做呢？因為我很好奇自己的真正實力在哪裡！我們常聽到大家在考前說「平常心」、「正常發揮」，考出來卻不盡理想（主要是沒有完成自己的期待），那到底什麼樣的方式可以測出自己的「真正實力」？我覺得要先明確「實力」的定義。

放在考試當中，實力指的是穩定得分能力！
當你的穩定得分能力越高，實力也就越好。

為了能夠相對準確評估自己的實力狀態，我會使用三點估計法。什麼是三點估計法（Three Point Estimates）？三點估計法是在企業管理當中，尤其是專案管理常見的評估分析技術。使用者會將最樂觀（optimistic）、最有可能（most likely）及最悲觀（pessimistic）等三種情境造成的工期及成本估算出來，以達到專案管理的時間估算精確性。

簡單來說，三點估算法是把風險考量進去，會比較接近實際的估算值，取此三個值的平均值來估算專案時間或成果。

我就借用這個概念，用在我們考試的實力評估上，用最高成績、中間成績、最低成績，來推估我目前真正的實力。

我舉一個例子，假設我做了好幾次練習題，最後的分數中，最低分是 78 分、中間成績是 80 分，以及最高成績是 88 分。根據三點估計法，我目前的實力＝（78+80+88）/3=82，我就會假設如果現在我去考試，可能考試出來的成績差不多就是 82 分左右，震盪幅度可能從 78 分到 88 分之間都是正常表現（最高分跟最低分，離平均分數絕對值基本上在五分以內）。平均值上下五分的區間是我個人多年考試經驗值歸納出來。

然後我會觀察自己的得分「趨勢」，如果後續測驗都在「平均值以上」，我就會判斷自己的學習已經有一定程度的穩定進步。

反之，如果最高分跟最低分，都跟平均分數差距超過「平均值五分」以上來回震盪，這樣的情況要特別留意。像是如果分數得分是以下分布的話：89 分、57 分、70 分，當遇到這種考試成績落差過大時，基本上這樣的評估是沒有效果的。因為平均 72 分跟最高分 89 分有 17 分的落差，跟最低分 57 分也有 15 分的落差，這樣的差距過大，是沒有代表性的。

我自己的經驗值是，練習考試的成績如果落差超過平均五分，我就會判斷自己的學習還有待強化，務必要找出造成分數震盪起伏的原因。

基本上可以猜測是該章節不熟悉，因此我會建議趕緊花時間把該篇章強化複習，多做幾次練習題，直到自己的分數也相對穩定，不然就會是失分的一大破口，不得不謹慎。

如何知道自己準備好了？ PMP 考試的分數實力分析

我舉我之前準備 PMP（Project Management Professional）國際專案管理師國際證照考試的案例，當初準備，通常一般人大概準備三個月到半年，正式考試通過率大概僅有四成不到，也就是說一百人去考只有四十個會考過，通過率不算高。

而我當時用了一個多月準備，六大項目差一點全部滿分，順利高分通過 PMP 考試，就是用前述的分數評估方法！

以下我來向各位報告如何使用成績紀錄，來幫助自己了解自己目前準備狀態，我設計了一個 Excel 表格，現在跟大家說明這一張表格，以及這張表格內各種資訊所代表的意義。這是為了提升「答對率」做的記錄表。所以我計算的是作答題數與答對題數的數量，進而換算出來「答對率」。這檔案你直接掃描 QR Code 就可以下載。

• 成績記錄表下載網址：https://bit.ly/exam-202001

當你打開 Excel 檔案時，會看到的表格如下：

第一次做題											
日期											
章節	Ch 1-3	Ch 4	Ch 5	Ch 6	Ch 7	Ch 8	Ch 9	Ch 10	Ch 11	Ch 12	道德
作答題數	20										
答題正確數	10										
答題正確率	50.00%	#DIV/0!	#DIV/0!	#DIV/0!	#DIV/0!	#DIV/0!	#DIV/0!	#DIV/0!	#DIV/0!	#DIV/0!	#DIV/0!

請填入日期(Ex. 10/20)
請輸入做題題數(Ex. 100)
請輸入正確答題數(Ex. 70)

第二次做題											
日期											
章節	Ch 1-3	Ch 4	Ch 5	Ch 6	Ch 7	Ch 8	Ch 9	Ch 10	Ch 11	Ch 12	道德
作答題數	20										
答題正確數	14										
答題正確率	70.00%	#DIV/0!	#DIV/0!	#DIV/0!	#DIV/0!	#DIV/0!	#DIV/0!	#DIV/0!	#DIV/0!	#DIV/0!	#DIV/0!
與第一次比較	20.00%	#DIV/0!	#DIV/0!	#DIV/0!	#DIV/0!	#DIV/0!	#DIV/0!	#DIV/0!	#DIV/0!	#DIV/0!	#DIV/0!

請填入日期(Ex. 10/20)
請輸入做題題數(Ex. 100)
請輸入正確答題數(Ex. 70)

第三次做題											
日期											
章節	Ch 1-3	Ch 4	Ch 5	Ch 6	Ch 7	Ch 8	Ch 9	Ch 10	Ch 11	Ch 12	道德
作答題數	20										
答題正確數	15										
答題正確率	75.00%	#DIV/0!	#DIV/0!	#DIV/0!	#DIV/0!	#DIV/0!	#DIV/0!	#DIV/0!	#DIV/0!	#DIV/0!	#DIV/0!
與第二次比較	5.00%	#DIV/0!	#DIV/0!	#DIV/0!	#DIV/0!	#DIV/0!	#DIV/0!	#DIV/0!	#DIV/0!	#DIV/0!	#DIV/0!
與第一次比較	25.00%	#DIV/0!	#DIV/0!	#DIV/0!	#DIV/0!	#DIV/0!	#DIV/0!	#DIV/0!	#DIV/0!	#DIV/0!	#DIV/0!

請填入日期(Ex. 10/20)
請輸入做題題數(Ex. 100)
請輸入正確答題數(Ex. 70)

之後請各位在題目練習時，依序將日期、作答題數、正確題數，輸入這個表格會得到類似以下結果：

第一次做題											
日期	11-10月	12-10月	13-10月	14-10月	15-10月	16-10月	17-10月	18-10月	19-10月	20-10月	21-10月
章節	Ch 1-3	Ch 4	Ch 5	Ch 6	Ch 7	Ch 8	Ch 9	Ch 10	Ch 11	Ch 12	道德
作答題數	100	84	98	100	90	76	88	79	89	100	68
答題正確數	76	60	80	75	75	67	64	67	74	64	57
答題正確率	76.00%	71.43%	81.63%	75.00%	83.33%	88.16%	72.73%	84.81%	83.15%	64.00%	83.82%

第二次做題											
日期	22-10月	23-10月	24-10月	25-10月	26-10月	27-10月	28-10月	29-10月	30-10月	31-10月	1-11月
章節	Ch 1-3	Ch 4	Ch 5	Ch 6	Ch 7	Ch 8	Ch 9	Ch 10	Ch 11	Ch 12	道德
作答題數	100	84	98	100	90	76	88	79	89	100	68
答題正確數	82	66	75	85	78	60	70	64	76	64	61
答題正確率	82.00%	78.57%	76.53%	85.00%	86.67%	78.95%	79.55%	81.01%	85.39%	64.00%	89.71%
與第一次比較	6.00%	7.14%	-5.10%	10.00%	3.33%	-9.21%	6.82%	-3.80%	2.25%	0.00%	5.88%

那我們該怎麼解讀上面的不同數字呢？我在這邊說幾個關鍵欄位：

- 答題正確率：目標是大於85%

- 與上次（或前幾次）測驗比較，進步的百分比（％）

- 與上次（或前幾次）測驗比較，成績持平（進步=0%）

- 與上次（或前幾次）測驗比較，退步的百分比（％）

  在這裡我再給各位一些原則讓你去評估何時準備好了：

  ・ 答題正確率，全部都達到或超過85%
  ・ 沒有任何答題率退步

  如果你已經達到這樣的階段，恭喜你！通過 PMP 考試對你來說是很簡單的一件事情了！

  下圖就是我做了四次模擬考練習後，獲得的表格。

第一次做題

日期	11-10月	12-10月	13-10月	14-10月	15-10月	16-10月	17-10月	18-10月	19-10月	20-10月	21-10月
章節	Ch 1-3	Ch 4	Ch 5	Ch 6	Ch 7	Ch 8	Ch 9	Ch 10	Ch 11	Ch 12	道德
作答題數	100	84	98	100	90	76	88	79	89	100	68
答題正確數	76	60	80	75	75	67	64	67	74	64	57
答題正確率	76.00%	71.43%	81.63%	75.00%	83.33%	88.16%	72.73%	84.81%	83.15%	64.00%	83.82%

第二次做題

日期	22-10月	23-10月	24-10月	25-10月	26-10月	27-10月	28-10月	29-10月	30-10月	31-10月	1-11月
章節	Ch 1-3	Ch 4	Ch 5	Ch 6	Ch 7	Ch 8	Ch 9	Ch 10	Ch 11	Ch 12	道德
作答題數	100	84	98	100	90	76	88	79	89	100	68
答題正確數	82	66	75	85	78	60	70	64	76	64	61
答題正確率	82.00%	78.57%	76.53%	85.00%	86.67%	78.95%	79.55%	81.01%	85.39%	64.00%	89.71%
與第一次比較	6.00%	7.14%	-5.10%	10.00%	3.33%	-9.21%	6.82%	-3.80%	2.25%	0.00%	5.88%

第三次做題

日期	2-11月	3-11月	4-11月	5-11月	6-11月	7-11月	8-11月	9-11月	10-11月	11-11月	12-11月
章節	Ch 1-3	Ch 4	Ch 5	Ch 6	Ch 7	Ch 8	Ch 9	Ch 10	Ch 11	Ch 12	道德
作答題數	100	84	98	100	90	76	88	79	89	100	68
答題正確數	91	76	85	91	87	64	84	66	76	79	64
答題正確率	91.00%	90.48%	86.73%	91.00%	96.67%	84.21%	95.45%	83.54%	85.39%	79.00%	94.12%
與第二次比較	9.00%	11.90%	10.20%	6.00%	10.00%	5.26%	15.91%	2.53%	0.00%	15.00%	4.41%
與第一次比較	15.00%	19.05%	5.10%	16.00%	13.33%	-3.95%	22.73%	-1.27%	2.25%	15.00%	10.29%

第四次做題

日期	13-11月	14-11月	15-11月	16-11月	17-11月	18-11月	19-11月	20-11月	21-11月	22-11月	23-11月
章節	Ch 1-3	Ch 4	Ch 5	Ch 6	Ch 7	Ch 8	Ch 9	Ch 10	Ch 11	Ch 12	道德
作答題數	100	84	98	100	90	76	88	79	89	100	68
答題正確數	91	76	85	91	87	70	84	72	81	86	64
答題正確率	91.00%	90.48%	86.73%	91.00%	96.67%	92.11%	95.45%	91.14%	91.01%	86.00%	94.12%
與第三次比較	0.00%	0.00%	0.00%	0.00%	0.00%	7.89%	0.00%	7.59%	5.62%	7.00%	0.00%
與第二次比較	9.00%	11.90%	10.20%	6.00%	10.00%	13.16%	15.91%	10.13%	5.62%	22.00%	4.41%
與第一次比較	15.00%	19.05%	5.10%	16.00%	13.33%	3.95%	22.73%	6.33%	7.87%	22.00%	10.29%

為什麼我會用答題正確率，取代分數紀錄呢？

　　PMI 的考法，是四小時（240 分鐘）之中，每位考生需要作答題目為 200 題，其中 25 題是新題目不記分，純粹拿來做信度與效度的測量，考生答對 106 題以上即可通過 PMP 專案管理師的證照測驗。106÷200=60.53%，也就是說總答題正確率要達到大約 61% 就可以拿到 PMP。

　　從我真實記錄的圖中，各位可以看到，答題正確率大於 85% 的方塊數量逐漸增加，到第四次做題目時，已經全部都正確率大於 85%，這時候我就知道自己準備好了！

　　一定有讀者說為何麼要比 PMI 設定正確率提高這麼多？我想說的是因為練習與考試方式大不相同：

- 一般我們做題都是一單元一單元分別練習，所以我們只要熟記一個單元後做題，而且時間限制與心理壓力相對小很多的情況下，答題率都是會比較高。

- 所以我們還是要謹慎看待PMP考試，因為200題題目當中，相同章節題目分散在題海裡面，當你看到不同的題目時，你就要回想內容，容易錯亂，所以答題率會相對降低。

- PMP考試是四小時不中斷，休息的時間由自己掌握，一般我們做練習題最多一個半小時寫完，但正式考試時，是四個小時的緊繃時刻，一定會有體力與集中力下降的狀況，這無可避免會影響答題正確率。

- 考試當天遇到難題與時間緊迫時，那樣緊張感與焦慮感等心理因素或是環境因素也會影響答題狀況。所以說在練習時提高答題正確率到大於85%的水準，我想是非常必要的！

利用分數評估表，針對最弱的章節複習

上面這張表格非常重要，是真正掌握自己何時準備好的必要工具之一，這張表格就像一張自己的學習優劣分佈圖，為什麼我這樣說？因為這還可以拿來做跨章節重點複習工作。

我常見很多人複習都有一個慣性，就是複習都會從第一頁開始看起，而不是從最弱的區塊開始複習。這是不對的。

若從第一頁開始看起，好不容易整篇看完了，但是前面內容卻也忘得差不多，或是看到弱點時也只匆匆瞥過，然後下次考試時，依然做錯，甚至會對自己抱怨：「我都花了那麼多時間複習了，為什麼還是記不住呢？我是不是沒有唸書的天份？」

其實，你只是複習用錯方法了。很多人的概念是從第一頁讀到最後一頁才叫看完，但其實讀書不需要「真的」把書整本讀完，從第一頁來閱讀複習本來就是一個迷思，重點不該放在看完，而是如何有效獲取關鍵知識。

所真正的複習應該是把自己不懂的內容抓出來，然後特別重點閱讀！你一直念你都會的區塊意義不大，一開始在自己有精力的時候就要全力衝刺把弱點強化，全力提升自己的分數，而不是放到最後沒有體力的時候才做。

而且通常職場人士時間非常有限，有了上面這張表格，可以快速幫你聚焦弱點章節，然後用有限的時間，發揮最大的進步效益。

如果沒有這張表，你就根本不知道原來自己可以如此輕鬆對症下藥，時間也就無法最大化利用。

7-3
名列前茅的秘密：
每次進步 2 分策略

目標不用高，每次進步兩分就好

我看過很多人訂目標是這樣的：「我下次一定要考到全班前十名！」然後就拼命讀書，但因為一開始用力過猛，導致自己唸得很痛苦，硬撐一段時間之後，就因為太過痛苦又放棄了，然後隔幾天又繼續做，但卻沒有什麼成果出現。看著自己的遠大目標，但是考試出來的成績卻離目標越來越遠，心情就會大受影響，也更加沒有動力讀書，形成惡性循環 ...。不知道這樣的情境是否經常發生在你周遭呢？

在我看來，這是目標錯誤導致的，請記得一件事：

「我們期待的是持續進步並通過考試。」
在通過考試前，「持續進步」才是最重要的前提。

只有持續進步達到考試通過門檻，考試通過這件事才會成真，不然都是空談！而我會建議給自己設定更加具體的目標，那就是「每一次模擬考都進步兩分」。

為什麼是增加兩分呢？因為分數的進展通常無法馬上大幅度飛躍，而是逐步增加，定了太高的目標無法達到，只是定心酸的。像是我下一次考試就要考滿分，結果現在實力水平只有六十分。要下次進步到那個狀態是天方夜譚。

　　我會建議用另一個角度思考，那就是把大成功「化整為零」，用累積許多小成功來逐步靠近大成功，這樣會更有效達成。

　　就兩分這個目標設定來說，只要我們能夠減少粗心大意做錯的題目，或是把基本概念多熟悉，題目多做一些即可達到，進步兩分算是相對飛蟲容易達成的目標。很多考試題目一題就是兩分，也就是說，如果我們能夠「一個科目多答對一道題目」，基本上就能夠無痛達成。

　　如果自己能夠順利完成目標，成果也會反饋給自己，並從中得到成就感與肯定，進而轉換心態，從「我無法」到「我也可以」的積極狀態，當能夠不斷用積極狀態面對考試時，考試成績進步只是時間問題，指日可待！

給自己準備動力的記分板

　　後來我在讀天下雜誌出版的《執行力的修煉》一書中，我從這本書領悟到非常重要的四個步驟，分別是：

1. 鎖定極重要目標

2. 從領先指標下手

3. 設置醒目計分板

4. 落實當責

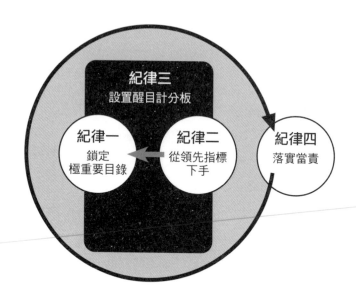

而我最想談的是第三個步驟：設置醒目計分板。

《執行力的修煉》書中提到一段我覺得很棒的話：「其實引人注目並非計分板本身，驅動團隊投入程度的是賽局本身。執行力四紀律不僅是為團隊創造一場比賽，而且創造的是一場可以獲勝的比賽。想要創造一場可以贏的賽局，祕訣就在於：每天都要把領先指標和落後指標間的關係呈現在記分板上。對士氣和投入程度影響最大的，莫過於讓一個人感受到自己正在贏。」

因此，我也設計了一個目標表格，因為我想知道我自己的努力方向對不對，是不是有所進步還是停滯不前，然後把這張表格印出來，放在每一天我自己都會看到的地方。每看到一次就是提醒一次，就會反思自己是不是在往目標前進的道路上，才不會迷失在現實生活眾多事情當中。透過計分板來設立目標，來延續並強化自己準備考試的內在動力與執行力。

　　我們如果知道了這次考試（或模擬考、考古題練習）平均分數是 72.0 分，接下來三次考試，我可以把這樣的目標設定套進去，就會是以下的分數。

　　這邊我以學生的月考為例（可以對照本書 3-2 章節的成績表），職場人士也可以用自己的證照考試套用。

	本次成績	第一次月考 / 段考	第二次月考 / 段考	第三次月考 / 段考
成績	72.0	74.0	76.0	78.0
進步分數		+ 2.0	+2.0	+2.0
班級排名	第 30 名	第 25 名	第 18 名	第 13 名

　　如果考試真的每次都這樣進步平均兩分的話，第一次月考 / 段考平均考 74.0 分，全班排名會落在第 25 名。第二次月考 / 段考平均考 76.0 分，全班排名會落在第 18 名。第三次月考 / 段考平均考 78.0 分，全班排名會落在第 13 名。經過短短一個學期，在班級上的排名會從第 30 名進步到第 13 名，跨越 17 名的進展，應該是很不錯的成績。

　　所以要跟讀者你分享：千萬不要小看持續累積的力量，每次完成小小的目標都有助於目標不斷的前進，如果你能夠在國一 / 高一、國二 / 高二不斷調整讓分數與排名前進，基本上國三 / 高三都會讀得非常輕鬆。如果你是國三生 / 高三生，千萬不要放棄自己，一年時間大有可為。

　　如果我把下學期的三次月考 / 段考也算進來的話，下學期第一次月考 / 段考平均考 80.0 分，全班排名會落在第 11 名。下學期第

二次月考／段考平均考 82.0 分，全班排名會落在第 8 名。下學期第三次月考／段考平均考 84.0 分，全班排名會落在第 5 名。

花一年時間從低於平均的第 30 名進步到名列前茅的第 5 名，真的是非常值得！

	下學期	第一次月考／段考	第二次月考／段考	第三次月考／段考
成績		80.0	82.0	84.0
進步分數		＋2.0	+2.0	+2.0
班級排名		第 11 名	第 8 名	第 5 名

這時候通常也是國三生／高三生準備大考的時間，剛好把自己調整到最好的狀態！用最好的狀態來面對最重要的考試，不正是最好的成功機會嗎！

正確的心態與策略，往往決定著我們是否能在重要的時刻發揮到最佳狀態。正如花費一年時間從第 30 名進步到第 5 名，其背後的努力與成長不僅是數字的躍進，更象徵著毅力和自信的累積。在人生的每一次轉折點，尤其是像國三生或高三生面對的大考，心態的調整和過往的努力都將成為最大的後盾。每一次的進步都是對自己的最好證明，是克服挑戰、突破限制的最好見證。

真正的成功不只在於名次的變化，而是在途中我們所學到的東西，那些經驗和知識，會伴隨我們一生，幫助我們面對未來的更多挑戰。每次的進步都是為了下一次的跳躍做準備，因此，不論目前的位置如何，重要的是持續地進步與學習。讓我們擁有積極的心態，迎接每一次的挑戰！

7-4
遇到學習撞牆期怎麼辦？加強弱科

學習不可能一帆風順，也不可能沒有痛苦，我們學習到一定程度後，就會遇到學習撞牆期，這是很正常的。而大多數人往往都不太喜歡撞牆期，因為感受到自己的進展慢了，花很多力氣卻沒有像之前一樣得到相對應的報酬。

就我的考試經驗來看，自己遇到撞牆期的往往不是擅長科目，往往是自己不擅長科目所造成的。因為如果擅長科目多花時間不斷得分，所產生的效果也會因為不擅長科目不斷失分而有所影響，導致總分沒有什麼變動，所做的努力就會白費。

因此我覺得非常重要的一點，就是「誠實面對」自己的弱科短處！如同聖嚴法師所說的的十二字箴言「面對它、接受它、處理它、放下它」。

從弱點科目開始進步

就我的觀察，一般人如果給他時間準備考試，通常開始念的科目基本上都會是自己的擅長科目，因為總覺得讀書已經很苦，何不給自己一個比較好唸書的理由，那就從自己最擅長的課目開始好了。

只是每個人能夠唸書的總量時間跟專注力是固定的，當比較擅長的科目花費比較多時間時，那麼分配給弱項科目的時間將所剩無

幾，因為沒有時間了，也就只能重點記憶。因為僅能重點記憶，也就是說沒有時間去針對不會的細部內容加以理解，這樣弱科的成績也不會有好轉的跡象，成績自然呈現停滯狀態不會有所進步。

要想讓自己有所進步的話，就不能走「強項恆強，弱項恆弱」的極端路線：

而是要走「弱項強化，強項維持」的均衡路線。所以我會建議應該反過來做，優先把弱點科目花相對多的時間強化。

為什麼加強弱科會讓分數進步更多？

為什麼要從弱點科目先強化呢？這就牽扯到一個很重要的概念，叫做「投資報酬率」。準備考試要有投資報酬率的觀念。

投資報酬率（return on investment，簡稱 ROI）指的是我們投資後所得的收益與成本間的百分比率。

亦即：

總報酬率＝投資期間總利潤／投入成本。

那這概念如何用在學習考試上呢？我們可以這樣看。

假設小華明天要考試了，總計有三科要考。分別是國文、英文、數學三科，我們先不計加權分數比重，先單純從小華的程度，也就是考試分數上來看，小華國文 85 分還不錯，英文 65 分差強人意，數學 45 分慘不忍睹。

國文	英文	數學	總分
85 分	65 分	45 分	85 分＋ 65 分 +45 分＝ 195 分

假設小華希望自己的成績進步，他應該要怎麼唸呢？通常，一般人會鼓勵你把焦點放置於你的長處。

然而，當你處於進度停滯狀態時，大部分癥結點往往在於你必須獲取超乎目前現狀的資源、經驗與技能，才能有所突破，因此我們要審慎檢視自身所欠缺的能力與相關條件。

依照分數高低來分配念書的時間，可能讀的時間會是：國文 > 英文 > 數學。假設考前一天你有三小時可以複習。因為最擅長國文，所以放在第一科讀，花費一個半小時複習完，大概是可以穩穩拿到 85 分。接下來換複習英文，花費一個小時，大概可以進步到 70 分。最後半個小時就拿來做數學，預計可以考到 50 分的基本分數。

用這樣模式念下來，可能成績會出現以下結果，總分進步 10 分，進步幅度也還算可以。

國文	英文	數學	總分
85 分→ 85 分 (+0 分)	65 分→ 70 分 (+5 分)	45 分→ 50 分 (+5 分)	90 分＋ 70 分 +50 分＝ 205 分 (+10 分)

但如果換一個方式來念，也就是從弱點科目開始讀起的話，花費時間多寡是：數學 > 英文 > 國文。假設考前一天你有三小時可以複習。因為最不擅長數學，所以放在第一科讀，可能花費一個半小時複習完，大概是可以把觀念做充分理解拿到 65 分。接下來換複習英文，花費一個小時，大概可以進步到 70 分，最後半個小時就拿來做國文，預計可以考到 80 分的基本分數。

用這樣模式念下來，雖然說國文單科成績相對退步五分，但因為數學分數大幅度上升，進步了二十分，因此總分加總起來進步20 分，成績還是進步的，可能成績會出現以下結果。

國文	英文	數學	總分
85 分→ 80 分 (-5 分)	65 分→ 70 分 (+5 分)	45 分→ 65 分 (+20 分)	80 分＋ 70 分 +65 分＝ 215 分 (+20 分)

依照這樣兩種方式比較看來，花一個半小時讀國文只是維持85 分，但若把這一個半小時「優先」給弱點科目數學，則會進步20 分：這樣的學習時間投資報酬率＝ 20 分 /1.5 小時＝ 13.3 分 /1小時。

可以簡略地說，這樣的時間投資報酬率比較高！因此，我會建議從弱點科目開始讀起，因為一搞懂，進步幅度往往會是驚人的！

請記得：

花時間投資弱點科目，才是更值得的一件事！

第八章

準備考試的
時間管理技巧

8-1
為什麼沒時間讀書？
是藉口還是真的沒時間？

因為你不夠在乎，所以才沒有行動

現代人生活忙碌，但真的沒時間讀書嗎？這是大哉問，但這並不表示沒有解，通常會問這樣問題的人，其實內心是想讀書的，但找不出時間來做，然後時間一點一滴消逝，結果落得總覺得自己更沒有時間讀書的窘境。

就好像我經常被親朋好友問到為什麼有時間唸書，而且一年還可以念 300 本以上，究竟是真的有看完，還是都只看封面。我聽到時常常會有尷尬的三條線，你是想要知道我怎麼讀書的，還是只想要數落我不可能讀完這麼多本書？

因為通常我們認為不可能，是因為覺得自己做不到，所以就覺得怎麼可能辦得到，就會對結果產生質疑。可是當我們真正見識到神人的操作方式並打開了眼界視野後，自己也因為有為者亦若是，希望未來看到更好的自己的這份在乎而勤加練習，自己也才會飛快成長。

說了這麼多，讓我們繞回來主題，為什麼沒有時間讀書？我的答案就是「因為你不在乎」！或者是說「你不夠在乎」！

所以，我們需要問自己的不只是「我為什麼沒時間讀書？」，更要反思「我真的足夠在乎我的學業和未來嗎？」當我們真心想追

求某個目標，自然就會為它 出時間。所以，每次當我們覺得做不到或沒時間時，其實只是我們還不夠在乎那個目標。只有當我們真心付出、真心努力，我們才能真正體會到成功的滋味和價值。

打破你的讀書習慣制約，你可以立刻行動

大多數人都知道讀書學習很重要，但實際執行讀書學習的又有多少呢？你覺得讀書是要在一個完整的大段時間讀書，職場工作者這麼忙碌的工作，說不定要照顧家庭，怎麼還會有時間讀書？但我也有一堆工作要完成，也有家庭要照顧，但我還是有時間可以讀書，難道書一定要讓自己有大段空檔才可以念嗎？難道不能善用零碎時間嗎？讀一頁書不叫讀書嗎？

我覺得大家都被過往學生時代的讀書習慣給制約了，覺得讀書學習就是要花大量的時間，但我想跟各位分享：

> **讀書學習是要花時間沒錯，做任何事情都需要你花時間，但真的沒有需要花費那麼大量的時間。**

還記得我們前面提到的預習、複習的方法嗎？那時候也有計算給你看，其實花一點點時間預習與複習，最後自己需要的念書時間反而比較少。想要累積到最後才一起準備，反而需要花掉更多時間。

學習要有收穫，就是立刻行動。別把「我有時間再來 ...」之類話語掛嘴邊，那都是阻止你行動的拖延藉口。請改成「我現在要做的話，我可以先做 ....」。我覺得這樣就可以讓自己馬上將精力聚焦在行動上面，並且推進進度。

這也是為什麼我一開始就說，如果希望自己可以好好讀書，那就下定決心要有輸出，把證照考好，或是拿到學位，都是有輸出成果的。

沒有輸出成果的目標，經常會被很多外在事務所影響，進而無法完成。如果你真的很忙，你就會說「我有時間再來看書」，只是你會發現到最後大部分的人都不會看書的（包含我自己），或者應該說完全找不到時間看書。我現在想要跟你說的是不要把「我有時間再來...」掛在嘴邊，那些都是阻止你行動的拖延藉口，而是你應該說「我馬上來做...」。

我記得《拖延心理學》一書中有提過，我們往往不會記取教訓，這是因為當藉口浮現時，我們往往覺得它只影響到一點點進度。**但實際上，當我們接受了一個藉口時，我們接受的不只是這個藉口，還有與它程度相等的其餘藉口。**所以當我們開了一次先例，往後有類似的念頭在腦中浮現時，我們就會更容易選擇妥協。我們的成長會不會也就被我們的藉口給「妥協」掉了呢？所以請不要再說「我有時間再來...」：

因為永遠不會有足夠的時間，做了才會有時間！

那有哪些是拖延的藉口？以下我舉了一些我曾說過的例子：

- 「我完全沒有心情」
- 「我完全沒有靈感」
- 「我還沒準備好」
- 「我今天已經好疲憊了」

- 「今天不做也沒關係」

- 「我被老闆罵，因此需要放鬆休息」

- 「我已經做這麼多了，休息一下沒關係吧！」

- 「我現在心情很糟糕，不想讀書」

- ⋯

　　當你開口這些話語時，請務必要留意，是不是自己又幫自己找藉口了呢？

我想起《最後的演講》這本書，作者藍迪・鮑許曾說過：「請記住，阻擋你的障礙必有其原因，這道牆並不是為了阻止我們，這道牆讓我們有機會展現自己有多想達到目標，這道牆是為了阻止那些不夠渴望的人。他們是為了阻擋那些不夠熱愛的人而存在的。」

我希望透過這幾段文字，可以喚醒你對於要達成目標的真正動機。只有當你全然接納自己要做這件事，然後從心出發，事情才會從根本上有了轉機。

8-2
如何讓讀書時間更專注：
番茄工作法

三十分鐘專注力：番茄工作法

我以前在企業服務時，也曾經很難專注，因為當我們坐在辦公桌準備開始完成一整天工作時，就有很多干擾出現，像是主管、同事來找你開會討論工作、email 不斷進入收件匣、桌上電話分機鈴聲不絕於耳，已經很多工作負擔的情況之下，還要分心處理這麼多事情，精力已經都被消耗殆盡，哪還有體力專注處理你自己的工作呢？進度可能會出現延宕或是品質不佳的情況，這樣的結果不斷循環也確實讓人焦慮。

那麼如果在準備考試時，如何克服這些干擾呢？

以下將跟各位分享我的作法。當你預定行程時，通常並非所有行程都是確定的，可能有些行程還是「待確認」、「可能異動」的情況，**這時，請務必要把讀書時間排進去，而且最好不要異動，畢竟考試是短時間衝刺，就是要一鼓作氣讀完**，所以當你已經下定決心要準備考試時，就直接把準備考試的時間設定為「確定」。

那個時間除非發生不可控的天災人禍，否則絕不輕易更改行程或時間！該做什麼事，就做什麼事！

後來，我從時間管理專家張永錫老師學習到「番茄工作法」，讓我焦慮的情況得到顯著改善。

什麼是「番茄工作法」？

番茄工作法是由法蘭西斯科・西里洛（Francesco Cirillo）在 1980 年代所發明的方法，因為作者以前讀書時也很難專心，然後他一直感到很苦惱，偶然間到廚房裡拿了一個「番茄形狀的料理定時器」，他想說就用這個計時器來念書吧！計時的過程當中，我都不要想其他的事情，只有一個簡單的目標，把考試的一個段落章節讀完。沒想到他居然順利完成了，也讓自己內心的焦慮感消除，並且讓自己進入類似「心流」狀態，非常專注在研讀考試內容，後來也取得好的成績。

如果有興趣的讀者，可以參考《間歇高效率的番茄工作法》一書。

那番茄工作法要怎麼操作？番茄工作法的基本操作概念是：

- **工作二十五分鐘的時間。**

- **然後短休息五分鐘的時間。**

- **以上是一個組合，稱為一顆番茄。**

- **這樣的組合進行幾個回合，之後出現一個長休息，長休息時間十五分鐘到三十分鐘不等。**

　　如果沒有時間，就專心完成一個番茄。如果有比較完整的時間，就一次完成三到四個番茄，都是很棒的推展。

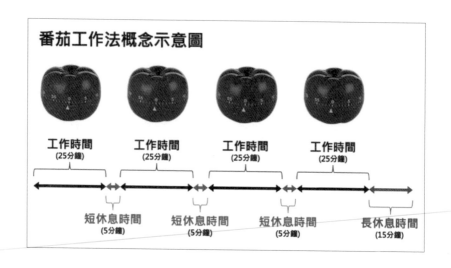

排除干擾、固定休息的原則

我覺得番茄工作法非常適合現代人使用，為什麼呢？因為現在大家時間都很零碎，要擁有一個完整的時間區間越來越不可得。若能在單一時間之內只做一件事，大腦也可以更加專注。

這讓我想到之前去香港旅遊時，朋友有帶我們去賽馬會參觀，我很好奇一件事，為什麼所有賽馬在比賽過程中都要戴上眼罩呢？後來經過朋友解釋我才知道，賽馬眼睛視野非常開闊，幾乎是360度，而戴眼罩是為了避免賽馬受到驚嚇，然後專心在比賽當中，因而才不會失常，所以心無旁鶩地做一件事情，是最有效率的模式。而番茄工作法最棒的一點，就是讓你在這二十五分鐘的時間當中，讓自己完全專注在工作（讀書）當中，而不管其他事情，這樣專注的狀態才是番茄工作法的真諦。

而工作二十五分鐘的全力衝刺，之後五分鐘短休息的放鬆狀態，會覺得自己剛剛執行力有不錯的展現，因此而進入心流的感覺，會讓人即時有正向回饋，進而產生繼續努力的動力，且比較不容易疲倦。

而在操作番茄工作法時，有兩件事要特別留意：

1. 專注工作的二十五分鐘時間裡，不要被任何事物打擾，就是專心做好手上的那一個工作。

手機要設定靜音或振動，IG、Twitter、Tiktok、email、LINE、facebook都不可以閱讀，也就是說，這二十五分鐘的時間只准做一件事，那就是剛剛設定的目標。其餘的事物，一律不准碰，也要告訴自己專注不要分心。

2. 當二十五分鐘工作時間到時，緊接而來是短休息，在短休息時間裡，「千萬不要」繼續工作，休息就是休息。

休息也是重要的一環，大家可以遠離座位起來走走，因為繼續在書桌前，是無法休息的。如果還是離不開思考工作，就走到外面，看看遠方的風景也好，上個洗手間也好，總之，離開當下工作的場域，也是一種方法。總之請記得，休息是為了走更長的路。

為什麼我說番茄工作法非常適合現代人，因為我們的時間都被切割，很少有完整的時間區間，但是要挪出二十五分鐘的時間，絕對比挪出兩個小時完整的時間，來得容易許多！所以當我們通勤的時候，就可以使用番茄工作法的模式，讓自己進入讀書狀態，也可

以節省時間念一小節內容。對我來說，事情一直沒有進展是讓人擔心跟焦慮的，而番茄工作法讓我把工作拆解切割成小塊，然後逐步完成，我就很清楚「事情有所推進」，這樣也可以讓我有更多動力完成，這樣積沙成塔的累積是非常驚人的。

而《間歇高效率的番茄工作法》書中提到在執行番茄工作法時，通常會有干擾出現，當遇到這種情況時，請先記錄下來，記錄下來之後，念頭飄過就飄過，不要駐足，之後休息時間可以自己檢討如何排除干擾。

因為干擾一定會出現，儘早知道如何處理跟因應，才是比較明智的處理方式。

分段去做，更容易做

番茄工作法還有一個好處，那就是避免自己「拖延症」。「拖延症」是指自我約束失敗，在預料會有有害後果情況下，仍然把應該完成的計畫往後推遲的行為。

舉個例子，像我有時候就會出現完全不想讀書的狀態，在那邊猶豫半天要不要做，而當我在那躊躇的時候，時間已經一點一滴流逝了，而且沒有任何成果產生。最後看時間所剩不多，乾脆擺爛放空，這就是拖延症很常見的狀態。

用番茄工作法則可以有個想法：「要不先試著先只做『二十五分鐘』好了」。這樣反而讓自己沒有被勉強的壓力，反而可以輕鬆以對。

如果覺得二十五分鐘太長，可以嘗試全球暢銷著作《原子習慣》所提到的「兩分鐘法則」，先嘗試做兩分鐘看看也好。

這也是後來我使用時間上非常重要的安排，因為安排太長時間總會出現類似的小聲音，像是「慢慢來沒關係，反正還有很多時間」、「還要讀這麼久！我看到時間長度都覺得累了」之類的話語，因為時間充裕，往往都會因此開始放慢步調，用比較輕鬆的方式準備，其實這樣反而會容易鬆懈而造成精神不集中，進而損失寶貴的時間。

時間損失是我覺得最嚴重的失誤，因為考試考不好再讀就好，但時間失去了，就不會再擁有一次，所以為了盡量減少無效率學習的時間損失，盡量安排自己用有限時間完成任務，這樣不僅可以讓自己有些督促，也可以提醒自己「時間寶貴」。

而你也可以重新思考「這個任務真的需要這麼多的時間嗎？」、「有沒有其他方法可以減少時間呢？」，當這樣的自覺出現時，就會開始思考改善方法，然後不斷嘗試，並讓自己用相對有效率方式來完成讀書計畫。

8-3
準備考試時
如何利用零碎時間有效學習

你的工作生活中，一定有可以用來學習的時段

就像我們前面所說，職場人士能準備考試的時間極為有限，那就要非常珍惜使用！我就依照上班族的行程做一個安排。我曾經是上班族，知道邊上班邊準備考試的辛苦，但是這並不代表我們不可以通過考試，重點是做好時間管理！

你一定要相信不管工作再忙，你一定有時間準備考試，只要你想的話。

就我的考試親身經歷來說，請務必要了解自己的作息狀態，從自己的生活作息重新檢視，一般來說可以分成幾個時段。

通常這些時間是一般職場人士會做的事，只是時間分配的比例有所不同。但這也不影響我們規劃讀書計畫，因為就如同前面不斷提醒大家的信念：「你一定可以從中找到讀書準備的時間！」

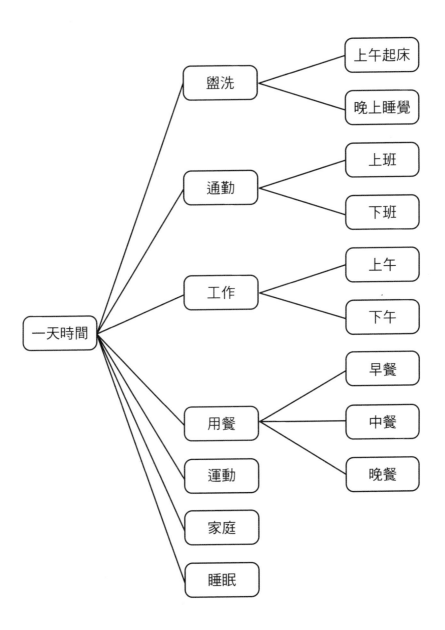

不同空檔時間，可以如何有效利用？

- **盥洗**

  一般來說，一早起床盥洗不過就幾分鐘的時間，我可以讀什麼內容？當然可以！因為剛起床通常腦袋剛開機，還不太清醒，但我覺得這是非常棒的記憶時刻，因為眼睛看到的第一個事物印象最深刻。

  我曾經英文單字背不起來，就作成手卡，然後一早在盥洗時就抽幾個單字複習，這樣也可以當作一次複習，以及起床的醒腦活動。或者有時候我也會盥洗完之後，看一下前一天晚上睡覺前寫的筆記，快速瀏覽過，也是很棒的複習時間。

  晚上洗澡的時候，我則會練習「用自己的話」說出今天學習的內容，當作一天的整理回顧。

- **睡前空檔**

  睡覺前有時候會有一些空檔時間，我通常睡覺前半個小時不會看手機，而是拿一張空白紙跟筆，然後就把相關內容快速回顧一下，看看自己記得多少，有漏記的內容立即補上筆記之中，或是在筆記上畫強調重點，進而強化記憶效果。

- **通勤／運動**

  現代人工作通勤非常久，像我之前住在臺北市的時候，在內湖工作，每天都要花費四十到五十分鐘時間騎摩托車去上班，下班時間也要花四十到五十分鐘，一天加總起來，一個半小時到兩小時就這樣憑空消失。

我不少朋友都會「善用」這段時間準備考試，像是會把前一天自己錄的內容重新播放來聽，把相關內容熟悉一遍。

如果自己每天都錄一段十分鐘內容的摘要，在車程四十分鐘，最起碼可以聽三段，回程也可以同樣方式比照辦理，就等於完成自己的複習進度。就像現在很多朋友會通勤時間聽podcast學習，也是相同的道理。

如果是搭乘捷運，那就更有效率了，除了上面可以戴耳機聽自己的重點整理外，也可以閉目養神專心聆聽，讓眼睛休息一下。或者，我就可以直接把筆記拿出來複習，通常捷運比較吵雜，我都會佩戴耳機，降低自己聽到車內噪音的干擾，因為車上移動比較顛簸，不適合長時間閱讀，因此，若在捷運上要閱讀資料，我會建議不要閱讀新素材，而是以複習已讀素材為主。只要看一下關鍵字，就可以放下來，然後閉上眼睛開始回想這關鍵字的相關內容，之後回想完再快速瀏覽一次，這樣不會太過傷害眼睛，也可以妥善利用通勤時間有效複習。

運動的過程也可以比照上面兩種方式辦理，也是很棒的複習時間。

● **工作**

在職場上，我有時會看到一些年輕人把要準備的考試用書，就大喇喇地放在工作桌上讀，一副就是「我要考試，不要吵我」的感覺。但就我的職場價值觀來說，我可能相對老派，工作就是來解決問題的，不是拿來念書的，要準備考試讀書也是我的選擇，但不是老闆的選擇。既然是我自己的選擇，我就不應該利用上班時

間來做我個人的發展計畫，而是思考如何讓我自己的工作做得更好，哪些地方可以更加優化。

> **通常我們職場人士在準備的證照或考試，都會跟工作相關，我會建議在工作上「用出來」。**

知識要活用，我們知道很多知識，但「知道不等於做到」，了解知識與應用是兩回事，未必能劃上等號，兩者之間的距離如果想要縮短，就要「多想多操作」，才能在實務上執行提高精確度。

像是在準備考專案管理證照時，有讀到工作分解結構（Work Breakdown Structure，簡稱WBS），是指以可交付成果為導向，對專案要素進行分組，最小的分組可稱為工作包（work package)。我就會馬上把這個概念應用到我自己的工作上，我能不能拆解手上工作變成工作包呢？我在拆解成工作包的過程有沒有遇到什麼阻礙呢？如果我都能順利把工作拆解完成，那就表示我自己對於工作分解結構的概念又更加深刻，這不僅讓我等同於在準備考試，也有助於我未來制定進度計劃、資源需求、成本預算、風險管理計劃和採購計劃等項目。

- **用餐**

現代職場人士早餐很多都是在辦公室解決，這段時間我不太建議準備考試，應該把思緒轉換到當天的工作規劃上，因為當天如果工作可以早點完成，也就不用加班應對，就可以讓自己的生活作息正常，正常的生活作息對於準備考試有莫大的助益。

中午的話，時常會跟同事聚餐交際，無可厚非，如果都拿來學習準備考試，好像又會怕自己與同事之間的關係與情誼有所影響，

但不去參加好像又會覺得不妥，我會這樣建議：週一到週五選出兩天自己吃，然後專心準備考試。這樣一週就多出兩個小時可以唸書了。

晚餐我就不建議唸書複習，因為晚餐常常是跟家人相處的時光，準備考試的目的不也是希望在職場有更好的表現，進而得到更豐沛的收入，為家人帶來更好的生活。既然是為了家人，怎能犧牲跟家人相聚的寶貴時光呢？這樣有點本末倒置。

倒是吃完飯之後，可以挑選一個時間跟家人分享你在準備什麼樣的考試，以及相關內容，你可以把內容用自己的話說出來讓家人聽：

> 用「外行人」聽得懂的話解釋，如果你也能夠深入淺出地解釋說明清楚，代表你已經相對熟悉這樣的專業內容。

像我去學習財報相關課程，我回來就用長輩聽得懂的話語跟爸媽解釋說明，也避免他們像菜籃族一樣聽信消息就亂買，而是回歸價值投資的基本原則來選擇好標的。

- **晚上時間**

職場工作者如果有家庭的話，常常晚上七點到十點是小孩讀書寫作業的時間，這段時間有些職場工作者會放鬆，像是看電視、滑手機之類的，但其實你有其他的選擇，那就是拿來讀書準備考試。這段時間是非常寶貴的，因為這是職場人士少數完整的時間，如果能妥善利用就會產生非常大的效益。

而我曾經看到一篇文章非常認同，它是這樣寫的：
下班後的時間，才是決定你「成功」的關鍵！

大家上班時間都差不多，表現基本上落差不大，下班後是拉開差距非常好的時段。若你要得到生命中想要的東西，持續讓自己往前進，然後努力不懈。而且若家中有小朋友看到你在如此拼命唸書，小孩也會模仿大人行為。

像我就常常看書，小孩就會有樣學樣，也拿起書來閱讀，所以當你在責備小孩都不看書時，我想簡單請教你一句話：你看書嗎？如果你看書，就不用擔心小孩排斥閱讀了！

我之前準備證照考試時，也會跟孩子分享我到底在唸什麼內容，然後嘗試把很艱深難懂的內容，透過很簡單的概念傳遞給他們，這樣就好像用自己的話說出來，也同時可以幫助我自己記憶更加深刻！所以，嘗試對孩子說明你的準備考試內容吧！也是促進親子互動的好方式。

- **睡眠**

睡眠不是睡得多就好，而是要睡得質量好。睡太多或睡太少頭腦都會昏昏沉沉的，反而影響到工作效率跟讀書效率。所以我認為睡眠是非常重要的關鍵！我自己睡眠好的時候，工作效率非常高，但睡眠不好的時候，也都一整天精神不濟。

但要睡多少才比較好呢？這部分我過去也說不上來，但可以依照國外研究先了解，之後評估出屬於自己的最佳睡眠模式。畢竟，我也已經到了叫醒我的是膀胱而非鬧鐘的年紀了（苦笑），正因為如此，更是需要好好睡眠！

我上網google查詢全球知名的睡眠基金會（Sleep Foundation，英文網址：https://www.sleepfoundation.org/press-release/national-sleep-foundation-recommends-new-sleep-times），網站其中一篇文章寫到不同年齡有不同的睡眠時間長度：

年齡	建議睡眠長度
0-3 個月	14-17 小時
4-11 個月	12-15 小時
1-2 歲	11-14 小時
3-5 歲	10-13 小時
6-13 歲	09-11 小時
14-17 歲	08-10 小時
18-25 歲	07-09 小時
26-64 歲	07-09 小時
65 歲以上	07-08 小時

　　通常會閱讀本書的讀者群多介於「18-25 歲」、「26-65 歲」這兩個族群居多，畢竟這是寫給中學生以上，和職場人士看的考試准備用書，但這些睡眠時數真的只是參考，還要依照你自己的情況作出調整。真的只要睡到這個時數就算睡眠好了嗎？其實答案不盡然。

　　因為睡眠好，「睡眠品質」跟「睡眠時數」都要兼備，只有睡眠時數達到，還是不能稱之為睡眠好。

調整作息，有時間準備考試的關鍵

如果這些零碎時間你都善加掌握，還是覺得準備時間不夠，希望可以有更多完整的時間，我會建議各位只剩下唯一一招：那就是調整作息，變成晨型人吧！

我舉一個例子，我以前在某公司服務時，曾經加班到一個很誇張的情況，因為有緊急專案在身上，所以曾從上午九點一路忙到凌晨兩三點才下班，而這樣的工作狀態持續了一個多月，因為那段時間常常需要開會，然而信箱有非常多事情等待我回覆，一直不斷有手機或訊息催促著，我通常會議一結束回到座位上，就要拼命回覆郵件來趕上進度，回覆完才有時間可以做事，也因此忙完工作就到了午夜。

直到有一天，我覺得受不了了，所以我就決定一件事！遞辭呈？當然不是，雖然內心是有這樣想過，但我天生個性不服輸，不希望被這種事情就打倒了，所以我選擇提早進辦公室工作，公司九點上班，我八點就進辦公室了，然後就把所有的 email 該回覆的回覆，能夠交辦的工作項目趕緊 email 交辦出去，該完成的重點事項趕緊開始完成。

因為平常在工作上有很多人會被會議跟 email 打擾，很難有一個完整的時間好好想事情，所以工作效率都被拉低了，但是提早進去辦公室一小時，我發現我可以回覆好幾十封 email，大概是過往我回覆 email 總量的一半，被同事催促的 email 與電話少了許多，我也減少了被電話跟 email 干擾的頻率，也就更能專心在工作上產出，後來發現我下班時間逐步正常。

早起真的會有所不同，特別是內心會出現成就感，因為當大家

還很多事情都還沒完成，可是你已經在別人上班前完成很多事情，然後你可以好好的把握時間去利用，而不是被時間追著推進進度，而是你自己可以提早完成很多事情並跟催他人的進度。

這樣做才不會變成時間的奴隸，而是能夠變成掌握時間的主人，所以我覺得早起成為晨型人是一個非常重要、可以翻轉的習慣養成。

同樣的，你也可以嘗試提早進辦公室準備考試，我會建議不要在座位上讀，為什麼呢？因為有些主管也會提早到，通常提早到之後就會跟你討論公事，那時候心思可能就很難專心準備了，因為被打擾，讀書效率自然不高。因此，我會建議預約公司的會議室，在會議室裡面專心準備，直到上班時間前五分鐘，再回到座位上，這樣就可以確保自己多了四十分鐘到五十分鐘的完整時間，可以閱讀教材與準備考試。

只是有件事要特別留意，如果你希望早起，就不能夠很晚睡，因為很晚睡又需要早起，是無法長時間持續的，因為睡眠時間不足，你早上起來也會頭暈暈的，沒有任何精神，反而降低工作效率！所以如果決定要利用上午相對完整的時間空檔，那就務必要調整作息，改成早睡早起的模式，這樣才是從根本改變你的時間結構的方法。

8-4
讀書時間表的安排技巧

每天要設定讀書總量時間，不要無限上綱

因為讀書時間是有限的，不要有這樣的想像：「我之後還有時間可以念」，因而讓自己怠惰。相信我，你不可能會有這樣的時間。但其實當你考試日期定了，能夠讀書的時間就被決定了。如果現在沒釐清，之後時間只會越來越少，不要把今天要做的事情變到明天做，因為明天還有明天的進度。這樣拖延只是讓進度越來越落後，需要讀的書越堆積越多，到最後越來越痛苦，變成忍痛放棄，沒有通過考試。

或者可能出現這樣的情況，知道有很多書要唸，因此卯起來讀，結果雖然花很多時間讀，但是卻讀到頭昏腦脹，進度是趕完了，但是否真的有讀懂，還有待檢驗！

這不都很可惜嗎？因此，每天給自己設定能夠完成的讀書份量，然後聚焦在當天完成的進度。

不要去想後面還沒到進度的事情，這樣就可以相對專心並節省時間！

不要再三心二意，一次專注一件事

很多人在安排讀書計畫時，會安排琳瑯滿目的內容，其實我會建議要單純化，因為職場人士不像學生，學生每天大部分時間只要專心上課，所以有相對多的時間可以應付很多種科目的準備。

職場人士因為時間不多，所以盡量聚焦單純化內容，因為轉換科目也要轉換腦袋，所以一次安排一個科目有往前確實推動，更為重要！

如果一次只有一個科目，那就可以專注聚焦任務，然後開始做，並且可以用番茄鐘的方式先堅持二十五分鐘就好，為了避免自己一直看時間，可以用計時器計時二十五分鐘，之後自己就專注在要準備考試的素材當中。

簡單來說，不要猶豫，馬上開始進行，然後告訴自己先做二十五分鐘就好。

當你的心態轉變後，就可以從「沒有進展」轉變為「有了一些進展」，這樣就可以有效推進進度！

一次只唸一個章節，不要處於多工狀態

知道準備考試有很多書要唸，但也要避免自己準備出現失誤，那就是「要求自己」在這有限時間要把很多內容都念完，反而會變成「貪多嚼不爛」的窘境。不要讓自己處於多工狀態，因為跳來跳去看似很有效率，但實際上還是一次專心做好一件事，效果更好。

為了避免這樣的情況產生，建議在有限的時間範圍之中，只放適合這時間的準備考試資料就好，其他的之後再說。

那什麼時候判斷自己處於想要多工狀態呢？你就看看自己有沒有在念這篇章，卻想著其他還沒做的事。如果有剛剛這樣的描述出現，那就表示自己的專注力降低了！請務必要提醒自己，要回來目前在做的事情之上。

像我自己每天也會有很多產出，有朋友會誤以為我同時間做很多件事，其實不是的。我一個時間只能做一件事，像現在這個時間我在寫稿，我就不可能同時聽演講，因為這樣反而會讓我自己的思緒沒有效能。

我也曾這樣試過，結果發現我打字速度降低很多，得不償失。

簡單說，多工其實不是同時做很多件事，而是一個時間快速完成一件事，很多段時間完成很多段事情進度的累積。

緩衝時間務必要擺放進去

當你時間排進去之後，總會有突發狀況發生，那時就是考驗的開始。一邊是原先預定要做的事，一邊是不得不處理的突發狀況，那時一定是心急如焚，焦慮難耐。我也曾遇到過這樣情況，結果發現自己在有限時間內要處理兩件事，品質上有受到影響，甚至造成更大的困擾。

於是乎，我就思考如何解決這樣的情況，因為人生有突發狀況在所難免，無法完整迴避，只能「降低」突發狀況發生的頻率，透過頻率減少，整體上對個人造成的傷害累積也會減少。

那要怎麼降低呢？就是擺放「空白緩衝時間」。

也就是說不要把所有行程都給「排滿」，而是預留一些的空白時間，避免出現萬一無法照表進行的狀態，當我開始預留空白時間後，即使遇到意料之外的突發情況，我也相對可以從容應對。

要排入休息時間，要能總量管制

我看到有些人會把讀書計畫每天都排得很緊密，以至於可能出現能力再好，也讀不完的窘境，畢竟我們也不是機器人，就算是機器人，也是需要關機定期保養，更何況我們是人，總會感到疲憊，因此休息更是必要的。

若是因為每天緊繃準備而沒有休息，這樣反而會讓讀書效率逐漸降低，反而會拖累原先極高的工作效率，所以休息時間是很必要的。如果可以的話，盡可能把工作量做「總量管制」。

說到「總量管制」我有很深的感觸，因為自己身為自由工作者，有工作就一直承接，曾經最誇張是一個月三十天當中，有二十四天要上課，重點是我當時還同時準備一張國外證照考試，加總起來的結果就是，把自己逼到精神跟身體的極限邊緣，工作效率跟讀書效率不升反降，該期間念的書常常會沒有趕上進度而覺得心情低落。

後來我自己發現是工作量太大了，身體休息不足夠，而使精神不濟的狀況一直出現，而我也沒有關注，只是覺得自己要趕緊完成任務。當跟時間管理專家朋友討論之後，我就發現自己需要做工作量的總量管制，因為不管再怎麼能力超群的人，一直處在疲勞狀態，也不會有好的表現！該休息時，請務必好好休息吧！

行程表要有固定留白：一個月 1 ～ 2 天

當你每天都忙碌於準備工作跟考試，其實身體也已經長時間處於高壓狀態，也需要一些放鬆。什麼都不要做，讓自己抽離工作跟考試，也是一個不錯的轉換。當然內心時不時會想起考試或工作，那時要提醒自己：「我正在休息！休息，是為了走更長遠的路！」

就像微軟創辦人比爾・蓋茲先生，他從 1980 年開始，每半年會給自己空出整整一個禮拜在自己位於湖邊的別墅「閉關」度過，他稱之為「思考週」（Think Week）。在這週的時間裡面，他不與任何人連絡，一個人關在別墅裡大量閱讀，並針對公司未來走向以及世界科技趨勢琢磨思考，經常有突破性的產品誕生。

當然你不一定要跟比爾・蓋茲一樣關一整週，**我覺得一個月空出 1 ～ 2 天好好休息**，也是很棒的調劑，就算是發呆也好、看部電影也好、去自己喜歡餐廳用餐也好，都盡量不要待在原本準備考試的空間當中，讓自己的身心靈都能稍微休息一番。

好好休假之後回來，就會發現自己宛若新生，也更有動力執行考試準備計畫！

8-5
讓讀書時間產能更高的技巧

縮短自己讀書的儀式感，讓自己隨時都可以啟動

我跟不少朋友討論過讀書方法。有些朋友習慣讀書前都會先手沖一杯咖啡，用手動設備磨豆，之後過濾壓實，採九十度的水溫沖泡，一邊欣賞咖啡的泡沫跟香氣。這樣沖一杯咖啡需要一些時間，至少十分鐘以上，有些朋友就當作是開始讀書的儀式。

這樣聽起來很愜意，但其實我會建議要改掉這樣的儀式感。因為儀式越長，可以讀書的時間越少。我並非認為儀式感不重要，相反地，我認為儀式感很重要，儀式感也是讓自己進入新狀態很重要的開關。倒不如說，我非常贊成每個人都要有一個快速進入心流狀態的儀式感。

在有限時間的限制壓力下，
我會建議採用有限時間的儀式感。

否則，好不容易擠出的十分鐘零碎時間唸書，光做儀式就用完了，那就會讓自己進入相對怠惰狀態，想說「下一次有空再唸」就好，但又往往找不到下一次讀書時間，反而錯過了零碎時間的善加利用。

這某程度也是拘泥於「講求完美」的狀態，這往往是一種藉口，不管我們做了多少準備，都一定還是會出現覺得自己準備不夠的感受，所以說「完美不可能得到，但可以盡量靠近。」所以到最後會

發現，重點不是「完美」，而是「完成」，能讓進度有效推進才是更棒的。

所以請務必要有捨棄完美的心態與勇氣，所以，我到後來儀式感越來越簡單，就是只要能夠拿起書來，我就會先做兩件事：

- **快速瀏覽觀看讀書計畫，並瞭解今天該念哪些範圍。**

- **若有延續性，先快速複習上一次讀書的內容。若沒有，則直接進去讀新內容。**

這兩件事情做起來大概三十秒到一分鐘，我就可以快速進入讀書狀態。這對我來說已經有七八分狀態的暖身，當我開始念新範圍的內容時，可以快速且直接進入閱讀重點的專注程度。

進度被中斷時，留下備忘錄

因為能夠準備考試的時間有限，這半小時之內盡量減少被打斷是很關鍵的事，但實際情況下，有時會遇到不得不中斷的時候，那又該怎麼辦呢？這時候要做的就是寫下「memo 備忘」，我通常都會隨身攜帶便利貼跟筆，然後快速用便利貼紀錄 memo 備忘，以下是我自己操作的三步驟：

- **讀的章節**

- **目前讀到哪**

- **接下來還有哪些還沒念或是哪些事還沒做**

會建議大家這樣做，是為了避免當重新回來要接上準備考試的進度時出現「我剛剛唸到哪裡了？」、「接下來我要做些什麼呢？」

這樣的疑問，因為當你出現這樣的疑問，就代表要把之前的內容再唸過，但如果有做 memo 備忘，則可以馬上著手繼續往下進行。

我還是那句老話：「記憶不可靠，記錄才可靠。」

特別是我自己記性不佳，經常需要切換多種工作型態，就發現自己很容易遺忘，特別是被中斷的工作或考試準備。所以這也是為了要節省自己準備時間，跟避免忘記工作還沒做完造成的失誤，有留下 memo 紀錄，就有更多資訊幫我回想起內容，將可更快上手！這幾招也提供給各位讀者嘗試看看，你會發現，準備考試的時間會多出許多，以及自己進入狀態的時間縮短很多。

不管讀書時間有多長，都要留一分鐘用自己的話歸納

不管剛剛花多少時間讀書準備考試，最後都要留下一段時間，用自己的話回憶剛剛讀了些什麼內容。因為書中的知識寫下來都是別人的，自己的話語說出來才是自己的。

不用太多文字，只要自己聽得懂就好，我發現我也是透過這樣的方式幫助我「化繁為簡」，簡單用幾句話把我所學貫串起來，盡量讓自己用一分鐘的方式簡潔有力地把重點說明清楚。之後對照原先課本，懂的就再瀏覽複習，不懂的或是遺漏的就重點標記下來，加深印象。

因為沒記住，通常是異常或是不熟悉的內容，異常管理很重要，考試往往決勝負的關鍵總是在這些小細節當中，如同管理者常說的一句話：「魔鬼藏在細節裡！」所以異常的內容自己要多加留心，可以透過用自己的話輸出才知道是否熟悉，才能發現異常。

也唯有如此，你才會感受到自己讀書進步的狀態，不然讀進去什麼自己都不知道，在書桌前面坐再久都是沒有意義的。

做筆記要善用自動儲存功能

現代人做筆記有別於過往，很多時候是數位筆記取代了實體筆記，我覺得用什麼工具記錄都無妨，但重點是要讓自己記得。但我不知道各位是否有遇過這樣的情況，明明打了一堆重要筆記精華，但是最後儲存檔案卻失敗，導致沒有儲存到資料。我曾遇過好幾次，頓時之間覺得非常挫折，剛剛花費的時間都白費了！

雖然大綱都還記得，但也無法精準到一字一句，之後又要花大量時間重新製作，曠日費時。後來我就思考有沒有工具可以提醒我自己不要再忘記存檔呢？雖然說有快捷鍵「Ctrl+S」（微軟 Windows 系統）或是快捷鍵「Command+S」（蘋果系統）可以使用，也還是會有時會出現當機狀態。

所以我現在幾乎重點整理都是用 Google Docs 完成，因為你輸入進去的每一個環節，都會隨時被雲端自動儲存下來，非常便利，也因此節省大量重做的時間，讓重要資料不再遺失。

唯一需要特別留意的是，雲端硬碟的容量是否充足，雲端硬碟可以存放文字與文件檔案為主，照片部分可以另存隨身硬碟處理。

8-6
準備考試期間的情緒管理技巧

找一個自己信得過的 Mentor 對話

　　自己準備考試往往有一種孤獨感，因為其他人（包括家人）可能也不知道你為何要做這些準備，可能也不了解你準備的辛苦。你既要面對準備的壓力，還要面臨上場考試不確定性的擔心，又沒有人可以訴苦，那真的是一種煎熬。

　　而且若因為看不懂考試內容且想不出解題方法，就會更加著急，甚至帶給周遭朋友負面的情緒，造成家庭不好的氛圍。負面情緒沒有宣洩出來，是會累積越來越多，直到忍受不了而大爆發，反而會造成更嚴重的情況，甚至放棄考試的準備。

> 若能在大爆發之前有一個宣洩管道，有一個你信得過的Mentor可以跟你聊聊，你就相對可以安定紛亂的身心狀態！

　　如果可以的話，可以找到已經通過這個考試的資深前輩聊聊，說說看目前遇到的瓶頸，或許對方經驗豐富，瞬間就可以解決你遇到掙扎許久的問題，讓你豁然開朗，有種「聽君一席話，勝讀萬卷書」的激動心情。

　　就算沒有這樣可以請教的前輩也無妨，重點是你可以找到聆聽你抱怨吐苦水的朋友們也行，重點是能夠接納你內心真實聲音的人，知道在他面前講話是非常安心的，對方不一定要幫你想出解決

辦法，重點是只要讓你感受到「有人陪伴」、「我不是孤獨一人」這樣就好。

被煩心事纏身時，把壓力來源寫下來

　　我自己也曾遇過準備考試期間工作不順、與家人口角的狀態，那時常常覺得心煩意亂、心情低落無法專注。我就嘗試一個方式，還不錯，那就是把壓力來源寫下來。

　　我會思考找尋目前是因為什麼樣的事件，導致我心神不寧而充滿壓力。我會把相關事件快速寫下來，之後快速瀏覽一次，是不是只有這些造成我的壓力，還是還有其他事情。這過程大概只有 1 ～ 2 分鐘，就可以把相關關鍵字列下來。基本上職場人士的壓力來源我自己親身經歷大概有幾個：

工作面	家庭面	健康面
◇ 主管換人	◇ 家人溝通議題	◇ 健康出狀況
◇ 工作異動	◇ 生病受傷照顧	◇ 心理壓力過大
◇ 客戶抱怨	◇ 孩子教養	◇ 突發意外
◇ ...	◇ ...	◇ ...

你也可以把你感受到可能有壓力的區塊寫下來，然後逐一釐清為什麼會感受到壓力的原因，並根據原因找出相關解決方案，而這些內容都必須透過紙筆書寫出來，因為寫出來就是一種產出，是一種視覺化的展現。

這樣的方法比在腦中一直想像來得好，因為腦中想像往往都不知道這樣做對不對，又帶著一絲恐懼的話，就會越想像越害怕。當你寫下來之後，快速找出解決方案，也就可以讓自己更加專心聚焦在準備考試上，因為解決方案都有了，只要待會完成準備考試的閱讀，再來執行解決方案就可以了，這樣心情就會相對穩定許多，也就更能專注在面前的考試準備中。

如果真的感到疲憊，那就小憩一下

總會讀到自己體力不支的狀態，如果真的遇到了，那就是身體在告訴你訊息：「不要硬撐」。這並不是為了替自己還沒念完的考試內容找藉口，而是感到疲憊，就是真的要休息。但很多時候又怕這樣休息下去，總是會一覺到天亮，然後考試準備進度落後，因此內心又更加焦慮，但不休息身體又很累，經常陷入這樣兩難的抉擇中！

我的建議是，那就小憩一下吧！我自己身為培訓師，經常要一天七小時長時間授課，為了讓我自己體力支持得住，我就會趕緊吃完午餐，之後就會小憩一下。小憩時間長短不一，主要是簡單睡 15-30 分鐘，在辦公桌旁或是辦公椅上，千萬不要躺在床上或沙發上，因為往往會一睡就好幾個小時。

我的經驗是小憩雖然只有短短時間，但常常睡得很沉，有達到消除疲勞、恢復體力的狀態，也讓我更有體力面對下午的課程。而當我晚上在準備考試時，我也曾工作回家吃飽飯後，先小憩 30 分鐘，之後再開始準備考試的內容，我也發現效率不錯。

有些人會提到在辦公室很難小憩，因為要在絕對安靜的空間才會入睡，如果你是這樣，我會建議你「閉目養神」就好，起碼讓眼睛稍微休息，因為現代人要閱讀大量資料，跟大量使用 3C 產品，去看眼科幾乎得到的答案都是說用眼過度，所以閉目養神讓眼睛稍微休息，眼睛也比較不會酸澀，進而影響到考試準備的效率。

不要否定自己努力，較容易度過震盪期

準備過程本來就會有難關要克服，這件事情在決定要考試之前基本上就知道，你可以想想，如果本來就會的內容，那準備考試應該是不費吹灰之力就可以取得，但事實上不是如此，所以要認知遇到困難是正常的。

就像我之前在練健身，練完健身隔天總是會肌肉酸痛，甚至連下床走路都覺得舉步維艱，因為肌肉纖維被撕裂的關係，但也因為被撕裂，所以有機會修復並且更加強壯，所以這樣的不舒服感覺是正常的，這正是我們要往前進的必經歷程。

不管怎麼不舒服，千萬不要否定自己的努力，因為準備考試撞牆期過程總是不舒服居多，可能會讓自己無法集中精神準備，甚至看到書就嫌煩，坐在書桌前發呆，或是在客廳中看著電視卻無法有力氣去準備考試。

　　如果你有這樣的感覺，往往是覺得自己努力再多都沒有用，覺得自己孤獨沮喪，感到洩氣。

但是，這樣的想法其實只是把一時的低潮給無限放大，而忘記自己過去的努力，這是很可惜的情況。

　　要知道進入震盪期，本來就會有所起伏，要耐著性子度過。我想要跟大家說，努力不會白費，歷程不會白走，今天的努力會讓自己比昨天更有進步，所以請在一天結束時，感謝自己的努力以及願意花時間準備考試內容，都是為了能夠看到更好的自己。所以，請不要焦慮！

　　每個人在追求夢想的路上都會遇到挑戰和低谷，但這些都是讓我們變得更堅強、更成熟的歷程。當我們回首這段時間，不是考試的結果，而是那些夜深人靜，仍然堅持下去的時刻，會成為我們最寶貴的回憶。

　　一場考試，無論結果如何，都不能完全代表一個人的價值。真正的價值來自於我們如何面對困難、如何不放棄、如何在逆境中找到力量和勇氣繼續前進。因此，當我們遇到撞牆期，最重要的是記住自己為什麼開始，記住那個初心，並且持續向前。不論外界如何看待，我們都要相信自己，相信那些付出的努力總有一天會得到回報。如此，即使是在最困難的時候，我們也能夠擁有那份信念和毅力，勇敢地走下去。

8-7
用八分力衝刺你的考試與學習

「八分力」：安排考試準備計畫不要犧牲睡眠

如果平常有很多事情要忙，像是要照顧小孩、工作等等，經常會出現「心有餘而力不足」的情況，那時就是憑藉著一股意志力準備，可能因此犧牲睡眠熬夜準備，隔天上班沒有精神，其實這樣的狀態是無法持久的。

就像我現在覺得體力跟十年前比起來就差很多，年紀是騙不了人的，體力只會隨年紀漸長逐漸減少，那就要更加妥善利用自己的精力能量。

準備考試就不是像以前一樣熬夜苦讀硬撐到考試，而是應該提早開始準備，利用更多的時間空間來應對自己時間不足、體力不足的窘況。所以過往「全力衝刺」的考試準備法要捨棄，取而代之的是「八分力」持續穩定的產出。

用跑步來形容的話，就要從過往「百米衝刺」過渡到現在「長跑持續」。

並且思考盤算哪些分數一定要拿到，哪些分數不拿到不影響，哪些不懂的可以找到人問，這樣都可以節省準備的時間，畢竟，對於職場人士來說，最寶貴的永遠是時間！

行事曆只排八分滿，調整自己的狀態

　　很多人在制定目標時，都會設定很滿的讀書計畫行事曆，想像很美好，但實際執行痛苦不堪，之後就會發現自己難以維持讀書進度，感到挫折，就不會持續執行。這樣的行事曆安排，是理想跟現實的差距與痛點！所以我要說這樣滿滿的行事曆是行不通的，因為填太滿，需要的是有「空間」可以呼吸。

　　留下空間呼吸是很重要的環節，因為排考試進度是一回事，但是每一個章節的難易度跟自己理解程度不一，有時候就剛好遇到自己不熟悉的環節，那時進度就會比較慢，但如果都是滿滿進度，因為時間壓力的關係，所以就會「強迫」自己要完成預計進度，但你也僅僅是完成而已，是不是真的有了解，可能不一定。

　　因為我們會害怕的是另外一件事，就是沒有達到自己設定的準備考試讀書進度，反而會感到挫折，覺得自己的內心自我印象有毀損。

　　那要怎麼安排讀書計畫行事曆呢？就是排八分滿！人總會有疲憊的時候，準備考試效率會有所降低，所以有了預留時間，就可以幫自己多爭取到一些緩衝。

　　預留時間給自己做複習跟弱點強化非常重要，是消除壓力與趕上進度的核心關鍵。

　　如果進度都有在行程上，多出來的兩成時間，也可以給自己一些肯定，像是可以邀約朋友聚餐，讓自己轉換一下心情跟情緒，不會一整個人緊繃到不行。

8-8
準備考試也要重新安排
生活的輕重緩急

準備考試都是需要花費時間，原本的生活一定會被打亂。通常我們都希望不要被「過度影響」，盡可能把影響範圍縮小。只是你會發現有些事情還是要做，甚至是無法被轉移的，那該怎麼辦才好呢？

要怎麼做才能有效率重新安排生活中的輕重緩急呢？以下是我的操作步驟：

1. 重新檢視目前生活與工作需要完成的項目有哪些，全部都先列出來。

剛開始沒列不知道，列出來我嚇一跳，原來自己平常有這麼多事情要處理，也會驚訝自己難怪會時常覺得很累，因為體力都被消耗殆盡。

2. 評估哪些項目可以暫時先不用做、簡單做、同步做。

哪些可以簡單做降低標準，而哪些可以一起同步做。像是我會用「同時進行」來縮短完成任務的時間，簡單來說，就是會同時處理兩件事，像是邊刷牙邊洗澡、邊燒開水邊洗碗等等。如果無法同時進行，我就會強迫自己縮短處理時間，像是吃飯時間，原本一小時，我就會濃縮變成二十分鐘內完食等。

或者說我就降低標準，不要事事都用如此高規格呈現，像是原本每兩天就會打掃家裡拖地一次，為了幫自己爭取更多準備考試的時間，就可能跟家人商量是否改成每三天一次或是每四天一次，這樣就會有更多的時間可以準備考試。

3. 把剩下來的內容重新依照自己的重要性來安排順序。

像我自己很重視睡眠，沒有睡飽都會整個人渾身不對勁，就算硬撐，也會發現工作效率真的變得相對低下，影響到我的產出。所以睡眠時間就是我不會縮短減少的項目！也可以從這樣的排序當中，來發現準備考試對自己的重要性。

> 當我們做了很多事情調整，都是為了準備考試，就更能強化自己對於一定要通過考試的動力。

因為我們認為通過考試會讓我們有所不同，所以當我們已經決定了參加考試，那就請確實地執行並貫徹始終！畢竟，這條路是自己選擇的。

會這樣規劃主要原因是我們的能量大概都是固定值，你比較多的精力花在準備考試上，相對地能花在其他地方的精力就少了，所以就更要精打細算，看怎麼樣的分配對自己來說是最舒適且有效率的。

第九章

考前最後衝刺！

9-1
考前最後衝刺的具體行動建議

以下是我針對考試最後衝刺階段安排的順序：

拿出一張白紙回憶該篇章內容

通常我會保留該篇章的標題，然後我開始從這個關鍵字去回憶內容，就算結構沒有很清楚也沒關係，我就把我腦中想到的先寫下來。當我自己能夠將該篇章的重點內容都能順暢寫下來之後，我就會拿出重點筆記來核對，核對看看自己是否有重點遺漏之處，因為遺漏之處就是自己不熟悉之處，因為不熟悉就很容易忘記，那也就是我的弱點所在。

弱點所在就是我正式考試可能失去分數的地方，所以要特別註記起來，並在最後衝刺階段不斷強化記憶。

考試前基本上內容都已經讀過了，所以如果相對熟悉，理當要能夠把該篇章的重點知識梳理整齊，並且不會遺漏任何一個知識點。

做模擬題目

做題目最重要的目的就是幫助我們了解自己對於各章節內容掌握狀況，因為我們念書念完了，會覺得自己對於此章節已經很熟悉，但是了解跟做到是兩回事。而做題目則是最好的驗證！

我自己也遇過念完覺得很熟的章節，結果做題目卻錯誤連連。後來我就意識到這是自己沒有克服了解與做到的差距所導致的。

試後檢討步驟，並把重點寫在重點筆記中

考前衝刺時，做完模擬題目還是一樣要做試後檢討，那這時候怎麼做考試後檢討才會有效，以下我用一個範例做示範。

範例：

（ 　　 ）下面對於 WBS 的描述是不對的？

A. 可以做出精確估算。

B. 可以持續不中斷的完成程序。

C. 在一定時間（Ex.80 小時）之內完成。

D. 資源要細到可以由一個人執行才行。

這題目的正確答案是 D，假設我選的是 C，我就知道我做錯了。我就會用螢光筆在正確選項劃線，之後在正確選項後面用紅筆寫下註解，並在我錯選的選項後面用藍筆寫下註解。

所以為了彌補這個差距，我特別將做錯的題目與內容整理進去重點筆記本，這樣每天我瀏覽重點時，就會提醒自己要多加留意並記憶自己不熟悉的觀念。

如同下面圖例。

> 範例：
> D（ ✕ ）下面對於WBS的描述是不對的？
> A. 可以做出精確估算。
> B. 可以持續不中斷的完成程序。
> C. 在一定時間（Ex.80 小時）之內完成。　80 小時是經驗法則，
> 　　　　　　　　　　　　　　　　　　　　表示適當的監控時間。
> D. 資源要細到可以由一個人執行才行。　＊ WBS 資源不一定要分到
> 　　　　　　　　　　　　　　　　　　　　 個人，小組也行。

　　上述提到的是第一次做錯題目的方法，如果第二次、第三次做題目依然做錯該怎麼辦？在這個部份我就會使用其他顏色的螢光筆（第二次用綠色；第三次用藍色），來做區隔，這樣可以幫助我在複習時掌握自己的劣勢並加以補強。

記錄每次考試的成績統計

　　還有一點在做題目時要特別留意，對於每次做題目的時間都要控制，還有計算答題數目與答題正確率，這樣就可以更輕易掌握自己目前的強項、弱點以及分數趨勢。（本書在「7-2」有提供範本供各位下載。）

> 我會好好利用考前衝刺所剩不多的時間，加強弱點篇章，以期能盡量拉高測驗分數，其他內容則維持水準就好！

　　考前衝刺不是為了要讀更多的書，更重要的是要調整自己，用最佳狀態來面對正式考試！畢竟，該唸的早該唸完了，而不是在最後時間臨時抱佛腳！

務必做模擬真實考試的身心靈壓力測試

　　很多人會覺得我大概各個章節都能夠考出不錯成績，那就直接去應考了。我覺得這還不夠，如果可以的話，**我會建議用坊間模擬練習題庫，隨機抽出 200 題題目（或看你的考試主題），符合真實考試時間來測驗，看看自己能否達到通過標準！**

　　畢竟考試過程中也會體力下滑，會有身體狀況，需要補充能量等等問題出現，只有當你玩真的，自己真正把模擬考當一回事，身體反應就會當真。

　　然後我想請你做的不只是紀錄成績分數以及檢討試卷，我還希望你能夠覺察自己生理狀態，看看什麼時候體力下滑，以及記錄自己答題速度，像是經過 30 分鐘之後回答完多少題目，這樣可以幫助自己微調答題速度以及體力。

　　答題完之後，也要為自己喝采能夠撐過這麼艱難的考試關卡，並給自己一些鼓勵的話語，我覺得都是很必要的儀式動作。

9-2
不可忽視的考場戰略規劃

就我自己參加眾多考試而言，我覺得考試之前做再多準備，也救不回考試當天的狀態不佳。我曾經考試前十分鐘肚子痛，然後身體虛弱去考試，就考得不盡理想。所以我就在思考，如何讓自己準備這麼久的實力都能夠發揮出來，才因此有了這一篇文章出現。

穩定自己的身心狀態，是考試當天最重要的事

最近我也在看 Netflix 的紀錄片《The Last Dance》，講述的是公牛王朝 1997-1998 年奪得五冠後的賽季！第一集紀錄片當中，可以看到籃球之神麥可・喬登（Michael Jordan）穩定熱身，然後隨時保持專注，不論對手多強大，不論是否剛進入 NBA，他都勇往直前，無懼困難！

就連季後賽第五場麥可・喬登（Michael Jordan）疑似食物被下毒而欲振乏力，但他當天依然狂得 38 分，帶領球隊 3-2 取得領先地位。看完之後我頗有收穫，就算是面對大考，依然要「平常心」！平常心常聽到，你也會覺得這是老生常談，那要怎麼做才能夠平常心呢？

我覺得就按照平常生活方式，該怎麼生活就怎麼生活，就這麼簡單嗎？是的，就這麼簡單！

　　我看過很多人考試前很像如臨大敵，要吃什麼補品，或是喝什麼飲料，希望可以緩解自己的內在焦慮，但很多時候往往適得其反，反而讓考試當天的狀態不穩定！像是我自己要準備考試時，我就會跟平常去企業內訓時吃一樣的早餐，對！一樣的早餐，因為我發現吃一樣的早餐就可降低自己的焦慮感，因為自己內在潛意識就會覺得今天跟過往每一天沒有太大差別，我還是繼續吃著食物跟真實地生活著，不要在現場被「得失心」困住了。

　　什麼是「得失心」？「得失心」就是很多人會覺得當我花了這麼多時間準備考試，當然是希望自己通過考試！因為沒有考過的話，就會覺得自己這段時間準備考試都「白費」了，不如去做其他工作比較值得！然後就會在心中告訴自己「我一定要考過！」、「我一定要考過！」、「我一定要考過！」，但越是這樣，就越容易緊張。我都會「提醒自己」這樣想：

就算沒有考過，也因為學習到新的知識，也可以對未來工作產出有所助益！當自己專注在內容時，而不是專注在焦慮上，心情就相對平復了。

　　為什麼要如此？因為到考試前會焦慮是經常發生的，但要提醒自己焦慮無濟於事，讓自己專注在安排的讀書進度比較要緊，如果到最後沒有唸完的書就隨緣吧！畢竟，這段時間你已經很努力了，要相信自己的努力，明瞭走過的路都沒有白費！

　　考試不求高分，求的是發揮自己正常實力就好，不要想著要考出超標成績，只要如實把自己的實力發揮就好，當自己實力有完整發揮，我覺得這已經超級棒了！如果同事考得好，我們可以替他祝福，如果同事考不好，我們可以替他打氣加油。你怎麼對待同事，

也請你怎麼對待自己。

畢竟，人生不是一次考試決勝負！不要讓焦慮吞噬自己。其實內心應該覺得很興奮，想想看自己努力這麼久，考完之後，可以有一個不錯的假期，現在就好好專心做最後衝刺！告訴自己，我可以做得到！

做勝算大的事：用考場戰略提高自己的勝算

那除了吃一樣的餐點，穿自己最自在的衣服外，還有哪些考場策略需要了解的嗎？我很喜歡讀中國古典智慧，有一本書我印象很深刻，那就是《孫子兵法》，裡面有一句話「多算勝，少算不勝」，我覺得就是考場戰略規劃的寫照。

考試時大家程度都差不多，但機會是留給準備好的人，如何讓自己穩定發揮實力，就達到考場戰略規劃的目標了。假設考試是一場戰爭，我們參與其中當然希望自己能夠獲勝，所以在考試現場我們要做的事情就是「提高我們自己的勝算」！

那要做哪些事才可提高我們勝算呢？以下是我整理一些考前準備物品清單的內容給大家參考：

考前準備物品清單：

編號	攜帶物品 （需要攜帶的請事先調查清楚，並如同範例打 V）	核對時間		
		範例 (06/19)	考試前一天 （　/　）	考試當天 （　/　）
01.	中華民國台灣護照（第一證件） • 請務必確定是本人 / 未過期 / 有照片 / 有簽名 / 政府提供！ • 請務必確認線上報名姓名英文拼音與護照 / 信用卡完全相同！ • 隨身攜帶，不要交給他人保管	V		
02.	國民身分證 / 汽機車駕照 / 信用卡（第二證件） • 做為補充第一證件，以備不時之需！ • 請務必確認線上報名姓名英文拼音與護照 / 信用卡完全相同！ • 隨身攜帶，不要交給他人保管	V		
03.	證照考試線上預約成功確認函 • 線上報名結束請務必列印下來，以備不時之需！ • 請務必確認線上報名姓名英文拼音與護照 / 信用卡完全相同！ • 隨身攜帶，不要交給他人保管	V		
04.	手錶（非電子錶）	V		
05.	電子計算機 X 1	V		
06.	自動鉛筆 X 2	V		
07.	自動鉛筆筆芯 X 2	V		
08.	橡皮擦 X 2	V		
09.	直尺 X 2	V		
10.	三角板 X 2	V		

11.	圓規 X 2	V		
12.	水性筆 (黑色 / 紅色 / 藍色) X 4	V		
13.	修正帶 X 2	V		
14.	2B 鉛筆 X 4	V		
15.	2B 鉛筆筆芯 X 4	V		
16.	透明鉛筆盒 X 1	V		
17.	透明墊板	V		
18.	口罩 X 3 (防疫必備)	V		
19.	薄外套 (有些教室比較冷)	V		
20.	手帕 X 2	V		
21.	衛生紙 / 濕紙巾 X 2	V		
22.	驅蚊藥 (怕小黑蚊叮)	V		
23.	耳塞一對 X 1 (須事先向監考人員報備並取得同意)	V		
24.	雨具 X 2	V		
25.	充飢食物 (能快速補充能量)	V		
26.	現金 NTD 2,000 (避免遲到 / 跑錯考場需搭計程車)	V		
27.	常備藥品包 (感冒藥、止痛藥、胃藥等等)	V		
28.				
29.				
30.				

需要這份範本的朋友，可以透過這個短網址下載：https://bit.ly/ exam-202002

QR Code 圖檔下載：

看考場，熟悉環境

當我們抵達考試現場時，有三個地點務必要很清楚，分別列舉如下。

- **考試所在地：**

先到待會要測驗的現場是比較好的！請記得一句話：準時就是遲到。

- **廁所位置：**

大家看到我寫廁所位置一定覺得很好笑，但我由衷建議請務必要走路繞一下，知道位置所在，因為當人有內急時，往往會顯得慌張。

- **飲食區：**

要規避吃考場附近食物可能的風險，也盡量減少太過油膩，或容易造成腸胃不適的食物。而且也不要吃太飽，吃到不會餓就好，因為吃太飽很多血液都跑到胃去工作，同時要用大腦思考也需要消耗很多能量，反而降低大腦能量供給。

了解考試流程

熟悉考試流程是很重要的，因為你會很清楚知道自己要做哪些事情，像是幾點幾分入場？每科要考幾分鐘？中場休息時間該做些什麼事情呢？這些都了然於胸的話，就可以減少自己的緊張感，因為都在自己的預料之中。

當事情都在自己預料之中，人就會顯得自信跟安定，讓自己更能有效發揮應有實力。

我這邊舉自己當初考 PMP 為例，可能不同考試有其不同作法，你依然可以從我的作法中得到一些啟發，之後再變形應用到你所準備的考試之上。

如你所見，圖表就是 PMP 國際專案管理師證照的考試時間，千萬不要以為 PMP 考試是從你踏入考場那四小時才決定的。

時間	08:00-08:30	08:30-12:30	
上午考試	報到	測驗時間（四小時）	
		時間	12:00-12:30	12:30-16:30
		下午考試	報到	測驗時間（四小時）

其實是從你現在報名時已經埋下伏筆！

為什麼我會這麼說呢？這就要從 PMP 考試時間說起：就 PMP 考試而言，一般來說會有兩個時段可以選擇，分別是上午 8:30 跟中午 12:30，進行四小時的測驗。這四個小時的測驗不只是對你腦力的試煉，也是對於你體力與專注力的考驗。

　　所以我強烈建議正在讀此書的你，一定要找出自己工作效率最高時段，並在這個時段進行考試測驗，這樣通過機率就會高很多。

　　找出合適自己的考試時間是很重要的一個關鍵！ 簡單的說，你要了解你自己的作息。

　　如果你的作息是上午時段效率最好，類似晨型人的作息模式，這樣會建議你選擇上午的考試時段。若你跟我一樣都是屬於夜貓子型，建議你選擇中午的時段。我這邊就舉自己的例子來說明，像我就是選擇中午時間考試，這是我考量到兩個因素：

1. 生理因素：

　　我是依照個人作息下去安排考試時間的。一般我08:00起床，然後盥洗後前往公司，準時09:00上班。上班可以到公司再讓自己工作效率提升，但是考PMP完全不是這麼一回事，由於PMP有時間限制（200題/240分鐘），更是要分秒必爭。所以若是我上午08:00起床，趕赴考場08:30隨即就要報到，馬上就進入考場。我個人會覺得太匆忙，沒有讓自己的頭腦暖機而處在最佳效率狀態。

　　再者，若依照讀者這樣的時間規畫，我的早餐將會是在08:00-08:30之間匆忙吃完（畢竟還要考量到交通時間）。根據我的經驗，剛吃飽頭腦效率不是太好，起碼都要在吃飽飯一個小時後效率才較高，所以吃飽早餐隨即參加考試，對我個人而言並不是一個好的選擇。

2. 心理因素：

　　我自認是一個謹慎的人，總希望把事情做到盡善盡美。我自己評

估過，如果我選擇中午的時段考試，這樣我上午就會多出一至二個小時做複習（切記！千萬不要把四小時時間全部填滿，這樣會太過疲憊，重點還是下午考試的臨場表現，請務必儲備體力！），我可以妥善利用這些時間將九大知識領域重新複習過，並可以再次練習每日一默的部分，做好暖身，調整心態到最佳狀態。

所以，各位讀者在準備考試時，一定要好好了解並記錄自己的作息，並從中找出最高效率的時段。當然，如果發現自己最高效率的時段不是落在考試時間的話，一定要開始調整自己作息，使自己在考試時能做出最大的發揮！

充分的個人資料準備

我相信有些讀者考試經驗一定都很豐富，但許多人因為這樣反而有些輕忽。每年大學聯考期間，我總是會看到新聞播出粗心的學生跑錯考場，或是忘記攜帶准考證而請交通大隊開道的消息，當然我們也覺得這樣太粗心了吧？

但請不要恥笑他們，因為當這發生在我們自己身上時，我相信沒有人笑得出來。我就有朋友在考這樣大型考試時忘記帶准考證件，雖然趕緊回去拿而及時趕回，但考試節奏與心情整個被緊張與焦慮打亂，結果可想而知。

所以我的做法是將需要攜帶的物品通通用一個 A4 透明夾鏈袋裝好，考前兩天就要開始準備，考前一天睡覺前檢查一次，考試當天出門前檢查一次，這樣就可以降低準備的焦慮。

當有連續科目考試時，妥善利用休息時間

　　我之前發現很多人考完一科之後，就迫不及待要對答案，或是說自己怎麼剛剛沒有寫到這題，接下來就陷入懊悔狀態，心裡想說「完了！這題失分我就少拿了○○分！」、「我真是笨蛋！」或許是對自己要求很高，但有沒有思考過這樣做其實無濟於事，該交的考卷都交出去了，已經都是既定事實，就算因此呼天搶地，也無法改變自己的得分，為什麼要花費力氣做這種不值得的事情呢？

　　我們應該思考的是：千萬不要管別人在幹嘛，考過了不要討論，討論也不會改變分數，繼續準備下一科考試，以及接下來我可以怎麼做來讓下一個科目可以考好！

　　其實，我覺得剛考完試首先要做的就是趕緊去上廁所，因為大家通常會撐到考試的最後一刻才交卷，所以廁所會被瞬間佔據，早點去上廁所，會多一些時間回來好複習下一個科目要考的內容。上完廁所後可以洗把臉！對鏡子中的自己說：「你可以的！」

　　之後回來休息區，每科考試中間的休息時間可拿出重點筆記迅速瀏覽，或是聽音樂、休息、冥想、補充食物能量...，讓自己的精神狀態跟體力狀態有所恢復。畢竟考試過程會消耗大量體力跟腦力，所以如何讓自己能夠快速恢復是很重要的。

　　甚至可以稍微做幾個拉筋動作，稍微閉目養神，進場前五分鐘不要看書了，讓自己的心平靜下來。之後抬頭挺胸微笑走進考場！並在內心對自己說：我準備好迎接下一場考試了！

實戰案例，我的 PMP 考場戰略

考試前一天可以先去熟悉考場環境，若是時間不允許，當天也一定要提早到現場去熟悉環境，因為熟悉環境可以降低你的焦慮與不安全感。

以我當年考 PMP 為例，我是選擇台大考場，因為這是我熟悉的環境，起碼大學時就讀四年，心理系系館也在語言中心附近，又多了一些懷舊情懷，但語言中心之前就讀很少接觸，所以我還是提早一個小時去熟悉環境，因此在心裡面有了安全感與踏實感。請務必要提早到考場熟悉環境，也是為了要調整你自己的情緒，如果匆匆忙忙在考試進場前報到，不就跟我的朋友一樣打亂自己的考試節奏嗎？

考試當天請盡量減少意外插曲發生，才不會讓自己的能量快速消耗。

最後，PMP 考試目前有台北與高雄兩個考區，考試開始前半小時要報到，考場會附上四張空白 A4 紙張與鉛筆，請務必善用這四張空白紙，這將是通過 PMP 考試的極大關鍵！

因為 PMP 考試過程分為三個時段：

一.考前 15 分鐘準備時段：

許多人都會用這段時間熟悉考場環境，體驗考場設備，這部分大概花費數分鐘時間即可，那剩下的十幾分鐘該怎麼用？各位讀者請務必聽好！我在這慎重地重複一次：這考前 15 分鐘是決定 PMP 過不過的重要關鍵！考場的 A4 空白紙與鉛筆準備就緒，這時候需要發揮各位考生記憶能力的時候了。

用默寫的方式背出三張表格：

- 專案管理框架（Project Management Framework）
- 42個流程的input/tools/output（用縮寫寫出來）
- 計算題公式

　　為什麼要默寫出這三張表格？各位讀者整個把 PMBOK 念完之後，會發覺最重要的一張表格就是專案管理框架，整本的 PMBOK 剩下的內容都是圍繞在專案管理框架的詳細解釋或說明，也就是 42 個流程。當你可以把專案管理框架跟 42 個流程都默寫出來時，你不正是帶了一整本 PMBOK 在考場嗎？你如果可以默寫出來，我保證你會出現兩個正向作用：

1. 增加自己的信心：

當你可以在短短十五分鐘之內把專案管理框架與42個流程都默寫出來時，表示你對於PMBOK的內容已經相當熟悉了。這會大大增強你考過通過的信心，因為你帶了一整本PMBOK進來，但是其他的考生卻沒有。

2. 提高答題成功率：

再者，PMP測驗總共有200道題目，限時四小時，也就是説平均考生只有1.2分鐘回答完一道題目，這樣才可以在考試時間內把所有題目完成作答，如果遇到難題斟酌，或休息時間，每一題可以作答時間其實是更少的，大約只有60秒鐘的時間。

依照我的考試經驗，我之前考試遇到不少題目是問哪一個流程做什麼事情，剛開始你一定覺得這有什麼難的，想一想就可以回答正確！但當考試進入到第三個小時，注意力與記憶力會下降，就

算是一個很簡單的問題，只是問下列哪一個工具不屬於某個流程？你就會去想說這個工具真的是在某個流程裡面，還是在另外一個流程當中。這樣的遲疑一定會影響答題的正確性，也白白浪費時間並壓縮了思考真正難題的時間，影響最大的是，你會開始質疑自己。覺得怎麼自己連這麼簡單的問題都回答不出來，進而影響到考試節奏。

而當我有這兩份表格時，這樣的選擇題對我來說不叫選擇題，叫做查答案。因為你只需要根據題目所說的流程回去你的表格上面查答案，你不覺得光想像就是多麼幸福的一刻！其他考生正在猶豫、信心瓦解的失敗迴圈，而你已經是輕輕鬆鬆查答案、勝利在望的模樣。如果是你，你希望自己成為哪一種人呢？我相信你已經做了最明智的選擇！

二. 正式考試時間：

在這四小時之中，每位考生需要作答題目為 200 題，其中 25 題是新題目不記分，純粹拿來做信度與效度的測量，考生答對 106 題以上即可通過 PMP 專案管理師的證照測驗。下面有幾件事要提醒各位：

1. 休息是為了走更長的路！但別休息太久！

在考試的四個小時當中，在考試期間，考生可以舉手通知考場人員想要休息或是上洗手間，但請務必一定要把護照隨身攜帶，出入考場都需要檢查，並須完成簽名填寫出入時間等步驟！建議休息時間不要太久，印象中四小時測驗時間是沒有間斷的，當你在休息的時候，考試時間也一點一滴地流逝！請務必做出精密計

算，以免考試時間不足影響作答，進而影響到達題成功率。

切記！再來要提醒各位一定要攜帶食物，並且以容易吸收為主，因為太油膩的話會集中在胃部而無法集中在大腦，導致容易疲倦，這對考生來說相當不利。以下我列出之前考試攜帶的一些食物：

- 麵包／餅乾

- 礦泉水

- 能量包

- 巧克力

這些食物真的在休息時間時提供我所需能量，希望也對各位有所幫助！

2. 用中文翻譯不可恥，可恥的是嘴硬不用而失敗！

因為PMP考試題目都是英文，過往也曾發生語言隔閡沒有考過，因此PMP在系統設定也會出現適合的語言翻譯，在此我會建議請務必點選中文翻譯視窗，提高對於題意的理解與答題正確率。有一些朋友會想說我英文不錯，那看中文顯得對自己英文程度的質疑，我不屑看！

我在這要跟各位說明，既然PMI大發慈悲，我們就好好利用吧，PMI會提供中文翻譯完全不是看不起各位的英文程度，而是希望各位考生能夠完全了解PMBOK的觀念，這才是PMI提供中文翻譯的最大原因，PMP證照測驗不是為了要用語言壁壘去降低錄取，而是要鑑定您是否真正了解專案管理的精隨，未來才可以活用PMBOK的內容做好專案管理。我閱讀PMBOK英文版，閱讀與理

解是完全沒有障礙的，但我考試時依然使用中文翻譯系統。為什麼？原因有二：

- **充分理解題意（中文英文對照）：**

  有些題目是非常刁鑽艱澀難懂的，有中文翻譯可以用我們習慣的母語去理解英文原題的意思，可以增加對於題目的了解程度，進而提高答題正確率。

- **節省腦力與節省時間：**

  考PMP的這四個小時很像在跑馬拉松，馬拉松要能跑好，穩定性與體力調節非常重要。如果沒有中文翻譯輔助，對於英文不是我們母語來說的華人，看到題目的第一件事情就是：翻譯題目的意思。我們人都習慣用我們最好理解的語言思考，所以我們會把英文翻譯成中文。但透過大腦翻譯是需要損耗不少能量的，也會增加大腦思考的負擔。

  也就是說，在這麼稀少的時間中，我們大腦要翻譯又要同時思考題目題意並選出最佳答案，這是多麼辛苦的一件事情。

  各位讀者請務必記得一件事情，我們考 PMP 是為了要通過 PMP 考試，而把我們專案管理的能力認證，而不是來考英文語言能力！如果使用中文輔助系統可以提高你的答題成功率，為什麼要嘴硬不使用呢？對吧！

  所以再次提醒各位讀者一定不要搞錯方向，如果我可以把相關考試現場做這麼鉅細彌遺地說明跟補充，我相信讀者你也可以比照辦理，就可以讓自己非常有自信在考場中迅速安定自己的狀態，進而發揮自己應有的實力。

9-3
考試，是人生旅程的一顆小石子

如果當你已經實際應用了這本書的考試準備技巧與學習策略，接下來就是要讓自己好好專心上考試戰場。

講這麼多考試的內容，不是要你去相信考試這件事是人生最重要的事，恰恰相反，考試在人生旅程上，只不過是一顆小石子，但沒有處理好，就是一顆惱人的小石子，就好像走路時鞋子中有小石子一樣扎腳，會感覺到不舒服，甚至讓你的人生路途走不快。

如果走路鞋中有小石子，通常我們會怎麼做呢？應該都會是停下腳步，然後把鞋子脫下來，並且把鞋子裡面的小石子倒乾淨，把磨腳的地方都做一些調整，之後就大步向前邁進。

這本書主要也是為了能夠協助您起到這樣作用，幫你用簡單有效的方法，輕鬆跨過人生中的考試難關。

為什麼要做這個最後提醒？因為很多人通過考試之後，會突然發現自己前進的動力消失了，已經通過考試，就會突然不知道自己接下來要往哪裡走。其實，通過考試之後，你會發現有不同的問題需要面對，有些人會不知道怎麼處理，或許您可以參考我前一本著作《拆解問題的技術》，裡面以拆解職場與人生問題為架構，並輔以哲學思考，更貼近生命的起點。

當你不知道該怎麼前進時，我覺得首先要告訴自己不要感到驚慌失措，給自己多一點時間了解跟探索，不要深陷焦慮之中。如果你有類似焦慮難以排除，我會推薦你去看一部近年我非常喜歡的日

本電影，那就是《解憂雜貨店》。《解憂雜貨店》的作者是日本知名推理小說家東野圭吾先生。

《解憂雜貨店》描述主人翁浪矢雄治先生開了一家雜貨店，不只是銷售日常生活用品跟玩具，還可以提供憂慮問題的諮詢。只要心中有憂慮問題的人在晚上把自己寫了煩惱的信，丟進浪矢雜貨店已打烊的鐵捲門投遞口，隔天就可以在雜貨店旁放置牛奶置物籃中得到回信解答。故事從三位男生敦也、翔太及幸平開始，意外穿越了 33 年前的時空，進入了「浪矢雜貨店」，老闆浪矢雄治先生預告將在 33 年後只限一晚復活解憂雜貨店。然後，很多的交會交織成非常不可思議的精彩故事篇章，真的很值得一看。

我印象最深刻的是男主角敦也投入一張完全空白的信紙，浪矢老闆的回信，我到現在依然覺得對我內心有很深的迴響。我希望能把這段文字與您分享，是這這樣寫的：

「如果說，來找我諮商煩惱的人是迷路的羔羊，通常他們手上都有地圖，卻沒有看地圖，或是不知道自己目前的位置。你的地圖是一張白紙，所以，即使想決定目的地，也不知道路在哪裡。地圖是白紙當然很傷腦筋，任何人都會不知所措。但是，不妨換一個角度思考，正因為是白紙，所以可以畫任何地圖，一切都掌握在你自己手上。你很自由，充滿了無限可能，這是很棒的事。我衷心祈禱你可以相信自己，無悔地燃燒自己的人生。」

我由衷希望《解憂雜貨店》這段話能夠帶給你積極開展未來的力量，努力為了自己的夢想去奮鬥，無憾地活著。

同樣的，我身為作者，很感激你購買並看完這本書，但也希望你讀完之後，不只是讀完，而是應用出來，這本書才能彰顯其價

值。考試通過只是一個歷程，通過之後，你也要重新思考下一步的目標，或許後面這幾個問題，可以做為本書結束後，通過考試後的進一步思考：

- 你下一個階段希望以誰為典範呢？

- 自己目前的現況是？

- 自己跟典範之間又有多大的差距呢？

- 自己跟典範之間為什麼有差距呢？

- 自己可以多做些什麼行動消除差距呢？

- 自己行動後如何檢討呢？

- 我該如何優化我的行動呢？

　　如果可以如此，我相信你不只是考試順利，你的人生也會過得非常精彩，誠摯祝福！

【View職場力】2AB951X

【應考祕笈版】拆解考試的技術：
輕鬆高分錄取的黃金學習頻率＋必勝讀書計畫（附實戰手冊）

作　　者／趙胤丞
責任編輯／黃鐘毅
版面構成／劉依婷
封面設計／陳文德
行銷企劃／辛政遠、楊惠潔

總 編 輯／姚蜀芸
副 社 長／黃錫鉉
總 經 理／吳濱伶
發 行 人／何飛鵬
出　　版／創意市集
發　　行／城邦文化事業股份有限公司
　　　　　歡迎光臨城邦讀書花園
　　　　　網址：www.cite.com.tw
香港發行所／城邦（香港）出版集團有限公司
　　　　　九龍九龍城土瓜灣道86號順聯工業大廈
　　　　　6樓A室
　　　　　電話：（852）25086231
　　　　　傳真：（852）25789337
　　　　　E-mail：hkcite@biznetvgator.com
馬新發行所／城邦（馬新）出版集團
　　　　　【Cite (M) Sdn Bhd】
　　　　　41, Jalan Radin Anum, Bandar Baru Sri
　　　　　Petaling, 57000 Kuala Lumpur, Malaysia.
　　　　　電話：（603）90563833
　　　　　傳真：（603）90576622
　　　　　E-mail：services@cite.my

印　　刷／凱林彩印股份有限公司
2023年12月　初版一刷　　Printed in Taiwan.
定價／460元

國家圖書館出版品預行編目資料

【應考祕笈版】拆解考試的技術：輕鬆高分錄取
的黃金學習頻率＋必勝讀書計畫（附實戰手冊）
/ 趙胤丞著.
--初版--臺北市；創意市集出版
；城邦文化發行，2023/12
面；　公分
ISBN 978-626-7336-45-8（平裝）
1.考試　2.學習方法　3.讀書法

529.98　　　　　　　　　　　112017894

●如何與我們聯絡：

1.若您需要劃撥購書，請利用以下郵撥帳號：
郵撥帳號：19863813　戶名：書虫股份有限公司

2.若書籍外觀有破損、缺頁、裝釘錯誤等不完整現
象，想要換書、退書，或您有大量購書的需求服
務，都請與客服中心聯繫。

客戶服務中心
地址：10483 台北市中山區民生東路二段141號B1
服務電話：（02）2500-7718、（02）2500-7719
服務時間：週一 ～ 週五9：30～18：00
24小時傳真專線：（02）2500-1990～3
E-mail：service@readingclub.com.tw

※詢問書籍問題前，請註明您所購買的書名及書
號，以及在哪一頁有問題，以便我們能加快處理
速度為您服務。

※我們的回答範圍，恕僅限書籍本身問題及內容撰
寫不清楚的地方，關於軟體、硬體本身的問題及
衍生的操作狀況，請向原廠商洽詢處理。

※廠商合作、作者投稿、讀者意見回饋，請至：
FB粉絲團：http://www.facebook.com/InnoFair
Email信箱：ifbook@hmg.com.tw